金砖国家联合统计手册2014

图书在版编目（CIP）数据

金砖国家联合统计手册 . 2014 = BRICS joint statistical publication. 2014 / 中华人民共和国国家统计局等编 . -- 北京 : 中国统计出版社 , 2014.7

ISBN 978-7-5037-7123-1

Ⅰ . ①金… Ⅱ . ①中… Ⅲ . ①世界经济－经济统计－2014－手册②社会发展－统计资料－世界－2014－手册 Ⅳ . ①F11-66

中国版本图书馆 CIP 数据核字（2014）第 137223 号

金砖国家联合统计手册 2014

作　　者／中华人民共和国国家统计局等 编
责任编辑／叶礼奇　郭　栋
E-mail ／ yearbook@gj.stats.cn
装帧设计／黄　晨
编辑部电话／（010）63376877　63376866
出版发行／中国统计出版社
通信地址／北京市西城区月坛南街 57 号　邮编 ／ 100826
办公地址／北京市丰台区西三环南路甲 6 号
电　　话／邮购（010)63376907　书店（010）68783172
印　　刷／北京画中画印刷有限公司
经　　销／新华书店
开　　本／890×1240 毫米　1/16
字　　数／198 千字
印　　张／14.75
版　　别／2014 年 7 月第 1 版
版　　次／2014 年 7 月第 1 次印刷
书　　号／ISBN 978-7-5037-7123-1
定　　价／108.00 元

前　言

2014 年《金砖国家联合统计手册》为该系列年度出版物的第五卷，是巴西、俄罗斯、印度、中国和南非国家统计机构共同努力的成果。自 2010 年以来，五国国家统计机构每年都联合发布有关金砖国家的若干社会和经济统计数据。

所选的数据得到了 2013 年 11 月在比勒陀利亚举行的金砖国家统计局长会议和 2014 年 2 月在里约热内卢举行的第四次金砖国家统计技术人员会议的首肯。

这项工作本身就是一个挑战，每年金砖国家推进项目工作，以达到其统计信息协调一致的目的。

巴西将作为第二轮金砖国家高峰会议第一次会议的主办国，负责实施 2014-2015 年金砖国家行动计划的各项活动。因此，巴西国家地理与统计局（IBGE）承担了《金砖国家联合统计手册》（英文版）第五卷的汇编、印刷和发行工作，以及当下基于本手册传播金砖国家统计数据合作系统开发的任务。

本手册将于 2014 年 7 月 15 日在巴西福塔莱萨市举行的金砖国家领导人第六次会晤时发布。

金砖国家统计机构确信，联合数据开发工作将为公共政策制定和研究人员提供重要的工具。

巴西国家地理与统计局局长：Wasmália Bivar

俄罗斯联邦统计局局长：Alexander Surinov

印度统计和计划执行部中央统计局统计长：T.C.A Anant

中国国家统计局局长：马建堂

南非国家统计局局长：Pali Lehohla

目　录

前言

5 价格指数

6 居民生活水平

7 资源和环境

8 工业

9 能源

10 农业、林业、牧业和渔业

11 交通运输

12 信息社会

13 财政和金融

14 对外经济关系

15 旅游

附录

金砖国家概况
及经济社会指标比较

1

表1.1　金砖国家概况(2013年)

国家	国土面积（万平方公里）	首都	年中人口（万人）	人口密度（人/平方公里）	货币名称
巴西	852	巴西利亚	20100(1)	23.6	雷亚尔(R$)
俄罗斯	1710	莫斯科	14330	8.4	卢布(Rub)
印度	329	新德里	122400(2)	382.0(2)	卢比(Rs)
中国	960	北京	135738	141.0	人民币(RMB)
南非	122	比勒陀利亚	5158(3)	42.3(3)	兰特(ZAR)

资料来源：

巴西

巴西国家地理与统计局。

俄罗斯

1. 俄罗斯联邦统计局。
2. 俄罗斯联邦地理登记、地籍勘察和制图局。

印度

印度信息和广播部，《印度 2014 年》。

中国

1. 中华人民共和国国家旅游局。
2. 中华人民共和国国家统计局，《中国统计摘要》，2014 年。

南非

南非国家统计局。

脚注：

巴西

(1) 年中人口和其他人口统计指标来自分年龄和性别组的成分分析预测方法。

印度

(2) 2011 年 3 月 1 日数据。

南非

(3) 2011 年人口普查数据。

表 1.2 金砖国家经济社会指标比较(2009-2013年)

指　标	年　份	数　值
人口		
年中人口(万人)		
巴西[(1)]	2013	20100
俄罗斯	2013	14330
印度[(2)]	2011	121100
中国	2013	135738
南非	2011	5158
男性人口所占比重(%)		
巴西[(1)]	2013	49.4
俄罗斯	2013	46.3
印度[(2)]	2011	51.5
中国[(3)]	2013	51.2
南非	2011	48.6
女性人口所占比重 (%)		
巴西[(1)]	2013	50.6
俄罗斯	2013	53.7
印度[(2)]	2011	48.5
中国[(3)]	2013	48.8
南非	2011	51.4
人口密度(人/平方公里)		
巴西[(1)]	2013	23.6
俄罗斯	2013	8.4
印度[(2)]	2011	382.0
中国	2013	141.0
南非	2011	42.3
粗出生率(‰)		
巴西[(1)]	2013	14.8
俄罗斯	2013	13.2
印度	2012	21.6
中国	2013	12.1
南非	2011	21.6
粗死亡率(‰)		
巴西[(1)]	2013	6.0
俄罗斯	2013	13.0
印度	2012	7.0
中国	2013	7.2
南非	2011	11.3

表 1.2　金砖国家经济社会指标比较(2009-2013年)

(续表1)

指　标	年　份	数　值
婴儿死亡率(‰)		
巴西[(1)]	2013	15.0
俄罗斯	2013	8.2
印度	2012	42.0
中国	2012	10.3
南非	2011	45.1
孕产妇死亡率(每10万例活产婴儿)		
巴西		
俄罗斯	2013	11.5
印度	2012	178
中国	2012	24.5
南非		
经济活动人口		
经济活动人口占总人口比重（%）		
巴西	2012	65.9
俄罗斯	2013	52.7
印度[(4)]	2012/13	39.5
中国[(5)]	2013	56.6
南非	2012	35.4
失业率（%）		
巴西	2012	6.1
俄罗斯	2013	5.5
印度[(4)]	2012/13	5.3
中国[(6)]	2013	4.1
南非	2012	25.1
国民经济核算		
国内生产总值(现价)（亿美元）		
巴西	2013	22457
俄罗斯[(7)]	2013	20957
印度[(8)]	2013	18712
中国[(9)][(10)]	2013	91850
南非	2012	3820
人均国内生产总值(现价)(美元)		
巴西	2012	11171
俄罗斯[(7)]	2013	14604
印度[(8)]	2013	1418
中国[(9)]	2013	6768
南非	2011	7810

表 1.2　　金砖国家经济社会指标比较(2009-2013年)

(续表2)

指　　标	年　　份	数　　值
居民生活水平		
公共教育支出占GDP的比重(%)		
巴西	2012	5.3
俄罗斯	2013	4.3
印度[8]	2012	3.1
中国[11]	2012	4.3
南非	2011	6.8
医疗支出占GDP的比重(%)		
巴西	2012	5.0
俄罗斯[7]	2013	3.5
印度[8]	2012	1.4
中国[12]	2012	5.4
南非	2011	4.0
工　　业		
工业生产指数(上年=100)		
巴西	2013	102.2
俄罗斯[7]	2013	100.4
印度[8]	2013	100.0
中国	2013	109.7
南非	2012	102.0
铁矿石产量(万吨)		
巴西	2011	46802
俄罗斯(精铁矿)[7]	2013	10200
印度[8]	2012	13602
中国	2013	145101
南非		
钢产量(万吨)		
巴西	2011	4999
俄罗斯[7]	2013	6879
印度[8]	2012	7830
中国	2013	77904
南非(万兰特)	2013	10350900[10]
乘用车产量(万吨)		
巴西	2011	285
俄罗斯[7]	2013	192
印度[8]	2012	267
中国	2013	1210
南非(万兰特)	2013	10566500[10]
电视机生产量(万台)		
巴西	2011	1418

表 1.2　金砖国家经济社会指标比较(2009-2013年)

(续表3)

指　标	年　份	数　值
俄罗斯 [7]	2013	1423
印度(彩电显像管) [8]	2009	921
中国 [13]	2013	12776
南非		
能　源		
石油产量(万吨)		
巴西	2013	9330
俄罗斯 [7]	2013	52300
印度[8]	2012	3780
中国	2013	20900
南非	2007	2600
发电量(亿千瓦时)		
巴西	2013	5270
俄罗斯[7]	2013	10510
印度[8] [14]	2012	11130
中国	2013	53976
南非	2010	2600
一次能源生产量(万吨标准油当量)		
巴西	2012	25730
俄罗斯 [7] [15]	2012	274000
印度[7]	2011	44800
中国 [16]	2013	238000
南非	2009	15700
能源消费量(万吨标准油当量)		
巴西	2012	28361
俄罗斯 [15]	2012	189300
印度[8] [14]	2011	112888
中国 [16]	2013	262500
南非	2009	8300
农　业		
耕地面积(万公顷)		
巴西	2012	6900
俄罗斯	2012	12150
印度 [17]	2010	15600
中国	2009	13530
南非		
谷物产量(万吨)		
巴西	2012	7530

表 1.2 金砖国家经济社会指标比较(2009-2013年)

(续表4)

指 标	年 份	数 值
俄罗斯	2013	9240
印度 [(14)] [(17)]	2013	24300
中国	2013	55260
南非	2013	1390
水果和蔬菜产量(万吨)		
巴西	2012	4257
俄罗斯	2013	1810
印度 [(17)]	2012	24347
中国	2013	98605
南非	2011	956
肉类产量(万吨)		
巴西	2013	2363.2
俄罗斯[(7)]	2013	854.2
印度[(8)]	2011	551.4
中国	2013	8530.0
南非	2011	255.6
鱼类捕获量(万吨)		
巴西	2010	78.5
俄罗斯	2009	372.8
印度[(8)]	2011	866.6
中国	2013	1173.0
南非		
交通运输		
铁路营业里程(万公里)		
巴西	2013	3.0
俄罗斯	2013	8.6
印度 [(8)]	2012	6.5
中国	2012	9.8
南非	2010	2.1
公路里程(万公里)		
巴西	2013	169
俄罗斯(公共道路)	2013	99
印度	2012	241
中国	2012	424
南非		
航空旅客周转量(亿人公里)		
巴西	2013	1.2
俄罗斯	2013	2251.6

表 1.2　金砖国家经济社会指标比较(2009-2013年)

(续表5)

指　标	年　份	数　值
印度 [8]	2012	999.7
中国	2013	5658.5
南非		
基尼系数		
巴西 [18]	2012	0.500
俄罗斯 [19]	2012	0.420
印度 [17]		
农村	2009/10	0.276
城市	2009/10	0.371
中国 [20]	2013	0.473
南非[21]	2011	0.650

资料来源：

巴西

1. 巴西国家地理与统计局调查理事会。
2. 巴西国家石油局 (ANP)。
3. 巴西能源研究公司 (EPE)。
4. 巴西渔业和水产养殖部 (MPA)。
5. 巴西环境和可再生资源协会 (IBAMA)。

俄罗斯

1. 俄罗斯联邦统计局。
2. 俄罗斯联邦地理登记、地籍勘察和制图局。
3. 俄罗斯联邦交通运输局。
4. 俄罗斯联邦公路局。

中国

1. 中华人民共和国国家统计局。
2. 中华人民共和国民政部，年度统计报告，2013 年。
3. 中华人民共和国卫生和计划生育委员会，年度统计报告，2013 年。
4. 中华人民共和国交通运输部，年度统计资料，2013 年。
5. 中华人民共和国新闻出版广电总局，年度统计资料，2012 年。
6. 中华人民共和国国家统计局，《工业生产调查月报》，2013 年。
7. 中华人民共和国国家统计局，《中国统计摘要》，2014 年。
8. 中华人民共和国国家统计局，《中国统计年鉴》，2013 年。
9. 中华人民共和国国土资源部。
10. 中华人民共和国人力资源和社会保障部。
11. 中华人民共和国环境保护部，年度统计资料，2012 年。
12. 中华人民共和国水利部，年度统计资料，2012 年。
13. 中华人民共和国教育部，年度统计资料，2011-2012 年。
14. 中华人民共和国铁路总公司，年度统计资料，2013 年。

脚注：

更详尽的脚注和资料来源参见各具体章节。

巴西

(1) 年中人口和其他人口统计学指标是由按性别和年龄分组的成分分析预测方法得到的。

(18) 基尼系数根据住户收入计算。

俄罗斯

(7) 初步数据。

(15) 标准燃料当量（指在天然燃料如油、煤、气的标准热当量）。

(19) 基尼系数数据是根据人均收入数据计算的。

印度

(2) 3 月 1 日数据。

(4) 基于印度劳动与就业部下劳动局 2012 年 10 月至 2013 年 5 月的调查，充分考虑了主要经济活动状态和次要经济活动状态。

(8) 财政年度数据，即当年 4 月至下年 3 月数据。

(14) 初步数据。

(17) 数据是农业年或者全国抽样调查年份（基尼系数）数据，时间为当年 7 月至下年 6 月。

中国

(3) 年末人口数。

(5) 就业人口数占总人口的比重。

(6) 城镇登记失业率。

(9) 按美元计算的 GDP 和人均 GDP 利用年平均汇率进行折算。

(10) GDP 按生产者价格计算。

(11) 国家财政性教育经费占 GDP 比重。

(12) 为卫生总费用占 GDP 比重。

(13) 指彩色电视机。

(16) 一次性能源生产总量和能源消费总量中的电力、热力按等价热值折算。

(20) 基尼系数指标是按居民年人均可支配收入计算的。

南非

(21) 基尼系数基于剔除税收后的人均支出计算得到。

人　口

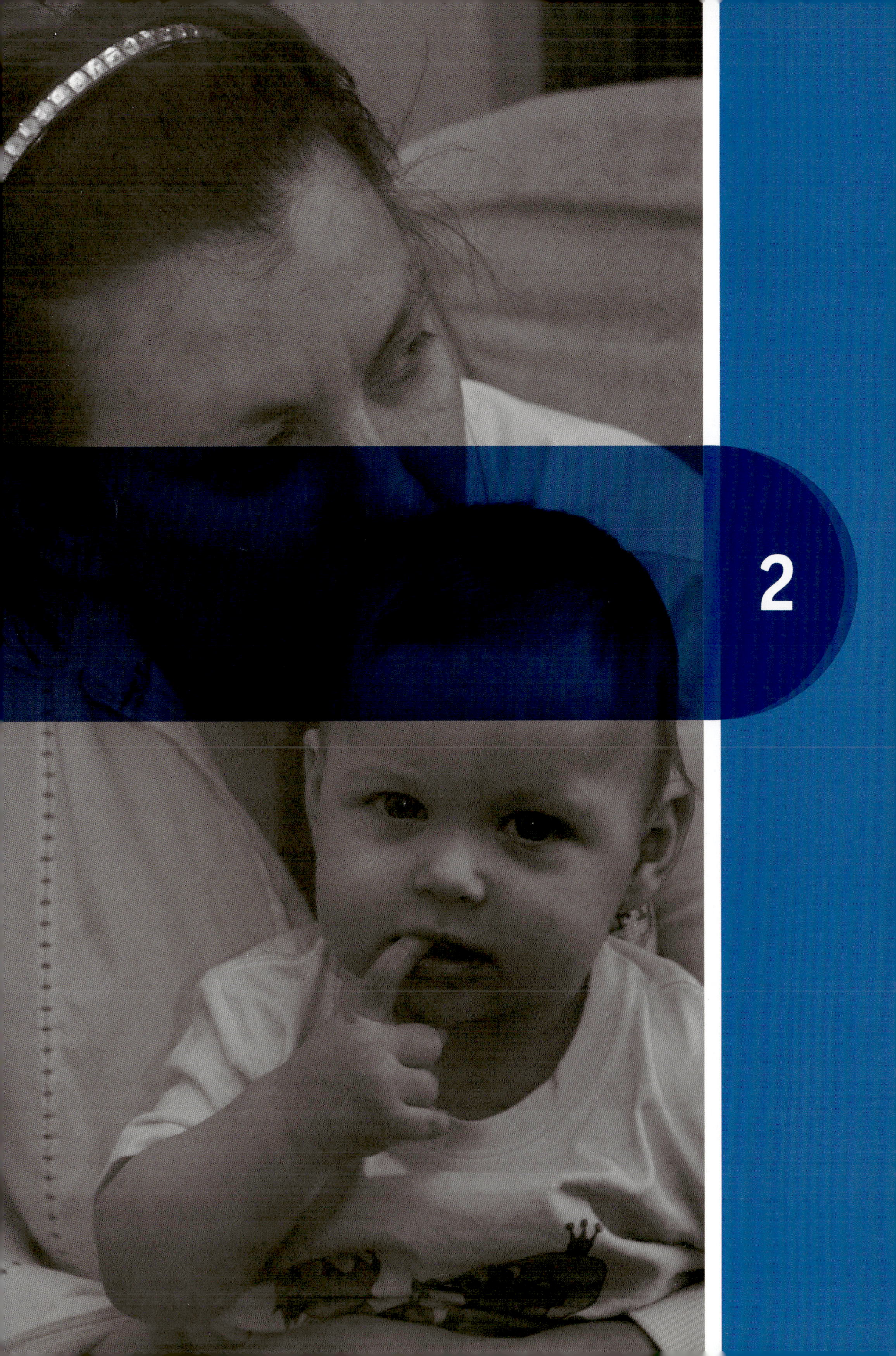
2

表 2.1　人口概况(2000-2013年)

单位：万人

指　　标	2000	2003	2004	2005	2006	2007	2008	2009	2010	2011	2012	2013
年中人口数												
巴西[(1)]	17340	18060	18290	18520	18730	18950	19150	19350	19550	19740	19920	20100
俄罗斯[(2)]	14689	14496	14433	14380	14324	14286	14275	14274	14283	14287	14306	14330
印度[(3)]	99694	106200	107900	109600	111200	112900	114500	116100	117700	119300	120800	122400
中国[(4)]	126265	128840	129608	130372	131102	131789	132466	133126	133771	134413	135070	135738
南非	4440	4600	4702	4764	4827	4891	4956	5022	5090	5158		
男性												
巴西[(1)]	8620	8960	9070	9180	9280	9380	9480	9580	9670	9760	9850	9930
俄罗斯[(2)]	6870	6749	6707	6670	6631	6605	6598	6596	6602	6605	6618	6640
印度[(3)]	51598	55000	55800	56700	57600	58400	59200	60100	60900	61700	62500	63400
中国[(4)(5)]	65437	66556	66976	67375	67728	68048	68357	68647	68748	69068	69395	69728
南非	2100	2200	2300	2300	2300	2300	2400	2400	2400	2500		
女性												
巴西[(1)]	8730	9100	9220	9340	9450	9560	9670	9780	9880	9980	10080	10170
俄罗斯[(2)]	7819	7747	7726	7710	7693	7681	7677	7678	7681	7682	7688	7700
印度[(3)]	48096	51300	52100	52900	53700	54500	55200	56000	56800	57500	58300	59000
中国[(4)(5)]	61306	62671	63012	63381	63720	64081	64445	64803	65343	65667	66009	66344
南非	2300	2400	2400	2400	2500	2500	2500	2600	2600	2600		
城市人口												
巴西[(6)]	14090	14840	15090	15330	15570	15800	16040	16270	16490	16710	16920	17130
俄罗斯[(2)]	10742	10632	10604	10518	10482	10473	10487	10492	10506	10542	10574	10610
印度[(3)]	28371	30000	30700	31400	32100	32900	33600	34300	35100	35800	36500	37300
中国[(4)(5)]	45906	52376	54283	56212	58288	60633	62403	64512	66978	69079	71182	73111
南非[(7)]												
农村人口												
巴西[(6)]	3520	3220	3200	3180	3160	3140	3110	3090	3060	3030	3000	2970
俄罗斯[(2)]	3947	3864	3829	3862	3842	3813	3788	3782	3777	3744	3731	3720
印度[(3)]	71323	76200	77200	78200	79100	80000	80900	81800	82600	83500	84300	85100
中国[(4)(5)]	80837	76851	75705	74544	73160	71496	70399	68938	67113	65656	64222	62961
南非[(7)]												

资料来源：

巴西

巴西国家地理与统计局。

俄罗斯

俄罗斯联邦统计局。

印度

印度内政部，印度注册总署，《技术委员会 1996-2006 年人口预测》。

中国

1. 中华人民共和国国家统计局，《中国统计年鉴》，2001-2013 年。
2. 中华人民共和国国家统计局，《中华人民共和国 2013 年国民经济和社会发展统计公报》。

南非

南非国家统计局。

脚注：

巴西

(1) 数据来自 2000-2060 年按性别和年龄划分的调整后的巴西人口预测。

(6) 2000 年至 2010 年两次人口普查间城市人口比重采用的是线性插值的方法，该方法是由联合国 2010 年提出的。

俄罗斯

(2) 1 月 1 日数据。

印度

(3) 3 月 1 日数据，并且是基于人口预测的结果。更详细解释参见关于 2011 年人口普查的注释。

中国

(4) 2000 年和 2010 年数据分别为第五次和第六次全国人口普查数据推算数。2005 年数据根据全国 1% 人口抽样调查数据推算。其余年份数据为年度全国人口变动情况抽样调查推算数据。

(5) 年末人口数。

南非

(7) 2000 年没有进行人口估计，数据无法得到验证。南非没有分城市和农村的人口数据。

表 2.2.1　人口——巴西(2000-2013年)

指　标	2000	2006	2007	2008	2009	2010	2011	2012	2013
年中人口数(万人)(1)	17340	18730	18950	19150	19350	19550	19740	19920	20100
15岁以下	5210	5120	5100	5070	5030	4990	4950	4904	4850
15-24岁	3440	3530	3510	3490	3470	3450	3440	3430	3420
25-59岁	7270	8390	8580	8780	8970	9150	9310	9470	9620
60岁及以上	1420	1690	1750	1820	1890	1960	2040	2120	2210
性别比(女性=100)(1)	98.7	98.2	98.1	98.0	97.9	97.8	97.8	97.7	97.7
15岁以下	103.6	103.9	103.9	104.0	104.1	104.1	104.2	104.2	104.3
15-24岁	102.4	102.5	102.5	102.5	102.6	102.6	102.6	102.6	102.7
25-59岁	97.4	97.3	97.3	97.3	97.3	97.3	97.4	97.4	97.4
60岁及以上	81.1	79.2	79.1	79.0	79.0	79.0	79.1	79.1	79.2
粗出生率(‰)(1)	20.9	17.7	17.2	16.7	16.3	15.9	15.5	15.1	14.8
粗死亡率(‰)(1)	6.7	6.1	6.1	6.1	6.0	6.0	6.0	6.0	6.0
人口自然增长率(‰)(1)	14.2	11.5	11.1	10.7	10.2	9.9	9.5	9.1	8.8
人口预期寿命(岁)(1)	69.8	72.4	72.8	73.1	73.5	73.9	74.2	74.5	74.8
总和生育率	2.4	2.0	2.0	1.9	1.9	1.9	1.8	1.8	1.8
婴儿死亡率(‰)	29.0	21.0	20.0	19.0	18.1	17.2	16.4	15.7	15.0
粗结婚率(‰)(2)	6.0	6.5	6.6	6.8	6.5	6.7	6.9	6.9	
粗离婚率(‰)(3)	1.2	1.4	1.5	1.5	1.4	1.9	2.7	2.6	

资料来源：

巴西国家地理与统计局。

脚注：

(1) 人口和性别比的数据来源于 2000-2060 年按性别和年龄划分的巴西人口预测数。

(2) 2000-2012 年数据来自民事登记统计。

(3) 2000-2012 年数据来自民事登记统计。离婚率数据指的是初审后的离婚，2007 年以后该数据还包括按公证契约签署的协议离婚。

表 2.2.2　人口——俄罗斯(2000-2013年)

指　标	2000	2006	2007	2008	2009	2010	2011	2012	2013
人口数(万人)[1]	14690	14324	14286	14275	14274	14283	14287	14306	14330[3]
15岁以下	2710	2150	2120	2110	2130	2170	2180	2220	2280
15-24岁	2310	2400	2350	2290	2200	2060	2040	1920	1800
25-59岁	6990	7330	7350	7390	7430	7460	7460	7500	7530
60岁及以上	2680	2450	2460	2480	2500	2600	2610	2670	2720
性别比(女性=100)	87.9	86.2	86.0	85.9	85.9	85.9	86.0	86.1	86.2
15岁以下(女性=100)	104.4	104.6	104.8	105.0	105.0	105.0	105.0	105.1	105.2
15-24岁(女性=100)	102.7	102.2	102.0	102.0	102.2	102.6	103.4	103.8	104.0
25-59岁(女性=100)	94.0	91.2	91.0	90.9	90.9	91.0	91.1	91.4	91.8
60岁及以上(女性=100)	53.1	50.7	50.8	51.2	51.5	51.9	52.4	52.8	53.1
粗出生率(‰)[2]	8.7	10.3	11.3	12.0	12.3	12.5	12.6	13.3	13.2
粗死亡率(‰)[2]	15.3	15.1	14.6	14.5	14.1	14.2	13.5	13.3	13.0
人口自然增长率(‰)[2]	-6.6	-4.8	-3.3	-2.5	-1.8	-1.7	-0.9	0.0	0.2
人口预期寿命(岁)[2]	65.3	66.7	67.6	68.0	68.8	68.9	69.8	70.2	70.7[3]
总和生育率[2]	1.2	1.3	1.4	1.5	1.5	1.6	1.6	1.7	1.7[3]
婴儿死亡率(‰)[2]	15.3	10.2	9.4	8.5	8.1	7.5	7.4	8.6	8.2
孕产妇死亡率(每10万例活产婴儿)[2]	39.7	23.7	22.0	20.7	22.0	16.5	16.2	11.5	
粗结婚率(‰)[2]	6.2	7.8	8.8	8.3	8.4	8.5	9.2	8.5	8.5
粗离婚率(‰)[2]	4.3	4.5	4.8	4.9	4.9	4.5	4.7	4.5	4.7
净迁移率(%)	0.25	0.22	0.25	0.25	0.24	0.19	0.22	0.21	
抚养系数	0.58	0.47	0.47	0.47	0.48	0.49	0.50	0.52	0.54

资料来源：

俄罗斯联邦统计局。

脚注：

(1) 1 月 1 日数据。2004-2010 年数据根据 2010 年人口普查数据进行了修订。

(2) 2003-2010 年数据根据 2010 年俄罗斯人口普查结果调整后的人口规模数据进行推算。

(3) 初步数据。

表 2.2.3　人口——印度(2000-2012年)

指　标	2000	2005	2006	2007	2008	2009	2010	2011	2012
人口数(万人)(1)	99700	109600	111200	112900	114500	116100	117700	119251	120800
15岁以下	34200	36800	35700	36200	36800	35700	2180	34694	35150
15-24岁	19400	21300	22200	22500	23000	22700	23700	23977	24300
25-59岁	38900	43700	44960	46000	46500	46400	48700	50732	51300
60岁及以上	7200	7900	8360	8200	8100	8500	8830	9847	10030
性别比(女性=100)(1)	107.3	107.2	107.3	107.2	107.2	107.3	107.2	107.3	107.2
15岁以下	110.4	110.3	109.0	110.5	109.1	111.6	111.6	111.0	112.6
15-24岁	109.7	108.8	112.0	108.3	109.1	109.5	108.8	110.0	107.9
25-59岁	105.8	104.7	106.0	104.9	106.7	105.7	105.5	106.0	105.6
60岁及以上	94.6	97.5	95.0	93.0	101.2	98.4	97.7	96.0	97.5
粗出生率(‰)	25.8	23.8	23.5	23.1	22.8	22.5	22.1	21.8	21.6
粗死亡率(‰)	8.5	7.6	7.5	7.4	7.4	7.3	7.2	7.1	7.0
人口自然增长率(‰)	17.3	16.2	16.0	15.7	15.4	15.2	14.9	14.7	14.5
人口预期寿命(岁)(2)	62.5	63.4	66.1	66.1	66.1	66.1	66.1		
总和生育率	3.2	2.9	2.8	2.7	2.6	2.6	2.5	2.4	2.4
婴儿死亡率(‰)	68.0	58.0	57.0	55.0	53.0	50.0	47.0	44.0	42.0
孕产妇死亡率(每10万例活产婴儿)	327.0	254.0	254.0	212.0	212.0	212.0	178.0	178.0	178.0

资料来源：

印度内政部，印度注册总署，《技术委员会 1996-2006 年人口预测》；《抽样登记体系统计报告》；《印度孕产妇死亡率公报》。

脚注：

(1) 3 月 1 日数据。数据根据 2001 年人口普查数据进行了修订(2000 年数据除外，2000 年数据基于 1991 年普查数据)。2011 年普查的数据也已经被印度内政部、印度注册总署发布。

(2) 人口预期寿命是 1998-2002 年，2002-2006 年，2006-2010 年时间段的数据。2011-2015 年男性和女性的预测值为 67.3 岁和 69.6 岁。

(3) 孕产妇死亡率是 1997-2001 年，2004-2006 年，2007-2009 年和 2010-2012 年时间段的数据。

表 2.2.4　人口——中国(2000-2013年)

指　标	2000	2006	2007	2008	2009	2010	2011	2012	2013
年中人口数(万人)(1)	126265	133100	131790	132470	133130	133771	134413	135070	135738
年末人口数(万人)(1)	126743	131448	132129	132802	133450	134091	134735	135404	136072
15岁以下(2)	29012	25961	25660	25166	24659	22259	22164	22287	22329
15-59岁(2)	84639	90586	91129	91647	92077	94051	94072	93727	93500
60岁及以上(2)	13092	14901	15340	15989	16714	17781	18499	19390	20243
15-64岁(2)	88910	95068	95833	96680	97484	99938	100283	100403	100582
65岁及以上(2)	8821	10419	10636	10956	11307	11894	12288	12714	13161
性别比(女性=100)	106.7	106.3	106.2	106.1	105.9	105.2	105.2	105.1	105.1
粗出生率(‰)	14.0	12.1	12.1	12.1	12.0	11.9	11.9	12.1	12.1
粗死亡率(‰)	6.5	6.8	6.9	7.1	7.1	7.1	7.1	7.2	7.2
人口自然增长率(‰)	7.6	5.3	5.2	5.1	4.9	4.8	4.8	5.0	4.9
人口预期寿命(岁)	71.4					74.8			
婴儿死亡率(‰)	32.2	17.2	15.3	14.9	13.8	13.1	12.1	10.3	
粗结婚率(‰)	6.7	7.2	7.5	8.3	9.1	9.3	9.7	9.8	
粗离婚率(‰)	1.0	1.5	1.6	1.7	1.9	2.0	2.1	2.3	
孕产妇死亡率(每10万例活产婴儿)	53.0	41.1	36.6	34.2	31.9	30.0	26.1	24.5	

资料来源：

1. 中华人民共和国国家统计局，《中国统计年鉴》，2001-2013 年。
2. 中华人民共和国国家统计局，《中华人民共和国 2013 年国民经济和社会发展统计公报》。
3. 中华人民共和国民政部，《中国民政统计年鉴》，2000-2013 年。
4. 中华人民共和国国家卫生和计划生育委员会，《统计年报》，2000-2013 年。

脚注：

(1) 2000 年和 2010 年数据分别为第五次和第六次全国人口普查数据推算数。2005 年数据根据全国 1% 人口抽样调查数据推算。其余年份数据为年度全国人口变动情况抽样调查推算数据。

(2) 由于数据单位不同，四舍五入的原因，个别年份数据合计不相等。

表 2.2.5　人口——南非(2000-2011年)

指　标	2000[1]	2004	2005	2006	2007	2008	2009	2010	2011
年中人口数(万人)	4440	4702	4764	4827	4891	4956	5022	5090	5158
15岁以下	1560	1542	1547	1549	1550	1549	1548	1548	1547
15-24岁	900	931	941	952	963	973	984	994	1004
25-59岁	1700	1922	1959	1998	2039	2083	2127	2173	2219
60岁及以上	270	307	317	328	339	351	363	375	388
性别比(女性=100)	92.4	93.4	93.6	93.8	94.0	94.2	94.3	94.5	94.7
15岁以下	101.4	100.9	100.9	100.9	100.9	100.8	100.8	100.8	100.8
15-24岁	92.1	96.7	97.5	98.3	99.1	99.9	100.6	101.4	101.3
25-59岁	88.6	92.0	92.3	92.7	93.0	93.3	93.6	93.9	94.5
60岁及以上	71.4	62.4	62.1	61.9	61.8	61.8	61.9	62.1	62.3
粗出生率(‰)		23.6	23.1	22.8	22.6	22.5	22.3	22.2	21.6
粗死亡率(‰)		15.0	15.2	14.6	13.5	12.6	11.8	11.5	11.3
人口自然增长率(‰)		8.6	7.9	8.2	9.1	9.9	10.5	10.7	10.3
人口预期寿命(岁)		51.7	51.6	52.5	54.0	55.5	56.8	57.6	58.1
总和生育率		2.6	2.6	2.5	2.5	2.5	2.5	2.5	2.4
婴儿死亡率(‰)		60.1	58.0	55.6	53.6	50.8	49.1	47.1	45.1
粗结婚率(‰)[2][3]	3.3	4.2	4.2	4.1	4.2	4.1	3.7	3.6	3.4
粗离婚率(‰)[3]	0.8	0.7	0.7	0.6	0.6	0.6	0.6	0.5	0.4

资料来源：

南非国家统计局，年中人口估计，2013 年；生命统计指标，2012 年。

脚注：

(1) 未开展对于 2000 年人口数据的估算，所以当年数据无法校验。

(2) 只包括用于研究的登记结婚和离婚。

(3) 民事结合数据始于 2007 年。

图 2.1（a） 人口自然增长率

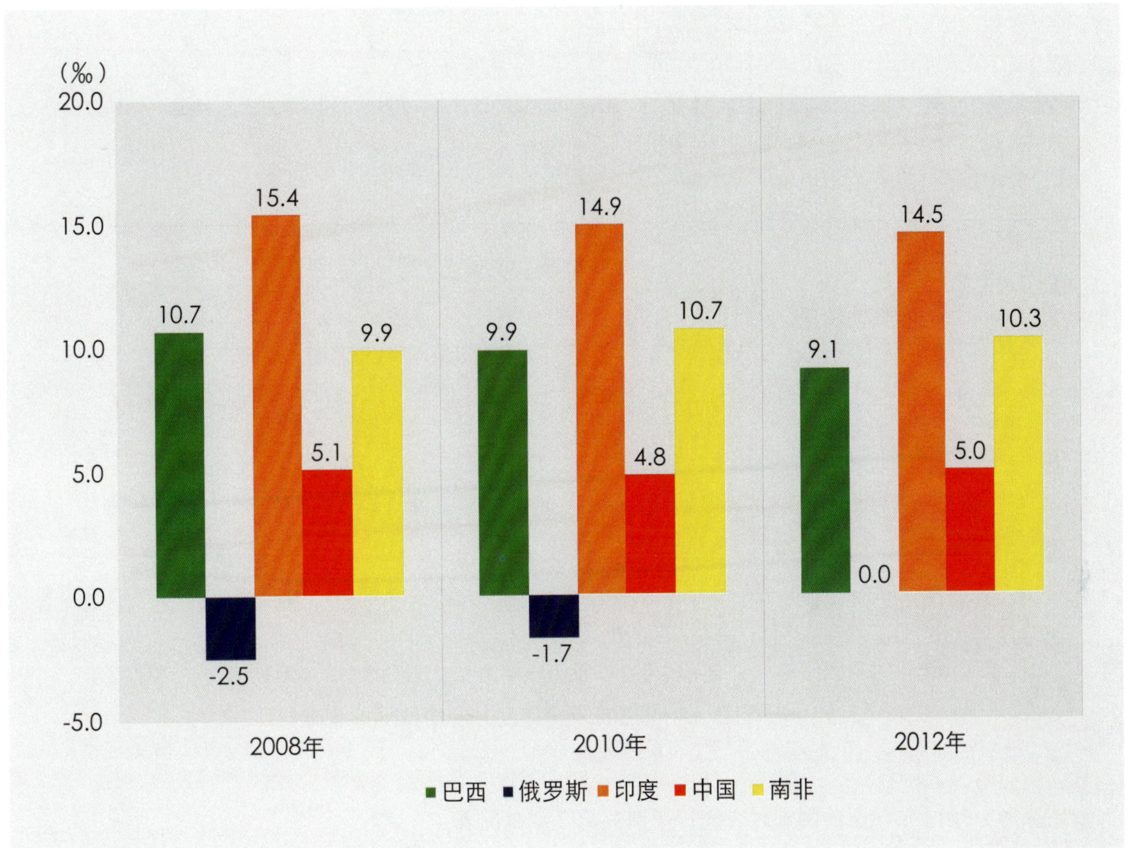

注：南非 2012 年数据为 2011 年值。

资料来源：2014 年《金砖国家联合统计手册》第 2 章概况表。

图 2.1(b)　婴儿死亡率（2006-2012 年）

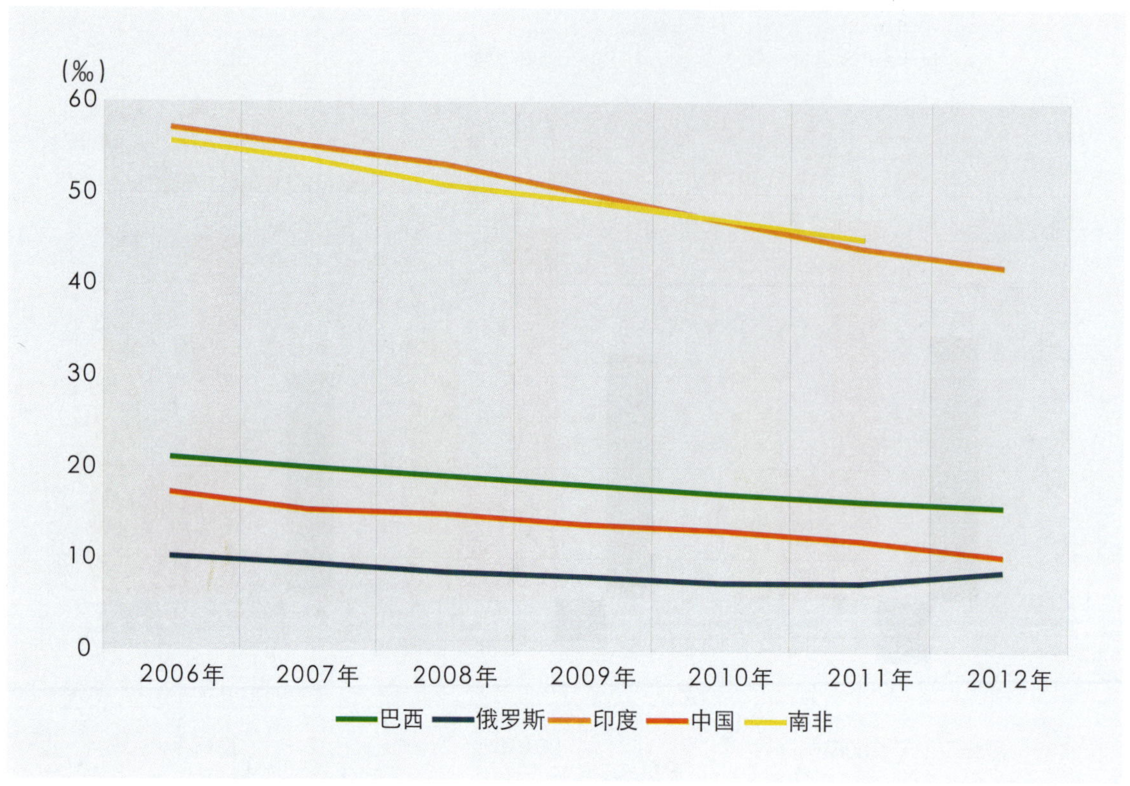

资料来源：2014 年《金砖国家联合统计手册》第 2 章概况表。

主要统计指标解释

通用解释

粗出生率 为一年中每 1000 人口中出生人数，不包括胎儿死亡数。

粗死亡率 为一年中每 1000 人口中死亡人数。

人口自然增长 = 粗出生率 - 粗死亡率。

总和生育率（TFR） 为一个妇女在其生育年龄段（15-49 岁）按现有的生育水平计算平均可能生育的子女数。

人口预期寿命 是指按当前人口死亡率水平计算，一个新生儿平均预期可能存活的岁数。

婴儿死亡率（IMR） 是指一年中每 1000 名活产婴儿中在一周岁内死亡的数量。

粗离婚率 指当年离婚对数占年平均人口的比重，计算公式为:

$$\text{粗离婚率} = \frac{\text{当年离婚对数}}{\text{年平均人口数}} \times 1000‰$$

抚养系数 为 0-15 岁、60 及 60 岁以上人口之和与 15-59 岁人口的比率。

人口普查 是在特定时点、对特定地区进行的旨在获取全部人口数据以及获取其他人口、社会和经济信息的全面调查。

国家解释

俄罗斯

出生、死亡、结婚和离婚数据来源于民事登记办公室的行政记录。

印度

孕产妇死亡率（Maternal Mortality Ratio） 是指某年每 10 万活产儿中由于怀孕或者生产的并发症致死的妇女数。这有别于育龄产妇死亡率（Maternal Mortality Rate），即每 10 万名 15-49 岁妇女中由于生产致死的人数。

印度人口普查每 10 年开展一次，最近的一次普查是在 2011 年。普查年份之间的数据和未来的数据估计采用变动要素合成方法，此方法基于人口普查和人口抽样登记系统的数据，后者提供了生育率和死亡率的时间序列数据。因此，依据 2006 年和 1996 年的《技术委员会报告》，本章表格所列 2005-2012 年数据是基于 2001 年普查数据的预测结果，2000 年数据是基于 1991 年普查数据的预测结果。

2011 年普查数据结果已经发布，2011 年印度人口为 12.11 亿。依据该普查，总人口包括 3.78 亿城市人口和 8.33 亿农村人口，6.25 亿男性人口和 5.86 亿女性人口。

经济活动人口

3

表 3.1　经济活动人口概况(2000-2013年)

指　标	2000	2003	2004	2005	2006	2007	2008	2009	2010	2011	2012	2013
经济活动人口数占总人口的比重(%)												
巴西[(1)(2)]		67.8[(3)]	68.6	69.3	69.0	68.6	68.6	68.6		66.2	65.9	
俄罗斯	49.5	49.9	50.6	51.2	52.0	52.7	53.0	53.0	52.8	53.0	52.9	52.7
印度[(4)]	40.6	41.9	42.1	43.0	42.3		41.3		40.0		39.5	
中国[(5)(6)]	56.9	57.1	57.1	57.1	57.0	57.0	56.9	56.8	56.8	56.7	56.6	56.6[(7)]
南非	36.8	34.9	34.3	35.8	36.6	36.2	36.9	35.8	34.8	34.9	35.4	
第二产业就业人口数占全部就业人口的比重(%)												
巴西[(1)(2)(8)]		14.5[(3)]	14.8	15.0	14.9	15.3	15.3	14.8		13.5	14.0	
俄罗斯[(9)]	24.1	24.1	23.5	22.9	22.8	22.2	21.4	20.5	20.5	20.2	20.3	20.2
印度[(10)]	12.6	16.9	18.1	18.1	18.8		18.7		21.5		24.3	
中国[(6)]	22.5	21.6	22.5	23.8	25.2	26.8	27.2	27.8	28.7	29.5	30.3	30.1
南非	20.6	21.3	22.5	22.6	22.6	23.0	23.4	22.9	22.1	21.9	21.0	

资料来源：

巴西

巴西国家地理与统计局，全国住户抽样调查，2001-2012 年。

俄罗斯

俄罗斯联邦统计局，就业抽样调查。

印度

印度统计和计划执行部，《全国抽样调查报告：印度就业和失业状况》（各期）。

中国

1. 中华人民共和国国家统计局，《中国统计年鉴》，2001-2013 年。

2. 中华人民共和国国家统计局，《中华人民共和国 2013 年国民经济和社会发展统计公报》。

南非

南非国家统计局，《年中人口估计》（P0302）；《劳动力调查》(P0210)；《季度劳动力调查》(P0211)。

脚注：

巴西

(1) 根据最近人口估计修订后数据。

(2) 15 岁及 15 岁以上人口。

(3) 2003 年数据不包括朗多尼亚州、阿克里州、亚马逊州、罗赖马州、帕拉和阿马帕州的农村人口。

(8) 包括的行业：制造业，采矿和采掘业，电、气、水的供应业。

俄罗斯

(9) 采矿和采掘业，制造业和电、气、水的供应业，建筑业。

印度

(4) 该数据基于全国抽样调查办公室的抽样调查，除了 2002 年 (7 月至 12 月)、2003 年 (1 月至 12 月) 和 2004 年 (1 月至 6 月) 外，该调查的调查期为前一年 7 月至当年 6 月。

(10) 该数据是基于通常经济活动状态，即同时考虑了主要和次要产业活动后得出的结论。第二产业包括采矿和采掘业，制造业，建筑业，电、气、水的供应业。

中国

(5) 就业人口数占总人口的比重。

(6) 2001 年及以后年份的总就业人口数据根据第六次全国人口普查结果进行了修订。

(7) 初步数据。

表 3.2.1 经济活动人口——巴西(2001-2012年)[1]

指 标	2001	2006	2007	2008	2009	2011	2012
经济活动人口数(万人)[2]	8270	9591	9707	9909	10083	10044	10153
就业人口数(万人)[2]	7496	8788	8923	9208	9250	9372	9529
按年龄划分的就业人口数(%)							
15-24岁	23.0	20.9	20.3	19.7	18.8	17.9	17.7
25-59岁	70.7	72.4	73.0	73.3	74.2	75.2	75.1
60岁及以上	6.3	6.7	6.7	7.1	7.0	6.9	7.2
按行业划分的就业人口数(万人)							
农业、林业和渔业	1499	1653	1594	1569	1539	1432	1357
工业[4]	1098	1311	1367	1407	1368	1262	1337
建筑业	526	582	607	693	693	789	833
贸易	1274	1546	1599	1599	1638	1671	1693
服务业	3079	3674	3735	3919	3992	4205	4302
其他	21	21	21	20	20	13	7
失业人口数(万人)[3]	774	804	784	701	833	672	624
城市失业人口数(万人)	738	752	734	659	779	634	581
失业率(%)[3]	9.4	8.4	8.1	7.1	8.3	6.7	6.1
城市失业率(%)	10.7	9.5	9.1	8.0	9.2	7.4	6.7
25岁以下人口失业率(%)	17.9	17.7	16.8	15.5	17.8	15.3	14.6

资料来源：

巴西国家地理与统计局，全国住户抽样调查，2001-2012 年。

脚注：

(1) 根据最近人口估计修订后数据。

(2) 15 岁及 15 岁以上的人口。

(3) 不包括朗多尼亚、阿克里、亚马逊、罗赖马、帕拉和阿马帕州的农村人口。

(4) 工业活动：制造业、采矿和采掘业，电、气、水的供应业。

表 3.2.2　经济活动人口——俄罗斯(2000-2013年)

指　标	2000	2005	2006	2007	2008	2009	2010	2011	2012	2013
经济活动人口数(万人)	7280	7360	7440	7530	7570	7570	7550	7580	7570	7550
就业人口数(万人)	6510	6830	6920	7080	7100	6940	6990	7090	7150	7140
按年龄划分的就业人口数(%)										
15-24岁	12.2	11.7	11.3	11.2	11.6	10.9	10.4	10.1	9.0	9.2
25-59岁	82.8	84.6	85.2	85.0	84.5	85.0	85.4	85.4	86.4	86.1
60岁及以上	5.0	3.8	3.6	3.8	3.9	4.1	4.2	4.5	4.6	4.7
按行业划分的就业人口数(万人)										
农业、林业和渔业	1450	1010	990	890	850	830	770	770	730	700
工业(1)	2410	2290	2280	2220	2140	2050	2050	2020	2030	2020
建筑业	510	670	650	700	760	710	720	720	740	760
贸易	1230	1520	1530	1560	1520	1520	1560	1590	1610	1610
服务业(2)	3770	4180	4210	4290	4360	4510	4510	4500	4500	4510
其他(3)	630	330	350	350	370	390	390	400	390	410
失业人口数(万人)	770	520	530	450	470	630	550	490	410	410
城市失业人数(万人)	580	340	320	270	300	420	360	320	260	260
失业率 (%)	10.6	7.1	7.1	6.0	6.2	8.3	7.3	6.5	5.5	5.5
城市失业率 (%)	10.7	6.1	5.7	4.7	5.2	7.4	6.3	5.5	4.5	4.6
25岁以下人口失业率 (%)	20.7	15.5	16.4	14.4	14.0	18.5	16.9	15.2	14.8	13.8

资料来源：

俄罗斯联邦统计局，就业抽样调查。

脚注：

(1) 包括能源。

(2) 包括：住宿和餐饮、交通运输和通信、金融活动、房地产、租赁和商业活动、公共行政和防务、社会保障、教育卫生和社会工作，以及其他社区、社会及个人服务活动。

(3) 包括家庭活动和境外组织机构的活动。

表 3.2.3　经济活动人口——印度(2000-2012年)

指　标	2000	2005	2006	2008	2010	2012
经济活动人口数(万人)[1]	37360	41789	41273	41679	40839	42986
就业人口数(万人)[2]	36537	40825	40294	40754	40002	42045
按年龄划分的就业人口数(万人)						
15-24岁	7579	8438	8156	7706	6884	6781
25-59岁	25545	28880	28640	29536	29677	31670
60岁及以上	2463	2746	2801	2975	3007	3292
按行业划分的就业人口数(万人)						
农业、林业和渔业	22560	23880	23370	23352	21281	20560
采矿和采掘业	210	245	242	204	240	227
制造业	3910	4776	4875	4687	4400	5298
电、气、水的供应业	110	122	121	122	120	219
建筑业	1580	2286	2337	2608	3840	4457
贸易、宾馆和酒店	3580	4205	4029	4198	4320	4608
交通、存储和通信业	1290	1551	1652	1712	1720	2031
其他服务业	3350	3797	3626	3872	4120	4654
失业率(%)	2.2	2.3	2.4	2.2	2.0	2.2
城市失业率(%)	4.7	4.5	4.8	4.1	3.4	3.4

资料来源：

1. 印度统计和计划执行部，《全国抽样调查报告：印度就业和失业状况》。

脚注：

(1) 数据基于全国抽样调查队的抽样调查报告，调查期为上年 7 月至当年 6 月（本表中所标识的年份）。

(2) 该数据是基于通常经济活动状态，即同时考虑了主要和次要经济活动后得出的结论。

表 3.2.4　经济活动人口——中国(2000-2013年)

指　标	2000	2006	2007	2008	2009	2010	2011	2012	2013
就业人口数(万人)(1)	72085	74978	75321	75564	75828	76105	76420	76704	76980
按年龄划分的就业人口数(%)(1)									
16-24岁	15.9	12.4	11.9	12.1	12.4	14.3	13.4	12.0	11.4
25-59岁	77.8	79.4	79.5	79.1	78.7	78.2	78.7	79.1	79.3
60岁及以上	6.4	8.2	8.7	8.9	8.9	7.5	7.9	8.9	9.3
按行业划分的就业人口数(万人)(1)									
农业、林业和渔业	36043	31941	30731	29923	28890	27931	26594	25770	24170
工业(2)	16219	18894	20186	20553	21080	21842	22544	23240	23170
服务业	19823	24143	24404	25087	25857	26332	27282	27690	29640
城镇登记失业人数(万人)	595	847	830	886	921	908	923	917	930
城镇登记失业率(%)	3.1	4.1	4.0	4.2	4.3	4.1	4.1	4.1	4.1

资料来源：

1. 中华人民共和国国家统计局，《中国统计年鉴》，2000-2012 年。
2. 中华人民共和国国家统计局，《中华人民共和国 2013 年国民经济和社会发展统计公报》。
3. 中华人民共和国人力资源和社会保障部。

脚注：

(1) 2001 年及以后就业人口数据根据第六次全国人口普查数据重新修订。

(2) 包括能源和建筑业。

表 3.2.5　经济活动人口——南非(2000-2012年)

指　标	2000	2006	2007	2008	2009	2010	2011	2012
经济活动人口数(万人)(1)	1610	1730	1730	1800	1770	1740	1770	1810
就业人口数(万人)	1230	1340	1350	1390	1350	1310	1330	1350
按年龄划分的就业人口数(%)								
15-24岁	12.9	11.6	11.4	12.0	11.0	10.0	9.8	9.4
25-59岁	84.4	85.5	85.8	85.4	86.4	87.4	87.6	88.2
60-64岁	2.8	2.9	2.8	2.6	2.6	2.6	2.5	2.4
按行业划分的就业人口数(万人)								
农业、林业和渔业	140	90	70	80	70	60	60	70
工业(2)	10	10	10	10	10	10	10	10
建筑业	70	100	110	120	110	110	110	100
贸易业	290	350	330	320	300	290	300	300
服务业	210	240	250	260	270	270	280	300
其他行业	520	560	580	600	590	560	570	570
失业人口数(万人)	370	390	390	410	420	430	450	450
失业率(%)	23.3	22.6	22.3	22.9	23.9	24.9	24.9	25.1
25岁以下人口失业率(15-24岁)(%)	45.0	46.7	46.5	45.5	48.2	50.5	49.8	51.5

资料来源：

南非国家统计局，《劳动力调查》(P0210)；《季度劳动力调查》(P0211)。

脚注：

(1) 2000 年为 9 月份数据，不是全年数据，原因是 3 月份举行的是试点调查。

(2) 包括能源。

主要统计指标解释

通用解释

经济活动人口（劳动力） 指在一定时期内那些正在从事某项工作（就业人员）、正在寻找工作或随时准备工作（失业人员）的人员。

失业率（UR） 为每100个劳动力中的失业人数，劳动力包括就业人员和失业人员。

就业人员（或工人） 指从事经济活动的人员，或不管从事何种经济活动但因为生病、受伤或其他身体伤残、恶劣天气、节日、社会或宗教活动以及其他原因造成暂时离岗的人员都称之为就业人员。那些在经济活动中，例如在家庭农场和非农场帮助从事无偿劳动者也被称为就业人员。

经济活动状况、劳动力、就业和失业 指的是一个人在一段特定的时期内参与经济活动和非经济活动的状况。根据这个定义，一个人在一段时期内可以处于以下三种广义活动状态中的一种或者处于混合状态中:

一是从事某种经济活动（工作状态）；二是目前没有从事经济活动，但正积极寻找工作，或者一旦有工作可以立即工作；三是没有从事经济活动，并且不准备投身到某项工作中。以上提及的前两种广义状态属于“劳动力”的范畴，即分别属于劳动力概念中的“就业人员”和“失业人员”，而最后一种状态则属于“非劳动力”的范畴。

国家解释

巴西

参照周 是指每年9月份最后一个完整周。

工作 以下几种经济活动状态被认为处于工作状态:

（1）以现金、产品、货物或福利（包括住房、食品、服装等）支付报酬的从事货物和服务生产的职业。

（2）以现金或福利（包括住房、食品和服装等）支付报酬的从事国内服务的职业。

（3）每周至少工作1个小时、无报酬的、从事货物和服务生产的职业，包括:

—对从事初级产品（包括农、林、畜、植物萃取、采矿、狩猎、捕鱼和渔业养殖）有工作者、独自核算或者从事其他任何经济活动雇主的家庭成员进行帮助。

—在宗教、慈善或合作机构帮忙。

—学徒或实习生。

（4）每周至少工作1小时的职业。

—为自己消费或至少1个家庭成员消费而从事的农、林、畜、植物萃取、捕鱼和渔业养殖业的货物生产。

—为自己使用或至少1个家庭成员使用的建筑物，私人道路，井和其他设施改良（不包括单单从事的修理工作）的建筑工作。

就业人员 是指在整个参考周或参考周部分时间从事了工作的人员，包括在参考周由于休假、事假或者罢工等原因而没有从事有偿工作的人员。

失业人员 是指在参考周已经设法寻找工作（包括与雇主联系、登记参加政府职位的官方考试、在就业机构或工会或类似机构进行了登记、发布或应征了求职广告、向亲属或朋友或同事寻求了帮助、采取了行动开设企业等等）但还是没有工作的人员。

俄罗斯

经济活动人口 与国际劳工组织的标准一致。经济活动人口指的是基于就业人口调查的就业和失业人口。经济活动人口监测的是15至72岁的人口。

印度

印度全国抽样调查队（NSSO）在全国和各邦开展就业、失业和劳动力特征的调查。

从2009-10年起，劳动和就业部，劳动局开展了全国和分邦年度就业、失业和劳动力情况调查。调查期一般是上年7月至当年6月。然后，一些调查是六个月进行一次。报告包括经常活动（参考期365天），当前周活动（参考期7天）和每日活动（参考期1天）。

通常主要经济活动状态 通常主要经济活动状态指的是一个人在调查期前365天的活动状态。在过去365天里从事时间相对较长的活动就是此人的通常主要经济活动状态。

通常次要经济活动状态 按照主要时间标准确定了通常主要活动状态的人，在调查日之前的 365 天或较短的时间里从事了相对来说花费时间更少一些的活动（不少于 30 天），这种经济活动就被称为这个人的次要经济活动状态。

包含主要活动状态和次要活动状态的通常活动状态 通常活动状态包含了通常主要活动状态和通常次要活动状态。通常活动状态 =（ps+ss）。按照通常活动状态（ps+ss）的定义，工人是指从事主要经济活动或次要经济活动的人，也就是说，一个不从事主要经济活动的人在调查日之前的 365 天里从事了 30 天及以上次要活动仍被视为工人。

PS：主要经济活动状态　　SS：次要经济活动状态

失业人员 是指在参考周已经设法寻找工作（包括与雇主联系、登记参加政府职位的官方考试、在就业机构或工会或类似机构进行了登记、发布或应征了求职广告、向亲属或朋友或同事寻求了帮助、采取了行动开设企业等等）但还是没有工作的人员，被称作“寻找且可以工作的人”或失业人口。

劳动部劳动局自从 2010-11 年起开始进行就业和失业的年度调查。

中国

就业人员 指在 16 周岁及以上，从事一定社会劳动并取得劳动报酬或经营收入的人员。这一指标反映了一定时期内全部劳动力资源的实际利用情况，是研究中国基本国情国力的重要指标。

城镇登记失业人员 指有非农业户口，在一定的劳动年龄内（16 周岁至退休年龄），有劳动能力，无业而要求就业，并在当地就业服务机构进行求职登记的人员。

城镇登记失业率 指城镇登记失业人员与城镇单位就业人员（扣除使用的农村劳动力、聘用的离退休人员、港澳台及外方人员）、城镇单位中的不在岗职工、城镇私营业主、个体户主、城镇私营企业和个体就业人员、城镇登记失业人员之和的比。

国民经济核算

4

表 4.1　国民经济核算概况(2000-2013年)

指　标	2000	2006	2007	2008	2009	2010	2011	2012	2013
GDP(现价，亿美元)									
巴西[(1)(2)]	6450	10890	13670	16530	16220	21420	24740	22470	22457
俄罗斯[(3)]	2600	9900	13000	16610	12230	15254	18957	19896	20957
印度	4600	9502	12406	12239	13666	17070	18731	18728	18712
中国[(4)(5)]	11985	27135	34957	45218	49905	59312	73250	82292	91850[(6)]
南非	1330	2610	2850	2740	2850	3630	4020	3820	
人均GDP(现价，美元)									
巴西[(1)(2)]	3716	5813	7213	8631	8380	10959	12533	11280	11171
俄罗斯[(3)]	1772	6948	9145	11700	8616	10678	13261	13894	14604
印度	451	847	1090	1061	1168	1439	1558	1539	1518
中国[(4)]	949	2070	2653	3414	3749	4434	5450	6093	6768[(6)]
南非	3034	5381	5807	5484	5651	7114	7810		
GDP增长率(比上年增长，%)									
巴西[(1)(2)]	4.3	4.0	6.1	5.2	-0.3	7.5	2.7	1.0	2.5
俄罗斯[(3)]	10.0	8.2	8.5	5.2	-7.8	4.5	4.3	3.4	1.3
印度[(7)]	7.8	16.6	15.9	15.7	15.2	18.7	15.8	11.9	12.3
中国	8.4	12.7	14.2	9.6	9.2	10.4	9.3	7.7	7.7[(6)]
南非	4.2	5.6	5.5	3.6	-1.5	3.1	3.5		
第一产业占GDP的比重(%)									
巴西[(1)(2)]	5.6	5.5	5.6	5.9	5.6	5.3	5.5	5.3	5.7
俄罗斯[(3)]		4.6	4.4	4.4	4.6	3.8	4.4	4.0	4.0
印度[(8)]	25.7	21.0	21.0	20.4	20.3	21.0	20.5	19.9	20.5
中国	15.1	11.1	10.8	10.7	10.3	10.1	10.0	10.1	10.0[(6)]
南非	10.8	11.3	11.8	12.7	11.9	11.8	12.3		
第二产业占GDP比重(%)									
巴西[(1)(2)]	27.7	28.8	27.8	27.9	26.8	28.1	27.5	26.0	25.0
俄罗斯[(3)]		37.2	36.4	35.9	33.7	34.8	37.1	36.3	35.7
印度[(9)]	23.8	26.1	26.3	25.7	25.2	24.3	24.6	23.8	22.6
中国	45.9	47.9	47.3	47.4	46.2	46.7	46.6	45.3	43.9[(6)]
南非	24.2	22.7	22.5	22.6	22.0	20.6	19.4		
第三产业占GDP比重（%）									
巴西[(1)(2)]	66.7	65.8	66.6	66.2	67.5	66.6	67.0	68.7	69.3
俄罗斯[(3)]		58.2	59.2	59.7	61.7	61.4	58.5	59.7	60.3
印度[(10)]	50.5	52.9	52.7	53.9	54.5	54.6	54.9	56.3	57.0
中国	39.0	40.9	41.9	41.8	43.4	43.2	43.4	44.6	46.1[(6)]
南非	64.9	66.0	65.7	64.7	66.1	67.6	68.3		

资料来源：

巴西

巴西国家地理与统计局，国民经济核算体系，2000-2013 年。

俄罗斯

俄罗斯联邦统计局。

印度

1. 印度统计和计划执行部中央统计局，国民经济核算统计，2008-2013 年。
2. 印度统计和计划执行部中央统计局，2012 财年国民收入、消费支出、储蓄和资本形成初次修订值新闻发布。
3. 印度统计和计划执行部中央统计局，2013 财年 GDP 的国民收支快报数。
4. 印度储备银行。

5. 印度外汇交易经纪人协会。

中国

中华人民共和国国家统计局。

南非

南非国家统计局和南非储备银行。

脚注：

巴西

年平均汇率数据来自表 13.2.1 和表 14.1。

(1) 2010-2013 年数据由季度数据加工得到。

(2) 2010-2013 年数据为初步数据。

俄罗斯

(3) 2012 和 2013 年数据为初步数据。

印度

所有数据均指财务年度数据，即当年 4 月至下年 3 月。GDP 和人均 GDP 用的是现价。

在进行卢比和美元转换时，使用的是财政年平均汇率。

2000 年数据采用的是 1999/2000 年旧的基期价格，2006 年及以后采用的是 2004/05 基期价格。

2013 年数据为估计数，2012 年、2011 年和 2010 年数据分别为第一次、第二次和第三次修订值。

(7) 计算 GDP 增长率时使用按要素成本现价计算的 GDP 值。

(8) 第一产业包括农业、林业、渔业、采矿业和采掘业。第一产业占 GDP 比重是按照要素成本现价计算的。

(9) 第二产业包括制造业、电力和水的供应业以及建筑业。第二产业占 GDP 比重是按照要素成本现价计算的。

(10) 第三产业包括其他经济活动。第三产业占 GDP 比重是按照要素成本现价计算的。

中国

(4) 按美元计算的 GDP 和人均 GDP 利用年平均汇率进行折算。

(5) GDP 按生产者价格计算。

(6) 初步数据。

表 4.2.1　国民经济核算——巴西(2006-2013年)

指　标	2006	2007	2008	2009	2010[1]	2011[1]	2012[1]	2013[1]
GDP(现价，亿雷亚尔)	23690	26610	30320	32390	37700	41430	43920	48448
GDP物量指数(上年=100)	104.0	106.1	105.2	99.7	107.5	102.7	101.0	102.5
GDP缩减指数(上年=100)	106.1	105.9	108.3	107.2	108.2	107.0	104.9	107.6
人均GDP增长率（%）	2.7	4.9	4.0	-1.4	6.5	1.7	0.1	1.6
固定资本形成总额指数(上年=100)	109.8	113.9	113.6	93.3	121.3	104.7	96.0	105.2
生产法GDP及其构成项(现价，亿雷亚尔)	23690	26610	30320	32390	37700	41430	43920	48448
第一产业	1116	1273	1530	1570	1710	1930	1980	2346
第二产业	5850	6363	7200	7500	9060	9720	9690	10266
第三产业	13380	15240	17080	18870	21500	23660	25580	28492
产品税净额(亿雷亚尔)	3351	3735	4518	4450	5430	6120	6670	7344
支出法GDP及其构成项(现价，亿雷亚尔)	23690	26610	30320	32390	37700	41430	43920	48448
最终消费支出	19040	21330	23990	26670	30460	33560	36860	40982
固定资本形成总额	3893	4641	5795	5850	7340	7990	7980	8809
存货增加	77	236	476	-70	290	190	-285	-140
货物和服务净出口	688	405	58	-50	-390	-300	-635	-1203
最终消费率（%）	80.3	80.2	79.1	82.3	80.8	81.0	83.9	84.5
总资本形成率（%）	16.8	18.3	20.7	17.8	20.2	19.7	17.5	18.0

资料来源：

巴西国家地理与统计局，国民经济核算体系，2000-2013 年。

脚注：

年平均汇率见表 13.2.1 和表 14.1。

(1) 数据为初步数据，由季度数据加工得到。

表 4.2.2　国民经济核算——俄罗斯(2000-2013年)

指　标	2000	2004	2006	2007	2008	2009	2010	2011	2012	2013[1]
GDP(现价，亿卢布)	73056	170272	269172	332475	412768	388072	463085	556440	618108	666891
GDP物量指数(上年=100)	110.0	107.2	108.2	108.5	105.2	92.2	104.5	104.3	103.4	101.3
GDP缩减指数(上年=100)	137.6	120.3	115.2	113.8	118.0	102.0	114.2	115.2	107.4	106.5
人均GDP指数(上年=100)[2]	110.5	107.6	108.5	108.7	105.3	92.2	104.5	104.2	103.3	101.1
固定资本形成总额指数(上年=100)	118.1	112.6	118.0	121.0	110.6	85.6	105.9	109.1	106.4	99.7
生产法GDP及其构成项(亿卢布)[2]		148588	229773	284845	351827	338313	400401	473957	526202	665228
第一产业		8351	10394	12564	15493	15851	15485	20884	20857	22777
第二产业		53980	85544	103806	127079	113810	138924	175390	191478	240432
第三产业		86257	133836	168475	209255	208653	245992	277683	313866	402019
支出法GDP及其构成项(亿卢布)										
最终消费支出	44768	114779	178097	219686	275435	292696	325146	375294	429311	477348
固定资本形成总额	12320	31305	49806	69804	92008	85357	100143	119505	136037	143164
存货增加	1337	4284	7182	10537	13253	-11909	4583	20322	16264	11680
货物和服务净出口	14631	20865	34259	28666	38126	28877	37397	47765	45650	37627
最终消费率(%)	61.3	67.0	66.1	66.8	65.9	74.1	69.6	66.8	68.3	71.2
资本形成率(%)	18.6	18.4	18.5	21.2	22.0	21.7	21.4	21.2	21.7	21.4

资料来源：

俄罗斯联邦统计局。

脚注：

(1) 初步数据。

(2) 以基本价格计算的按经济活动划分的增加值总额。

表 4.2.3 国民经济核算——印度(2000-2013年)

指标	2000	2006	2007	2008	2009
GDP(现价，亿卢比)	210231	429471	498709	563006	647783
按要素成本计算的GDP(现价，亿卢比)	192502	395328	458209	530357	610890
按要素成本计算的GNI(现价，亿卢比)	190228	392004	456157	527064	607090
按要素成本计算的GDP(可比价，亿卢比)	186430	356436	389664	415868	451607
按要素成本计算的人均GDP(现价，卢比)	18891	35234	40264	45958	52213
按市场价格计算的人均GDP(现价，卢比)	20631	38277	43823	48787	55366
可比价GDP指数(上年=100，%)	104.4	109.6	109.3	106.7	108.6
人均GDP增长率(要素成本)(可比价，%)	2.2	8.0	7.8	5.2	7.1
生产法GDP及其构成(现价，亿卢比)					
第一产业	49527	82977	96133	108303	124282
第二产业	45843	103341	120546	136043	153649
第三产业	97132	209010	241530	286011	332959
支出法GDP及其构成(现价，亿卢比)					
最终消费支出[(1)]	160436	292014	335375	386462	447872
资本形成总额	51179	153143	190076	193138	236313
固定资本形成总额	47782	134377	164167	182110	205577
存货增加[(2)]	1547	14710	20153	10679	17917
货物和服务净出口	-1940	-13566	-20020	-28528	-34836
最终消费率(%)	76.3	68.0	67.2	68.6	69.1
资本形成率(%)	24.3	35.7	38.1	34.3	36.5
国内储蓄总额(现价)(亿卢比)	49903	148591	183633	180262	218234
汇率(美元/卢比，年平均)	45.7	45.2	40.2	46.0	47.4

表 4.2.3 国民经济核算——印度(2000-2013年)

(续表)

指 标	2010	2011	2012	2013
GDP(现价，亿卢比)	778412	900972	1011328	1132046
按要素成本计算的GDP(现价)(亿卢比)	724886	839169	938888	1053961
按要素成本计算的GNI(现价)(亿卢比)	716705	831486	927211	1041111
按要素成本计算的GDP(不变价)(亿卢比)	491853	524753	548211	574856
按要素成本计算的人均GDP(现价)(卢比)	61120	69814	77148	85479
按市场价格计算的人均GDP(现价)(卢比)	6563	7496	8310	9181
可比价GDP指数(上年=100，%)	108.9	106.7	104.5	104.9
人均GDP增长率(要素成本)(可比价，%)	7.4	5.3	3.2	3.5
生产法GDP及其构成(现价)(亿卢比)				
第一产业	152455	172181	186734	215740
第二产业	176358	206165	223803	237822
第三产业	396072	460823	528351	600398
支出法GDP及其构成(现价)(亿卢比)				
最终消费支出[(1)]	525046	616779	696119	784134
资本形成总额	284146	320063	352140	
固定资本形成总额	240707	286106	307154	322157
存货增加[(2)]	27351	17060	17118	18847
货物和服务净出口	-33999	-57162	-68162	-43508
最终消费率(%)	67.5	68.5	68.8	69.3
资本形成率(%)	36.5	35.5	34.8	
国内储蓄总额(现价)(亿卢比)	262174	282446	304347	
汇率(美元/卢比，年平均)	45.6	48.1	54.0	60.5

资料来源：

1. 印度统计和计划执行部中央统计局，国民经济核算统计，2008-2013 年。
2. 印度统计和计划执行部中央统计局，2012 财年国民收入、消费支出、储蓄和资本形成初次修订值新闻发布。
3. 印度统计和计划执行部中央统计局，2013 财年 GDP 的国民收支快报数。

脚注：

1. 所有数据均指财务年度数据，即当年 4 月至下年 3 月。
2. 2000 年数据采用的是 1999/2000 年旧的基期价格，2006 年及以后采用的是 2004/05 年新基期价格。
3. 2013 年数据为估计数，2012 年、2011 年和 2010 年数据分别为第一次、第二次和第三次修订值。

(1) 包括私人和政府部门的最终消费支出。

(2) 不包括贵重物品。

表 4.2.4　国民经济核算——中国(2000-2013年)

指　标	2000	2006	2007	2008	2009	2010	2011	2012	2013[1]
GDP(现价，亿人民币)	99215	216314	265810	314045	340903	401513	473104	519470	568845
国民总收入(现价，亿美元)[2]	11838	27084	35037	45504	49820	59053	72546	82094	91412
GDP物量指数(可比价，上年=100)	108.4	112.7	114.2	109.6	109.2	110.4	109.3	107.7	107.7
人均GDP增长率 (%)	7.6	12.0	13.6	9.1	8.7	9.9	8.8	7.1	7.1
生产法GDP及其构成项(现价，亿人民币)[3]	99215	216314	265810	314045	340903	401513	473104	519470	568845
第一产业	14945	24040	28627	33702	35226	40534	47486	52374	56957
第二产业	45556	103720	125831	149003	157639	187383	220413	235162	249684
工业	40034	91311	110535	130260	135240	160722	188470	199671	210689
建筑业	5522	12409	15296	18743	22399	26661	31943	35491	38995
第三产业	38714	88555	111352	131340	148038	173596	205205	231934	262204
交通运输、仓储和邮政业	6161	12183	14601	16363	16727	19132	22433	24660	27283
批发和零售业	8159	16531	20938	26182	28984	35746	43445	49394	55672
住宿和餐饮业	2146	4793	5548	6616	7118	8068	9173	10464	11494
金融业	4087	8099	12338	14863	17768	20981	24958	28723	33535
房地产业	4149	10370	13810	14739	18655	22782	26784	29360	33295
其他	14012	36579	44118	52577	58786	66887	78412	89333	100925
支出法GDP及其构成项(现价，亿人民币)	98749	222713	266599	315975	348775	402816	472619	529399	586673
最终消费支出	61516	113104	132233	153422	169275	194115	232112	261994	292166
固定资本形成总额	33844	87954	103949	128084	156680	183615	215682	241757	269076
存货增加	998	5000	6995	10241	7783	9989	12662	11016	11281
货物和服务净出口	2390	16655	23423	24227	15037	15098	12163	14632	14151
最终消费率(%)	62.3	50.8	49.6	48.6	48.5	48.2	49.1	49.5	49.8
资本形成率(%)	35.3	41.7	41.6	43.8	47.2	48.1	48.3	47.7	47.8

资料来源：

中华人民共和国国家统计局。

脚注：

(1) 初步数据。

(2) 按美元计算的国民总收入利用年平均汇率进行折算。

(3) 生产法 GDP 各构成项按生产者价格计算。

表 4.2.5　国民经济核算——南非(2000-2013年)

指　标	2000	2006	2007	2008	2009	2010	2011	2012	2013
GDP(现价)(亿兰特)	9220	17670	20160	22560	24080	26740	29330	31390	33850(1)
GDP物量指数(2)	82.9	105.6	111.5	115.5	113.7	117.3	121.5	124.5	
GDP缩减指数(2)	70.8	106.5	115.1	124.4	134.8	145.1	153.6	160.4	
人均GDP增长率(%)	2.1	4.2	4.3	2.4	-2.7	1.5			
固定资本形成总额指数(2)	68.0	112.1	127.8	145.8	142.6				
生产法GDP及其构成项(亿兰特)	9220	17670	20160	22560	24080	26740	29330	31390	33850
第一产业(3)	910	1780	2110	2570	2600	2910	3400	3410	3520
第二产业(4)	2030	3580	4030	4590	4790	5010	5090	5310	5560
第三产业(5)	5440	10370	11780	13120	14410	16320	17860	19480	21220
支出法GDP及其构成项(亿兰特)	9220	17670	20160	22630	23980	26610			
最终消费支出	7520	14640	16450	18270	19620				
固定资本形成总额	1380	3240	4060	5250	5320				
存货增加	70	240	220	-120	-620				
货物和服务净出口	270	-430	-550	-690	-210				
最终消费率(%)	81.5	82.8	81.6	80.3	81.9				
资本形成率(%)	15.7	19.7	21.2	22.5	19.6				

资料来源：

南非国家统计局和南非储备银行。

脚注：

(1) 2013 年数据由季度数据加工得到。

(2) 基期为 2005 年 =100。

(3) 第一产业包括农业、采矿和林业。

(4) 第二产业包括制造业，电、气、水的生产和供应业，建筑业。

(5) 第三产业包括批发，零售和汽车贸易业，住宿和餐饮，运输、仓储和通信，金融，房地产，商务服务业，政府服务和个人服务业。

图 4.1（a） 国内生产总值（2007-2013 年）

（亿美元）
100000
90000
80000
70000
60000
50000
40000
30000
20000
10000
0
2007年 2008年 2009年 2010年 2011年 2012年 2013年
巴西 俄罗斯 印度 中国 南非

资料来源：2014 年《金砖国家联合统计手册》第 4 章概况表。

图 4.1（b） 人均国内生产总值 （2000-2012 年）

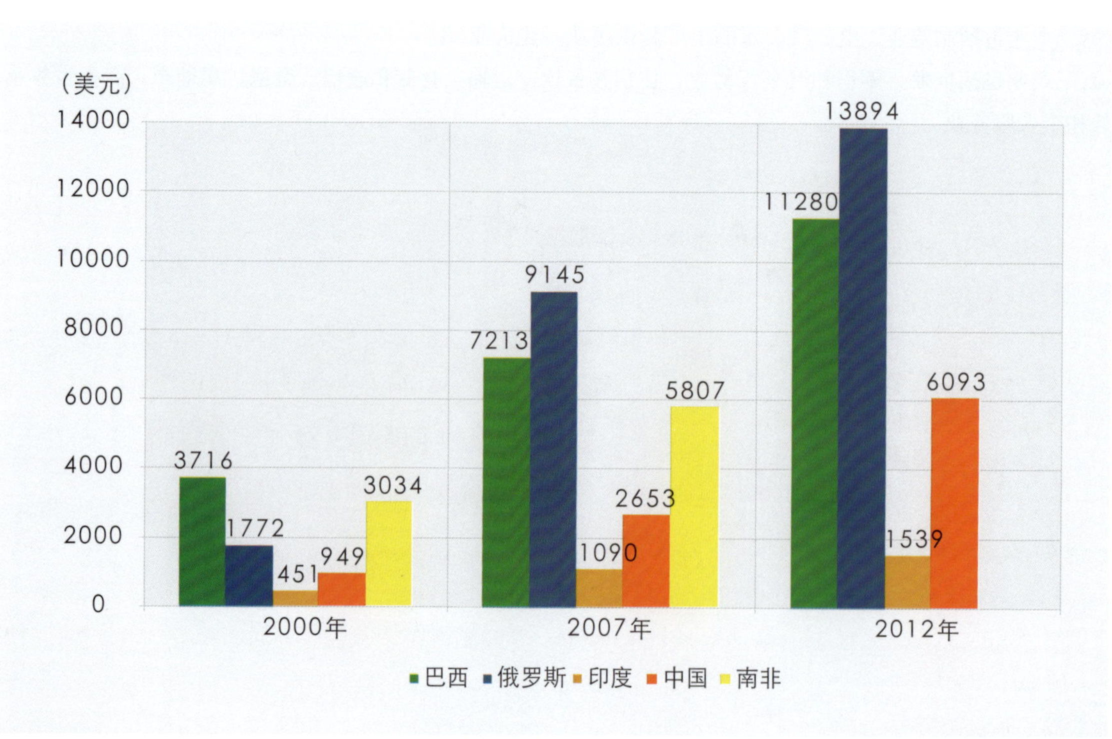

资料来源：2014 年《金砖国家联合统计手册》第 4 章概况表。

图 4.1 （c） 三次产业占 GDP 比重（ 2012 年 ）

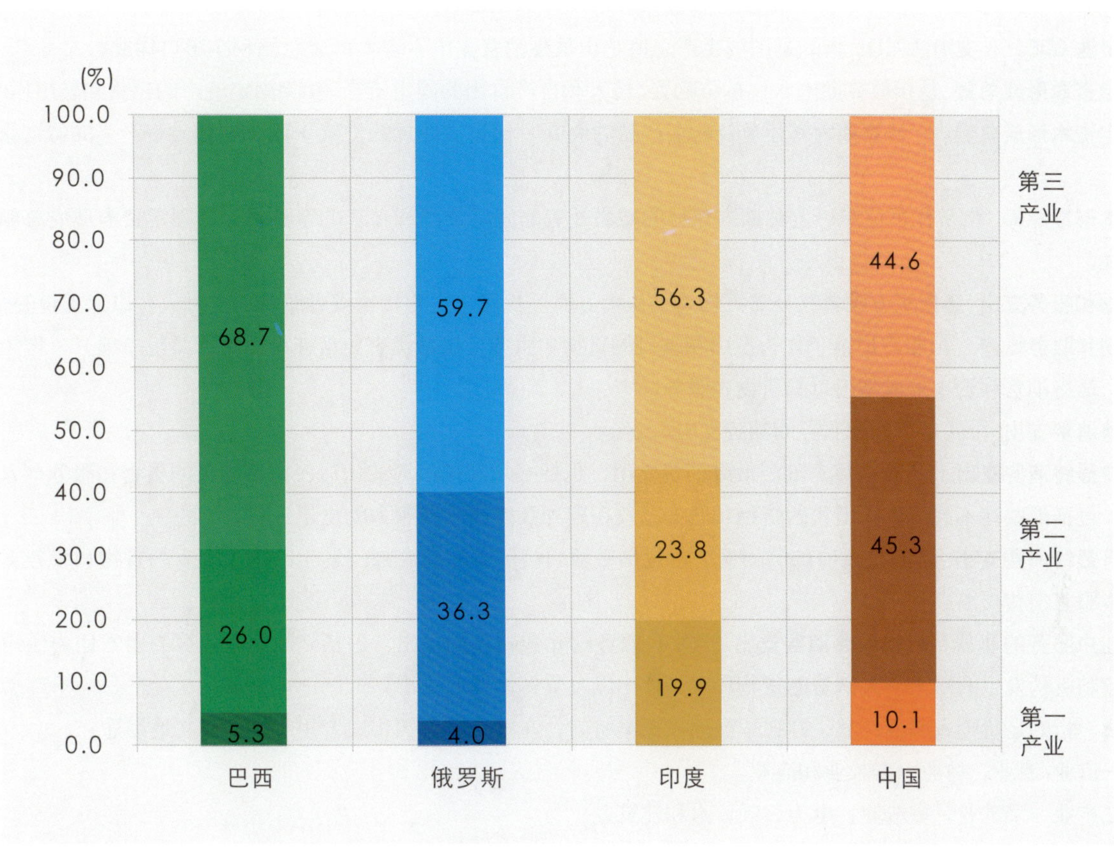

资料来源：2014 年《金砖国家联合统计手册》第 4 章概况表。

主要统计指标解释

通用解释

国内生产总值　国家产出是指一个国家或地区在一定时期内所生产的全部商品和服务的货币价值量，不可重复计算。由于商品和服务均有不同的测算单位，所以不能直接相加，只能价值量测算。在封闭的经济体，这些价值之和等于国内产出（即国内生产总值）。

国民总收入（GNI）　一国不是封闭经济体，与其他国家有出口、进口和借贷关系，这就产生了国民和国家的概念。GDP 指的是该国境内所有常住单位的生产总值，这与国内常住单位所有的生产性活动的生产总值概念不完全相同，这是因为有些常住单位的生产性活动可能发生在国外。相反，一些在国境内的生产活动有可能来自外籍劳工的临时性或季节性劳动。

GNI= GDP+ 本国居民从国外获得的报酬和财产性收入 - 外国居民从国内获得的报酬和财产性收入

家庭消费支出　指国民经济核算统计（NAS）中的私人最终消费支出（PFCE），包括家庭（含非营利机构）非耐用消费品和服务支出以及不包括土地和建筑物在内的所有其他耐用品的支出。

政府最终消费支出　政府最终消费支出包括员工报酬、政府在国内外采购货物和服务的支出。政府的雇员报酬包括工资、薪金和社会保障缴款。

第一产业　农业、林业、畜牧业、渔业和矿业。

第二产业　制造业，电、气、水的生产和供应业，建筑业。

第三产业　国民经济中除第一、第二产业之外的产业。

国家解释

巴西

支出法 GDP 支出法 GDP 指的是国内生产总值是由最终消费支出、资本形成总额和净出口构成。

固定资本形成总额 是指核算期内常住单位购置、转入和自产自用的固定资产，扣除固定资产的销售和转出后的价值。

固定资本形成总额 = 核算期内常住单位购买产品的价值 - 销售或处置的价值 + 附加在固定资产上的特定服务性支出

资本形成总额 指常住单位在一定时期内获得的减去处置的固定资产和存货的净额，包括固定资本形成总额和存货增加。

货物和服务支出 是指买方或者其分支机构为了从卖方那里获得一定的货物或者服务而支付或者愿意支付的金额。

货物和服务帐户 该账户记录了作为产出和进口的货物和服务（包括没有包含在产出中产品税净项）、作为中间消耗、最终消费和资本形成与出口的货物和服务。

最终消费支出 指的是货物和服务的消费支出。

住户最终消费支出 指的是住户部门最终消费支出，包括必须间接估算的由居民家庭支付的货物和服务个人消费支出，包括那些按不经济价格出售的货物和服务以及在国外获得商品和服务的支出。

政府最终消费支出 指的是政府部门的支出，包括必须间接估算的政府部门发生的用于个人的货物和服务支出以及集体服务消费支出。

为住户服务的非营利机构最终消费支出 为住户服务的非营利机构支出，包括必须间接估算的由常住为住户服务的非营利机构发生的用于个人消费的货物和服务支出以及集体消费的支出。

存货 指的是货物或服务产品，存在于当期或更早时间，在以后准备销售或者用于生产或其他用途。

第一产业 农业，林业，畜牧业和渔业。

第二产业 采矿业，制造业，电力，气，水和建筑业。

第三产业 经济中其他产业。

俄罗斯

以市场价格计算的国内生产总值（GDP） 为一个国家所有生产单位的生产活动成果。GDP 核算可采取以下三种方法：生产法、支出法和收入法。生产法 GDP 为全国货物和服务的总产出与中间消耗之间的差额，也就是各行业的增加值总和。支出法 GDP 为全国所有机构单位支出的总和，即最终消费支出、资本形成总额和净出口。收入法 GDP 为全国按部门划分的所有机构单位生产过程中累积的初次收入总和。

最终消费支出 包括居民最终消费支出、公共管理部门用于个人消费的货物和服务支出与集体服务消费的支出以及为住户服务的非营利机构最终消费支出。

资本形成总额 为常住单位当期生产或进口的、但不用于当期消费的货物和服务的净购买。资本形成总额包括固定资本形成总额、库存变动以及贵重物品的净购买额。

货物和服务净出口 为出口与进口之间的差额，包括俄罗斯与其他国家之间的贸易量。

印度

印度统计和计划执行部中央统计局每年都公布国民经济核算统计数据。这些数据是基于财政年来计算的，即当年的 4 月至来年的 3 月。在每年的 1 月，印度中央统计局会发布前一年统计数据的快报，在有更加充分的统计资料后，对这些数据会进行进一步的修订。印度中央统计局也会在财年结束的前 2 个月，发布该财年数据的预测值。印度中央统计局生产一系列的指标，包括 GDP,NDP,GNP，要素和市场价格计算的 NNP，间接税收减补贴，固定资本消耗，国民可支配收入净值，个人可支配收入，私人最终消费支出，政府最终消费支出，进出口，资本形成净值，储蓄等等。

国民总收入（GNI） 印度不是封闭经济体，与其他国家有出口、进口和借贷关系，这就产生了国民和国家的概念。GDP 指的是该国境内所有常住单位的生产总值，这与国内常住单位所有的生产性活动的生产总值概念不完全相同，这是因为有些常住单位的生产性活动可能发生在国外。相反，一些在国境内的生产活动有可能来自外籍劳工的临时性或季节性劳动。

最终消费支出 包括私人最终消费支出和政府最终消费支出。

私人最终消费支出 私人最终消费支出在国民经济核算体系里指的是私人部门（包括非盈利性组织）对耐用和非耐

用货物和服务的消费支出。

政府最终消费支出 包括政府雇员的报酬和政府对货物和服务的支出，也包括在海外的支出。中央政府雇员的报酬包括工资和社会保障缴款。

最终消费率 指的是按照现价计算的最终消费支出占 GDP 的比重。

资本形成率 指的是按照现价计算的资本形成总额占 GDP 的比重。

印度 GDP 的计算采用以下的产业分类：

第一产业 包括农业、林业、渔业、采矿业和采掘业。第一产业占 GDP 比重是按照现价计算的。

第二产业 包括制造业、电力和水的供应业以及建筑业。第二产业占 GDP 比重是按照现价计算的。

第三产业 包括其他经济活动。第三产业占 GDP 比重是按照现价计算的。

国内生产总值（GDP） 指按市场价格计算的一个国家（或地区）所有常住单位在一定时期内生产活动的最终成果。在实际核算中，国内生产总值有三种计算方法，即生产法、收入法和支出法。三种方法分别从不同的方面反映国内生产总值及其构成。

人均 GDP = GDP/ 年平均人口。

中国

中国的三次产业 划分标准为：第一产业是指农业、林业、畜牧业、渔业和农林牧渔服务业；第二产业是指采矿业，制造业，电力、煤气及水的生产和供应业，建筑业；第三产业是指除第一、二产业以外的其他行业。

GDP 物量指数 是用来衡量不变价 GDP 的变动。不变价 GDP 是把按当期价格计算的 GDP 换算成按某个固定期（基期）价格计算的价值，从而使两个不同时期的价值进行比较时，能够剔除价格变化的影响，以反映物量变化，反映生产活动成果的实际变动。

支出法国内生产总值 是从最终使用的角度反映一个国家（或地区）一定时期内生产活动最终成果的一种方法，包括最终消费支出、资本形成总额及货物和服务净出口三部分。计算公式为：

支出法国内生产总值 = 最终消费支出 + 资本形成总额 + 货物和服务净出口

最终消费支出 指常住单位为满足物质、文化和精神生活的需要，从本国经济领土和国外购买的货物和服务的支出。它不包括非常住单位在本国经济领土内的消费支出。最终消费支出分为居民消费支出和政府消费支出。

固定资本形成总额 指常住单位在一定时期内获得的固定资产减处置的固定资产的价值总额。固定资产是通过生产活动生产出来的，且其使用年限在一年以上、单位价值在规定标准以上的资产，不包括自然资产。可分为有形固定资本形成总额和无形固定资本形成总额。有形固定资本形成总额包括一定时期内完成的建筑工程、安装工程和设备工器具购置（减处置）价值，以及土地改良、新增役、种、奶、毛、娱乐用牲畜和新增经济林木价值。无形固定资本形成总额包括矿藏的勘探、计算机软件等获得减处置。

存货增加 指常住单位在一定时期内存货实物量变动的市场价值，即期末价值减期初价值的差额，再扣除当期由于价格变动而产生的持有收益。存货增加可以是正值，也可以是负值，正值表示存货上升，负值表示存货下降。存货包括生产单位购进的原材料、燃料和储备物资等存货，以及生产单位生产的产成品、在制品和半成品等存货。

货物和服务净出口 指货物和服务出口减货物和服务进口的差额。出口包括常住单位向非常住单位出售或无偿转让的各种货物和服务的价值；进口包括常住单位从非常住单位购买或无偿得到的各种货物和服务的价值。由于服务活动的提供与使用同时发生，一般把常住单位从非常住单位得到的服务作为进口，非常住单位从常住单位得到的服务作为出口。货物的出口和进口都按离岸价格计算。

最终消费率 指最终消费支出占支出法国内生产总值的比重。

资本形成率 指资本形成总额占支出法国内生产总值的比重。

南非

基期 2005 年 =100

第一产业 农业、林业、渔业、采矿业和采掘业。

第二产业 制造业、电力、天然气和水的供应与建筑业。

第三产业 批发业、零售业、汽车贸易、餐饮和住宿业、交通、存储和通信业、金融、房地产和商业服务业。中央政府和个人服务业。

价格指数

5

表 5.1 价格指数概况(2000-2013年)

指标	2000	2003	2004	2005	2006	2007	2008	2009	2010	2011	2012	2013
居民消费价格指数(比上年上涨，%)												
巴西	6.0	9.3	7.6	5.7	3.1	4.5	5.9	4.3	5.9	6.5	5.8	5.9
俄罗斯	20.8	13.7	10.9	12.7	9.7	9.0	14.1	11.7	6.9	8.4	5.1	6.8
印度(1)	4.0	3.7	3.6	4.3	6.0	6.5	8.4	10.6	12.1	9.1	8.9	11.1
中国	0.4	1.2	3.9	1.8	1.5	4.8	5.9	-0.7	3.3	5.4	2.6	2.6
南非	5.3	5.8	1.4	3.4	4.7	7.1	11.5	7.1	4.3	5.0	5.6	5.7

资料来源：

巴西

巴西国家地理与统计局，2000-2013 年全国居民消费价格指数。

俄罗斯

俄罗斯联邦统计局。

印度

印度劳动和就业部劳动局。

中国

中华人民共和国国家统计局。

南非

南非国家统计局。

脚注：

印度

(1) 印度产业工人消费者价格指数：2000 年至 2005 年价格上涨率是以 1982 年 =100 的指数序列为基础计算得到的，而 2006 年及以后的价格上涨率是以 2001 年为基础计算得到。

表 5.2.1 价格指数——巴西(2000-2013年)

单位：%

指 标	2000	2006	2007	2008	2009	2010	2011	2012	2013
消费价格指数(上年=100)	106.0	103.1	104.5	105.9	104.3	105.9	106.5	105.8	105.9
食品和饮料	103.2	101.2	110.8	111.1	103.2	110.4	107.2	109.9	108.5
住房	104.5	103.1	101.8	105.1	105.7	105.0	106.8	106.8	103.4
住房租金	97.7	103.2	104.5	106.9	106.6	107.4	111.0	109.0	112.0
燃料(家务)	102.9	107.3	100.5	103.3	113.0	102.1	102.6	105.2	106.6
住宅供电	112.7	100.3	93.8	101.1	104.7	103.1	104.0	102.9	84.3
家居用品	105.2	97.3	97.5	102.0	103.0	103.5	100.0	100.8	107.1
服装	104.1	105.1	103.8	107.3	106.1	107.5	108.3	105.8	105.4
交通	112.1	103.0	102.1	102.3	102.4	102.4	106.1	100.5	103.3
健康和个人护理	102.6	106.0	104.5	105.7	105.4	105.1	106.3	106.0	107.0
个人支出	105.7	107.2	106.5	107.4	108.0	107.4	108.6	110.2	108.4
教育	104.8	106.3	104.2	104.6	106.1	106.2	108.1	107.8	107.9
通讯	112.9	99.8	100.7	101.8	101.1	100.9	101.5	100.8	101.5
城市居民消费价格指数（上年=100）	106.0	103.1	104.5	105.9	104.3	105.9	106.5	105.8	105.9

资料来源：

巴西国家地理与统计局，2000-2013 年全国消费价格指数。

表 5.2.2 价格指数——俄罗斯(2000-2013年)

单位：%

指 标	2000	2006	2007	2008	2009	2010	2011	2012	2013
消费价格指数(总指数，上年=100)	120.8	109.7	109.0	114.1	111.7	106.9	108.4	105.1	106.8
食品[(1)]	117.5	109.3	109.0	119.0	111.6	106.9	110.3	104.4	107.7
非食品商品	122.7	106.3	105.9	108.3	109.6	105.6	106.4	105.6	104.9
服务	131.8	115.3	113.5	114.6	114.5	108.3	108.6	105.4	108.1
住房	133.8	120.1	113.0	113.9	114.6	108.3	109.5	104.7	106.9
公用事业	137.4	119.8	115.3	116.6	122.3	116.0	113.1	104.7	111.5
生产者价格指数(上年=100)									
农产品	136.5	104.3	118.2	126.7	97.1	106.5	118.6	99.5	107.8
工业品[(2)]	147.1	112.4	112.2	121.7	95.7	114.9	117.3	106.8	103.4

资料来源：

俄罗斯联邦统计局。

脚注：

(1) 包括含酒精饮料和餐饮。

(2) 总指数包括采矿和采掘业，制造业，电、气、水的生产和供应业。

表 5.2.3　价格指数——印度(2000-2013年)

单位：%

指　　标	2000	2006	2007	2008	2009	2010	2011	2012	2013
消费价格指数(产业工人，上年=100)(1)									
食品	101.8	107.0	109.8	111.2	113.4	112.4	107.4	109.3	113.9
燃料及照明	117.6	103.2	103.1	106.8	104.3	108.2	113.8	114.9	108.5
住房	106.0	106.8	104.0	103.8	114.1	126.6	111.8	107.8	106.6
衣着、床上用品和鞋类	104.3	103.7	103.5	103.4	104.1	105.6	113.5	109.9	107.7
医疗护理	102.4	106.0	106.5	106.1	104.3	104.1	106.6	112.3	110.0
教育、娱乐和消遣	107.4	102.5	103.3	105.5	106.7	103.5	101.4	98.7	104.1
交通和通信	114.4	108.3	100.0	104.9	100.7	109.2	112.7	109.6	110.3
总指数	104.0	106.0	106.5	108.4	110.6	112.1	109.1	108.9	111.1
分产品的批发价格指数(上年=100)(2)									
所有产品	106.3	106.0	104.9	108.7	102.4	109.6	109.5	107.5	106.3
初级产品	102.7	108.8	109.4	110.7	109.5	119.1	112.1	109.1	110.6
电力	115.9	102.5	101.6	100.2	100.3	105.1	101.5	110.6	119.5
制成品	102.7	104.6	104.9	106.9	101.6	105.4	107.4	105.7	103.3

资料来源：

1. 印度劳动与就业部劳动局。
2. 印度商工部经济顾问办公室。

脚注：

(1) 2000 年至 2005 年价格上涨率是以 1982 年 =100 的指数序列为基础计算得到的，而 2006 年及以后的价格上涨率是以 2001 年为基础计算得到。

(2) 2000 年数据的基期为 1993/94 年，2005/06 年及以后的基期为 2004/05 年。

表 5.2.4　价格指数——中国(2000-2013年)

单位：%

指　　标	2000	2001	2006	2007	2008	2009	2010	2011	2012	2013
居民消费价格指数(上年=100)	100.4	100.7	101.5	104.8	105.9	99.3	103.3	105.4	102.6	102.6
城镇居民消费价格指数	100.8	100.7	101.5	104.5	105.6	99.1	103.2	105.3	102.7	102.6
农村居民消费价格指数	99.9	100.8	101.5	105.4	106.5	99.7	103.6	105.8	102.5	102.8
按构成项划分的居民消费价格指数(上年=100)(1)										
食品		100.0	102.3	112.3	114.3	100.7	107.2	111.8	104.8	104.7
烟酒及用品		99.7	100.6	101.7	102.9	101.5	101.6	102.8	102.9	100.3
衣着		98.1	99.4	99.4	98.5	98.0	99.0	102.1	103.1	102.3
服装		97.6	99.0	99.4	98.3	97.8	99.1	102.4	103.3	102.4
家庭设备用品及维修服务		97.7	101.2	101.9	102.8	100.2	100.0	102.4	101.9	101.5
医疗保健和个人用品		100.0	101.1	102.1	102.9	101.2	103.2	103.4	102.0	101.3
交通和通信		99.0	99.9	99.1	99.1	97.6	99.6	100.5	99.9	99.6
娱乐教育文化用品及服务		106.6	99.5	99.0	99.3	99.3	100.6	100.4	100.5	101.8
居住类价格指数		101.2	104.6	104.5	105.5	96.4	104.5	105.3	102.1	102.8
租金指数		108.6	102.7	104.2	103.5	101.6	104.9	105.3	102.7	104.1
电力价格指数		100.5	101.7	102.1	100.0	100.0	100.0	99.9	101.7	101.6
管道燃气价格指数		103.1	104.5	102.4	101.6	102.8	102.8	104.2	101.7	102.1
生产者价格指数(上年=100)										
按供应分类										
工业品(2)	102.8	98.7	103.0	103.1	106.9	94.6	105.5	106.0	98.3	98.1
农产品(3)			100.1	113.3	114.4	96.0	105.5	110.6	102.2	101.2
按加工过程分类										
原材料(4)	105.1	99.8	106.0	104.4	110.5	92.1	109.6	109.1	98.2	98.0

资料来源：

中华人民共和国国家统计局。

脚注：

(1) 由于 2001 年 CPI 分类做了调整，所以没有 2000 年 CPI 构成项数据。

(2) 工业品生产者价格指数是指工业生产者出厂价格指数。

(3) 农产品价格指数是指农副食品加工业价格指数。

(4) 原材料价格指数是指工业生产者购进价格指数。

表 5.2.5　价格指数——南非(2000-2013年)

单位：%

指　　标	2000	2004	2005	2006	2007	2008	2009	2010	2011	2012	2013
消费价格指数(总指数)(2012年12月=100)[(1)]	49.6	61.4	63.4	66.4	71.1	79.3	84.6	88.2	92.6	97.8	103.4
城市居民消费价格指数	49.6	61.4	63.4	66.4	71.1	79.3	84.6	88.2	92.6	97.8	103.4
农村居民消费价格指数[(2)]		59.9	61.3	64.3	69.3	78.2	84.3	86.8	91.5	97.3	102.7
按构成项划分的消费价格指数(2012年12月=100)[(1)]											
居住指数[(3)]	53.7	63.2	64.3	67.1	73.6	74.6	80.5	85.9	91.6	97.2	102.7
食品指数[(4)]	39.1	55.6	56.7	60.5	66.8	75.5	82.4	83.1	89.2	95.8	101.4
电力[(5)]	42.2	57.0	60.0	62.6	67.5	46.3	58.8	71.2	84.1	95.2	103.6
天然气和其他燃料指数[(6)]											
服装指数	82.1	83.7	81.5	76.4	71.0	85.9	90.4	92.1	94.6	98.5	101.7
租金指数	45.4	69.5	72.7	74.0	76.7	79.6	84.5	88.6	93.5	97.7	102.4
生产者价格指数(2000年=100)[(7)]											
按供应来源划分											
国内供应[(8)]	100.0	127.7	132.4	142.6	158.2	180.9	180.8	191.7	207.6	220.5	
农产品[(8)]	100.0	128.6	120.4	142.6	176.5	188.0	189.7	187.0	199.7	208.5	
最终制成品[(9)]										100.0	106.0
农业[(9)]										100.0	102.3

资料来源：

南非国家统计局。

脚注：

2008 年及以前为非官方数据。用来计算连续时间序列的链接因子包括：

(1) 基年：2012 年 12 月 =100。

(2) 2000-2008 年总指数覆盖范围为一类地区，现在则覆盖一类和二类地区。

(3) 包括所有居住类指数，即房租、自有住房虚拟房租，公用事业费和维护费，但 2005-2007 年不包括电费。从 2008 年起，自有住房的计算方法有所改变。

(4) 只包括食品（不包括非酒精饮料）。

(5) 包括电费和其他固体、液体燃料费用。

(6) 包含在电费和其他燃料费用内。

(7) 基年为 2000 年。

(8) 2012 年 12 月前后数据不可比。

(9) 2013 年 1 月引入，时间序列数据开始于 2012 年 1 月，基年为 2012 年 =100。

主要统计指标解释

通用解释

零售价格 是指消费者为每特定单位销售量支付的货币，含所有税收支出但不包括所有让利和折扣。

消费者价格指数（CPI） 是指消费者在一定时期内购买非生产性消费的商品和服务的零售价格变动情况。它是用来测算当前一个固定篮子的商品和服务的价格相对于基期价格的比率。CPI 按月计算，是通过观察零售贸易和服务单位以及商品市场、混合市场和食品市场价格的变化以及上一年份住户消费支出结构数据计算的。

生产者价格指数 在交易的早期阶段一般是指大宗交易。与大宗交易相关的生产者价格有多种叫法，例如农业收获价格、批发价格、收购价格、保障性价格、管制价格、进口价格、远期价格等等。批发价格指数与生产者价格早期阶段的交易价格大致一致。

国家解释

巴西

巴西国家地理与统计局（IBGE）是巴西负责计算扩展的**全国消费价格指数（IPCA）**的政府机构。IPCA 是巴西主要的度量通货膨胀的官方指标，并被巴西中央银行用于监测通货膨胀目标体系。IPCA 每月发布，它反映了城市家庭情况。这些家庭的月收入在最低工资的 1-40 倍之间变动。IPCA 的覆盖范围包括巴西 9 大城市地区，戈亚尼亚和巴西首都巴西利亚。该项调查代表了地理范围覆盖 90% 的城市地区。

这一指标监控了巴西住户部门货物和服务固定购物篮的价格变动情况，是巴西消费支出调查的基础，而消费支出调查描述了巴西家庭的消费习惯。巴西国家地理与统计局在计算 CPI 时采用的权重是基于 2008/2009 年的消费支出调查。

服装 包括男装、女装和童装；鞋类及其附属品；珠宝和饰品；纤维织物和缝纫用品。

俄罗斯

消费价格指数（CPI） 测算了消费者为了非生产的消费目的而在一定时间内购买的货物和服务的价格变动情况，即固定篮子内主要货物和服务以当前价格计算的价值与基期价格相比的变动情况。CPI 数据每个月搜集一次，用来监测零售贸易、服务业、商品、食物市场的价格变动情况。CPI 数据反映了住户部门的真实消费结构。2003 年前是和上一年相比，2003 年后，是和 2 年前相比。CPI 计算城市人口的消费价格，但适用于全体人口的消费情况。

生产者价格指数（PPI） 通过计算调查中覆盖的 8000 个 (2010 年后增至 1000 个，2012 年后增至 1100) 主要单位所生产的代表性工业品的价格情况。平均价格和价格指数调查的代表规格品超过了 800 种（2010 年起为 1000 种）。产品价格为在国内市场销售的工业品的实际价格（不包括间接税）。PPI 的计算是通过型号、种类、类别、经济活动部门逐级汇总的。基期的以价值量计算的生产数据被用作权重。

印度

产业工人的消费价格指数 指产业工人在一定时间内消费的一篮子固定商品和服务所支付的价格的变化。该指数被一些部门用来调整千千万万个雇员和工人的工资和物价津贴，同时也被用作全国的零售价格指数用于测算通货膨胀率，制定工资和利率政策。印度劳动和就业部下属的劳动局自 1946 年开始编制并发布产业工人消费价格指数。

该指数序列直到 2005 年，其基期为 1982 年 =100，自 2006 年 1 月开始该指数的基期为 2011 年 =100。该价格指数参考了七个行业即工厂、矿山、种植、铁路、电机输送和发电、分销、港口码头，分布在 78 个重要调查点。消费者支出数据来自 1999 年 9 月至 2000 年 8 月由全国抽样调查办公室代表劳动局执行的、在 78 个地方采价的一项特别调查，即“家庭收入与支出调查”。这 78 个调查点是在考虑其在全国产业活动中的重要性后选出的，这些地点分布在印度各个州，数量与该州工业部门就业人数成比例，但每一个行业在每个州的采价点不会多于 5 个。在调查结果的基础上，就可以获得 78 个调查点和全国的权重。产业工人价格指数利用半年一次的住房租金调查数据和每月价格调查数据来编制。印度按月公布全国和 78 个城市的产业工人价格指数，即在下一个月的最后一个工作日公布该月份数据。

批发价格指数 印度批发价格指数是由商务和工业部经济顾问办公室负责编制的。目前的调查基期为 2004/2005 年，数据发布频率为每周一次。该指数是印度目前使用最为广泛的购物篮通胀测度指标，其权重基于印度 2007 年国民经济核算中对应的总产出。季节性项目也包含在内，当这些产品不存在时，其权重按比例分配在本级分组的其他产品里。和 1993/94 序列不同，稻谷和小麦的价格没有采用公开销售价格，采用的收购价格用来正确反映销售价格。目前对于工业制成品采用的是出厂和出矿价格，对于农产品采用的一级批发市场的报价。数据的采集采用的是通信和填报的方式。不同部门的信息通过网上填报系统汇总。

指数采用的加权方法为拉氏方法，这种方法在整个周期内采用了固定的基期。

中国

居民消费价格指数　是反映一定时期内城乡居民所购买的生活消费品价格和服务项目价格变动趋势和程度的相对数，是对城市居民消费价格指数和农村居民消费价格指数进行综合汇总计算的结果。该指数可以观察和分析消费品的零售价格和服务项目价格变动对城乡居民实际生活费支出的影响程度。

工业品出厂价格指数　是反映一定时期内全部工业产品出厂价格总水平的变动趋势和程度的相对数，包括工业企业售给本企业以外所有单位的各种产品和直接售给居民用于生活消费的产品。该指数可以观察出厂价格变动对工业总产值及增加值的影响。

南非

数据不连续，2008 年前的指数不是官方数据；链接因子被用来计算连续的时间序列数据。这些因子包括：所有项目，城市地区，农村地区，居住类价格指数，食物类价格指数，电力类价格指数，服装类价格指数和租房类价格指数。

居民生活水平

6

表 6.1 居民生活水平概况(2000-2013年)

指标	2000	2005	2006	2007	2008	2009	2010	2011	2012	2013
每百人彩色电视机拥有量(台)										
巴西										
俄罗斯(1)	124	138	144	149	154	160	164	170	174	
印度(2)	31.6		44.2					47.2		61.4(3)
中国(4)										38.0
城镇	37.3	45.5	46.6	47.4	45.7	46.9	47.7	47.1	47.6	
农村	11.6	20.6	22.1	23.4	24.7	27.4	28.3	29.6	30.1	
南非										
每百人小汽车拥有量(辆)										
巴西(5)	8.8	8.0	7.9	7.4	6.9					
俄罗斯(6)	13.1	16.8	17.7	19.4	21.2	21.9	22.8	24.2	26.0	
印度(7)	0.5	0.7	0.8	0.9	1.0	1.1	1.2	1.3	1.5	
中国(4)										5.5
城镇	0.2	1.1	1.5	2.1	3.0	3.8	4.5	6.5	7.5	
农村(8)	0.1	0.2	0.3	0.3	0.3	0.5	0.7	1.4	1.7	
南非										
实际年平均工资增长率(%)										
巴西(9)(10)		4.5	7.1	3.1	1.6	2.2		4.0	5.8	
俄罗斯	20.9	12.6	13.3	17.2	11.5	-3.5	5.2	2.8	8.4	5.3
印度										
中国(11)	11.3	12.5	12.9	13.4	10.7	12.6	9.8	8.6	9.0	
南非										
公共教育支出占GDP比重(%)										
巴西	3.5	4.1	4.3	4.6	4.8	5.2	5.1	5.2	5.3	
俄罗斯(12)(15)	2.9	3.7	3.8	4.0	4.0	4.6	4.1	4.0	4.1	4.3(13)
印度(14)	3.2	2.6	2.7	2.6	2.9	3.0	3.1	3.3	3.1	
中国(16)	2.9	2.8	3.0	3.2	3.3	3.6	3.7	3.9	4.3	
南非	4.5	6.1	6.4	6.8	7.9	9.3	10.1			
公共医疗支出占GDP比重(%)										
巴西	3.9	4.3	4.5	4.7	4.7	5.1	4.9	4.8	5.0	
俄罗斯(12)(15)(17)	2.1	3.7	3.6	4.2	3.7	4.3	3.7	3.5	3.7	3.5(18)
印度(14)		1.2	1.2	1.3	1.3	1.4	1.3	1.3	1.4	
中国(18)	4.6	4.7	4.6	4.4	4.6	5.2	5.0	5.2	5.4	
南非										
基尼系数										
巴西(19)		0.532	0.528	0.521	0.513	0.509		0.501	0.500	
俄罗斯(20)	0.395	0.409	0.415	0.422	0.421	0.421	0.421	0.417	0.420	
印度(21)										
城镇	0.342	0.348					0.371			
农村	0.260	0.266					0.276			
中国(22)		0.485	0.487	0.484	0.491	0.490	0.481	0.477	0.474	0.473
南非(23)	0.650		0.670			0.640				

资料来源：

巴西

1. 巴西国家地理与统计局，全国住户抽样调查，2001-2012 年。
2. 巴西教育部，巴西国家学习与教育研究院。
3. 全国汽车制造商协会，《巴西汽车工业年鉴》，2010 年。

俄罗斯

1. 俄罗斯联邦统计局。
2. 俄罗斯联邦内务部。

印度

1. 印度电信管理局，年度报告，2012-2013 年。
2. 印度卫生和家庭福利部，全国家庭健康状况调查，2007 年。
3. 印度道路运输及公路部，道路交通年鉴。
4. 印度财政部，经济调查。
5. 印度国家计划委员会。

中国

1. 中华人民共和国国家统计局，中国住户收支与生活状况调查，2013 年；中国城镇住户调查，2000-2012 年；中国农村住户调查，2000-2012 年。
2. 中华人民共和国教育部，年度统计资料，2000-2013 年。
3. 中华人民共和国国家卫生和计划生育委员会，年度统计资料，2000-2013 年。

南非

1. 南非国家统计局。

脚注：

巴西

(5) 单位为每 100 人车辆拥有量。
(9) 经最近人口估算调整后的修正数据。
(10) 就业人口是指 15 岁及以上，并获取劳动报酬的人员。
(19) 基尼系数指标是按居民家庭收入计算的。

俄罗斯

(1) 所有类型的电视机，单位为每 100 户拥有量。按照家庭预算调查数据计算。
(6) 乘用车。
(12) 在俄罗斯联邦财政部数据的基础上估算。
(13) 初步数据。
(15) 2005 年以后的数据包括各州预算外基金的预算。
(17) 2011 年前的数据包括体育支出。
(20) 基尼系数指标是按居民人均收入计算的。

印度

(2) 2000 年、2011 年（普查数据）和 2013 年（估计数）数据均指当年 3 月的数据，2006 年数据根据 2005 年 12 月 3 日至 2006 年 8 月进行的全国家庭健康调查数据得出。单位均是每 100 户拥有量。
(3) 估计数。
(7) 数据是由当年 3 月 31 日注册乘用车数量除以年中人口得到的。仅 2000 年数据是以 2001 年 3 月 31 日注册乘用车数量除以年中人口而得。
(14) 印度为财政年度数据（财年指当年 4 月 1 日到下年 3 月 31 日），与广义政府支出相关（包括中央政府和州政府支出）。
(21) 家庭消费支出的基尼系数是根据国家抽样调查时期（如 1999 年 7 月 -2000 年 6 月，2004 年 7 月 -2005 年 6 月，2009 年 7 月 -2010 年 6 月），基于混合回忆期（即回忆期长达一年）。

中国

(4) 从 2012 年四季度起，中国国家统计局实施了城乡一体化住户调查改革，统一了原分别组织的城镇住户调查和农村住户调查，规范了统计名称、统计分类和统计标准，并据此获得全体居民有关数据，包括彩色电视机、小汽车和计算机拥有量等。
(8) 农村住户调查中，小汽车指生活用车，其中包括有蓬货车。
(11) 职工年平均工资指企业、事业、机关等单位的职工在一年内平均每人所得的货币工资额。
(16) 国家财政性教育经费占 GDP 比重。
(18) 为卫生总费用占 GDP 比重。
(22) 基尼系数指标是按居民年人均可支配收入计算的。

南非

(23) 基尼系数基于剔除税收后的人均支出计算得到。

表 6.2.1　居民生活水平——巴西(2000-2012年)

指　标	2000	2004	2005	2006	2007	2008	2009	2010	2011	2012
收入和支出										
住户人均可支配收入(雷亚尔)	4625	6655	7239	7906						
住户人均生活消费支出(雷亚尔)	4337	6268	6899	7523						
住户人均储蓄余额(雷亚尔)	361	563	529	603						
生活质量										
住户消费支出构成(%)							87.3			
食品支出占总消费支出的比重(%)							24.1			
基于住户收入的基尼系数[1]		0.535	0.532	0.528	0.521	0.513	0.509		0.501	0.500
文盲率(%)[1][2]		11.5	11.1	10.5	10.1	10.0	9.7		8.6	8.7
平均受教育年限(年)[1][2]		6.8	7.0	7.1	7.3	7.4	7.5		7.7	7.9
按房间数量划分的住房(%)[1]		100.0	100.0	100.0	100.0	100.0	100.0		100.0	100.0
1或2个房间		3.3	3.0	3.0	3.0	2.5	2.3		2.3	1.9
3个房间		7.7	7.8	7.3	7.3	6.8	6.7		6.6	6.4
4个房间		15.4	15.1	14.9	15.1	14.4	14.3		14.9	14.6
5个房间		26.3	26.1	26.2	27.1	26.9	28.0		28.8	29.2
6个房间		19.2	19.6	19.7	20.1	19.8	20.2		20.0	20.3
7个房间		11.6	11.9	12.1	12.2	12.5	12.1		11.9	12.2
8个房间及以上		16.5	16.5	16.9	15.2	17.1	16.3		15.5	15.5
按卧室数量划分的住房(%)[1]		100.0	100.0	100.0	100.0	100.0	100.0		100.0	100.0
1间卧室		34.1	34.3	34.4	34.2	34.9	35.2		34.8	35.9
2间卧室		43.6	43.5	43.5	43.8	43.5	43.9		44.6	44.0
3间卧室		19.2	19.2	19.0	19.0	18.7	18.3		18.0	17.6
4间卧室及以上		3.1	3.1	3.1	3.1	2.9	2.7		2.7	2.5
平均每个住宅居住人数(人)[1]		3.5	3.5	3.4	3.4	3.3	3.3		3.2	3.1
平均每间卧室居住人数(人)[1]		1.8	1.8	1.8	1.8	1.7	1.7		1.7	1.7

表 6.2.1　居民生活水平——巴西(2000-2012年)

(续表)

指　标	2000	2004	2005	2006	2007	2008	2009	2010	2011	2012
按住房所有权划分(%)(1)		100.0	100.0	100.0	100.0	100.0	100.0		100.0	100.0
自住		73.7	73.5	73.4	74.0	74.4	73.6		74.8	74.8
出租		15.4	16.0	16.2	16.6	16.5	17.0		17.3	17.7
免房租		10.4	10.0	9.8	8.9	8.5	8.9		7.4	7.1
其他		0.5	0.5	0.6	0.5	0.6	0.5		0.5	0.4
按设施配备划分的住房占比(%)(1)										
电视		90.2	91.2	92.9	94.3	95.0	95.6		96.9	97.2
无线电收音机		87.7	87.9	87.8	88.0	88.9	87.8		83.5	80.9
计算机		16.3	18.5	22.0	26.5	31.2	34.7		42.9	46.4
互联网接入		12.2	13.6	16.8	20.0	23.8	27.4		36.6	40.3
电冰箱		87.3	87.8	89.0	90.6	92.0	93.3		95.8	96.7
至少有一个房间使用自来水(%)(1)		89.3	89.9	91.0	91.7	92.5	93.1		94.2	94.7
使用燃气做饭的住房(%)(1)		90.3	90.2	91.0	91.9	92.7	93.1		94.7	94.9
每人每天蛋白质摄取量(克)(4)							48.7			
每人每天摄取的热量(大卡)(4)							1610.5			
每人每天脂肪摄取量(克)(4)							51.4			
文化、教育和卫生										
家庭在教育、文化和娱乐方面的支出占比(%)							4.1			
在校学生数(万人)(3)	5612	5959	6104	6102	5830	5919	5870	5810	5790	5779
学前教育(ISC 0)	601	660	730	710	657	679	681	679	700	731
小学(ISC 1)	2123	2053	2069	2008	1944	1898	1852	1689	1746	1706
初中(ISC 2)	1694	1712	1698	1731	1633	1665	1648	1426	1575	1539
高中(ISC 3)	916	1106	1150	1145	1069	1082	1077	836	1076	1079
大学第一阶段(ISC 5)	269	416	445	503	522	591	606	649	686	716
研究生及以上(ISC 6)	8.7	11.1	11.9	4.7	5.0	5.3	5.8	6.5	7.2	7.9
医院床位数(张/千人)	2.88		2.53	2.48	2.46	2.46	2.45	2.42	2.39	2.35

资料来源:

1. 巴西国家地理与统计局，住户预算调查，2008-2009 年；全国住户抽样调查，2001-2012 年；医疗卫生援助调查；国民经济核算体系，2000-2010 年。
2. 巴西教育部、巴西国家学习与教育研究院、基础教育普查和高等教育普查，以及巴西高等教育人员促进会。
3. 卫生部。

脚注:

(1) 经最新人口估算调整后的修正数据。

(2)15 岁及以上人口。

(3) 教育:

1) 特殊教育包括在其各自的国际教育标准分类中。

2) 青年人教育和成人教育包括在其各自的国际教育标准分类中。

3) 包括特殊教育。

4) 包括青年人和成人教育。

5) 包括职业教育。

6) 包括 ISCED 3 的教师职业培训项目。

7) 直至 2005 年，硕士教育包括在 ISC 6 中，2006 年以后包括在国际教育标准分类 5A 中（第二学位或更高学位）。

(4) 住户平均数，数据来源于 2008-2009 年住户预算调查。

表 6.2.2　居民生活水平——俄罗斯(2000-2012年)

指　标	2000	2005	2006	2007	2008	2009	2010	2011	2012
收入和支出									
居民家庭每月人均可支配收入(卢布)[1]								15938	
农村(卢布)								10705	
城市(卢布)								17786	
居民家庭每月人均									
生活消费支出(卢布)	1157	4239	5083	6541	8217	8687	10122	11286	12624
农村(卢布)	732	2420	2974	3819	4955	5326	6446	7292	8415
城市(卢布)	1313	4905	5854	7533	9399	9905	11453	12680	14082
生活质量									
居民家庭消费支出构成(%)[2]									
食品		33.2	31.6	28.4	29.1	30.5	29.6	29.5	28.1
含酒精饮料和烟草		2.7	2.7	2.4	2.3	2.4	2.4	2.5	2.5
服装和鞋类		10.7	10.9	10.4	10.4	10.4	10.8	10.1	10.1
住房和社区服务，燃料		11.3	12.1	11.6	10.4	10.8	11.3	11.4	10.9
家庭用品，耐用消费品，住房		7.2	7.3	7.3	7.5	7.0	6.2	6.5	6.3
医疗卫生		2.5	3.0	3.1	2.9	3.1	3.3	3.5	3.4
交通和通讯		15.8	16.4	20.4	19.2	17.2	18.7	19.5	20.8
娱乐及文化		7.1	6.4	6.4	7.7	7.3	6.8	6.8	6.9
教育		1.8	2.0	1.8	1.6	1.5	1.3	1.2	1.3
其他商品和服务		7.7	7.6	8.2	8.9	9.8	9.6	9.0	9.7
食品支出(包括餐饮)占消费总支出的比重(%)	49.0	36.1	34.1	31.2	31.9	33.8	32.9	32.6	31.4
基尼系数	0.395	0.409	0.415	0.422	0.421	0.421	0.421	0.417	0.420
文盲率(%)[3]	0.55								
按房间数量划分的住房(%)	100.0	100.0	100.0	100.0	100.0	100.0	100.0	100.0	100.0
一间	23.3	23.1	23.1	23.2	23.3	23.3	23.5	23.6	24.4
两间	41.0	40.5	40.4	40.2	40.0	39.9	39.7	39.6	42.2
三间	29.4	29.3	29.2	29.2	29.1	29.1	29.0	28.9	28.5
四间及以上	6.3	7.1	7.3	7.4	7.6	7.7	7.8	7.9	4.9
按所有权划分的住房(%)	100.0	100.0	100.0	100.0	100.0	100.0	100.0	100.0	100.0
私有房产	65.3	77.1	79.8	81.1	82.4	84.3	85.6	86.3	87.1
国有房产	6.3	6.4	5.5	5.3	4.9	4.5	4.3	4.0	3.7
市有房产	26.5	16.5	14.6	13.5	12.5	11.0	9.9	9.5	9.0
其他	1.9		0.1	0.1	0.2	0.2	0.2	0.2	0.2
按设施配备划分的住房(%)									
自来水	73.4	75.6	75.9	76.3	76.9	77.3	77.7	78.1	78.5
下水道	69.0	71.5	71.8	72.2	72.8	73.3	73.7	74.1	74.4
暖气	73.4	79.8	80.5	81.1	81.9	82.6	83.1	83.4	83.7
热水供应	59.4	62.9	63.4	63.8	64.2	64.6	64.9	65.3	65.5
浴缸(淋浴)	63.8	65.4	65.6	65.9	66.2	66.5	66.7	66.9	67.1
燃气(管道燃气，液化气)	70.0	70.1	70.0	69.7	69.4	69.2	69.0	68.6	68.0

表 6.2.2 居民生活水平——俄罗斯(2000-2012年)

(续表)

指 标	2000	2005	2006	2007	2008	2009	2010	2011	2012
城市拥有自来水的人数占比(%)(2)	95.0	96.5	96.3	96.5	96.6	97.1	96.6	96.5	97.2
城市拥有天然气的人数占比(%)(2)	74.0	73.7	71.4	72.8	73.7	73.9	75.4	75.8	75.9
人均公园和绿地面积(平方米)(4)	169.4	190.5	197.6	199.0	201.2	202.3	203.7	207.0	213.6
每人每天蛋白质摄取量(克)(2)	73	71	71	72	73	73	77	77	78
每人每天摄取热值(大卡)(2)	2551	2630	2554	2564	2550	2551	2652	2624	2633
每人每天脂肪摄取量(克)(2)	99	69	95	97	98	99	105	105	105
文化、教育和卫生									
居民家庭教育，文化和娱乐支出占比(%)(2)		8.9	8.4	8.2	9.3	8.8	8.1	8.0	8.2
在校学生人数(万人)									
小学教育(1997年版国际教育标准分类第一级)	592	533	517	512	517	527	546	565	579
中学教育(1997年版国际教育标准分类第二级和第三级)	1633	1206	1128	1055	1005	977	958	950	943
大学教育(1997年版国际教育标准分类第五级和第六级)	722	980	997	1002	991	972	934	873	831
医生数量(每千人)	4.7	4.9	4.9	5.0	5.0	5.0	5.0	5.1	4.9
医院病床数量(每千人)	11.5	11.1	10.9	10.7	9.9	9.7	9.4	9.4	9.3
按死亡原因划分的标准化死亡率(万分之一)(5)									
循环系统疾病	51.2	52.5	48.5	45.5	44.9	42.4	42.1	38.5	36.6
肿瘤	13.7	12.7	12.5	12.4	12.3	12.4	12.3	12.2	11.9
外部原因造成的死亡	18.6	17.8	15.9	14.6	13.6	12.5	12.0	11.0	10.7
消化系统疾病	3.2	4.6	4.3	4.2	4.3	4.2	4.3	4.1	4.0
呼吸系统疾病	5.1	4.5	3.9	3.6	3.6	3.6	3.3	3.3	3.0
传染病和寄生虫病	2.2	2.3	2.1	2.0	2.0	1.9	1.9	1.9	1.8
小学入学儿童性别比(男性=100)	95	96	95	96	96	96	96	96	96

资料来源：

俄罗斯联邦统计局。

脚注：

(1) 为人口收入和社会项目参与样本监测结果。

(2) 为住户预算抽样调查结果。

(3) 为 2002 年人口普查结果。

(4) 城市人口人均量。

(5) 世界卫生组织按死亡原因划分的国际标准。

表 6.2.3　居民生活水平——印度(2000-2012年)

指　标	2000	2001	2005	2006	2007	2008	2009	2010	2011	2012
收入和支出										
每月人均消费支出[1]										
城市地区										
总计(卢比)	855		1052	1171	1313	1472		1984		2630
食品(%)	48.1		42.5	40.0	39.4	39.6		44.4		42.6
燃料和照明(%)	7.8		9.9	9.4	8.9	8.5		6.9		6.7
服装(%)	6.1		4.0	5.4	5.4	5.4		4.8		5.4
教育(%)	4.3		5.0	6.2	7.0	7.1		8.1		6.9
医疗保健(%)	5.1		5.2	6.0	6.3	5.2		5.0		5.5
农村地区										
总计(卢比)	486		559	625	695	772		1054		1430
食品(%)	59.4		55.0	53.3	52.3	52.3		57.0		52.9
燃料和照明(%)	7.5		10.2	9.7	9.5	9.7		8.0		8.0
服装(%)	6.8		4.5	6.3	6.1	6.3		5.3		6.0
教育(%)	1.9		2.7	2.7	3.2	3.7		3.6		3.5
医疗保健(%)	6.1		6.6	7.0	7.5	6.3		5.4		6.7
文化、教育和卫生										
公共教育支出占比(%)[2]	11.3		10.0	10.3	9.8	10.1	10.6	11.4	11.6	11.7[3]
在校学生人数(万人)[2]										
小学入学人数(I-V类)	11400		13200	13400	13500	13500	13600	13500		
中学入学人数(IX-XII类)	2800		3800	4000	4500	4600	4800	5100		
高等教育入学人数(大学及以上)	860		1430	1560	1720	1850	2070	2750	2860[4]	
公共医疗支出占比重(%)[2]	4.7		4.7	4.7	4.8	4.6	4.8	4.7	4.6	4.8[3]
医生数(万人)[5]			2235	2532	3074	2999	3228	5277	7571	
医院病床数(万张)[5]	50.6		47.0	49.3	48.3	49.5	54.0	57.7	78.5	137.6
死亡人数										
意外死亡(万人)[6]	23.8		27.2	29.3	31.6	31.8	33.5	36	36.7	37.2
霍乱(人)	18		6	3	3	1	12	3	10	1
疟疾(人)	1005		963	1707	1311	1055	1144	1018	463	446
登革热(人)	7		157	184	69	80	96	110	169	242
黑热病(人)	150		157	187	203	151	93	105	80	23
肺结核(人)	10463		56471	64539	64824	66204	66345	63781	63265	
按所有权划分的住房										
自有住房(每1000住户)										
城市		668[7]					615[1]		692[7]	
农村		943[7]					950[1]		947[7]	
租住(每1000住户)										
城市		285[7]					351[1]		275[7]	
农村		36[7]					33[1]		34[7]	
其他(每1000住户)										
城市		47[7]					34[1]		33[7]	
农村		21[7]					17[1]		19[7]	

表 6.2.3　居民生活水平——印度(2000-2012年)

(续表)

指　标	2000	2001	2005	2006	2007	2008	2009	2010	2011	2012
生活质量										
按基础设施划分的住房										
自来水系统(每1000住户)	243	687	301	743				308	706	
供电设施(每1000住户)	435	876	660	961				553	927	
厕所(每1000住户)	219	737	348	887				307	814	
基尼系数[(1)(8)]										
城市	0.342		0.348					0.371		
农村	0.260		0.266					0.276		
文盲率[(1)(9)]										
城市(%)	20.2		17.4	16.7	16.5	15.7		14.6		14.0
农村(%)	44.2		38.1	36.5	34.9	33.0		31.2		30.0
按设施配备划分的住房(%)[(7)]										
无线电收音机、晶体管收音机		35.1							19.9	
电视机		31.6							47.2	
电话		9.1							63.2	
自行车		43.7							44.8	
滑板车、摩托车、机动脚踏两用车		11.7							21.0	
汽车、吉普车、有蓬货车		2.5							4.7	
无上述设施配备		34.5							17.8	
城市中拥有自来水的人口占比(%)		36.7							43.5	
城市中拥有天然气的人口占比(%)		17.5							28.5	
每人每天热值摄入量(大卡)[(1)]										
城市			2020							
农村			2047							
每人每天蛋白质摄入量(克)[(1)]										
城市			57							
农村			57							
每人每天脂肪摄入量(克)[(1)]										
城市			48							
农村			36							

资料来源：

1. 印度统计和计划执行部，全国抽样调查办公室，消费者支出与就业及失业全国统计调查报告。
2. 印度国家计划委员会。
3. 印度人力资源开发部，教育概览，2011-2012 年；高等教育调查主要指标，2011-2012 年。
4. 印度卫生和家庭福利部，全国卫生概览。
5. 印度财政部，经济调查。
6. 印度内政部，国家犯罪记录局，《印度意外死亡与自杀报告》(各期)。
7. 印度内政部，印度注册登记办公室，2001-2011 年普查报告。

脚注：

(1) 全国抽样调查数据(年份为上年 7 月到当年 6 月)。

(2) 财政年度数据，即当年 4 月 1 日到下年 3 月 31 日。教育和卫生支出指的是广义政府支出(包括中央政府和地方政府)。

(3) 初步数。

(4) 估计数。

(5) 当年 12 月底数据。医生数是指在全国及州医师协会注册的医生数，病床数是指包括社区健康中心在内的公立医院的病床数。

(6) 包括交通事故、空难、火灾、中毒、触电造成的死亡人数。

(7) 普查数据，截止到当年 3 月 31 日。

(8) 支出数据是混合参考期数据。

(9) 7 岁及以上人口文盲率。

表 6.2.4　居民生活水平——中国(2000-2013年)

指　标	2000	2001	2002	2003	2004	2005	2006
收入与支出							
住户人均收入(人民币)							
城镇居民可支配收入	6280	6860	7703	8472	9422	10493	11759
农村居民纯收入	2253	2366	2476	2622	2936	3255	3587
住户人均消费支出(人民币)							
城镇居民现金消费支出	4998	5309	6030	6511	7182	7943	8697
农村居民消费支出	1670	1741	1834	1943	2185	2555	2829
住户人均储蓄余额(人民币)	5076	5780	6766	8018	9197	10787	12293
生活质量							
住户消费支出构成							
城镇居民现金消费支出(%)	100.0	100.0	100.0	100.0	100.0	100.0	100.0
食品	39.4	38.2	37.7	37.1	37.7	36.7	35.8
衣着	10.0	10.1	9.8	9.8	9.6	10.1	10.4
居住	11.3	11.5	10.4	10.7	10.2	10.2	10.4
家庭设备及用品	7.5	7.1	6.4	6.3	5.7	5.6	5.7
交通通信	8.5	9.3	10.4	11.1	11.7	12.5	13.2
文教娱乐	13.4	13.9	15.0	14.4	14.4	13.8	13.8
医疗保健	6.4	6.5	7.1	7.3	7.4	7.6	7.1
其他	3.4	3.5	3.2	3.3	3.3	3.5	3.6
农村居民消费支出(%)	100.0	100.0	100.0	100.0	100.0	100.0	100.0
食品	49.1	47.7	46.2	45.6	47.2	45.5	43.0
衣着	5.7	5.7	5.7	5.7	5.5	5.8	5.9
居住	15.5	16.0	16.4	15.9	14.8	14.5	16.6
家庭设备及用品	4.5	4.4	4.4	4.2	4.1	4.4	4.5
交通通信	5.6	6.3	7.0	8.4	8.8	9.6	10.2
文教娱乐	11.2	11.1	11.5	12.1	11.3	11.6	10.8
医疗保健	5.2	5.5	5.7	6.0	6.0	6.6	6.8
其他	3.1	3.2	3.1	2.2	2.2	2.1	2.2
基尼系数 (1)				0.479	0.473	0.485	0.487
农村自来水普及率(%)	55.2	55.1	56.6	58.2	60.0	61.3	61.1
城市燃气普及率(%)	45.4	60.4	67.2	76.7	81.5	82.1	79.1
城市人均公园绿地面积(平方米)	3.7	4.6	5.4	6.5	7.4	7.9	8.3
公共医疗支出占GDP比重(%)(2)	4.6	4.6	4.8	4.9	4.8	4.7	4.6

表 6.2.4 居民生活水平——中国(2000-2013年)

(续表1)

指标	2000	2001	2002	2003	2004	2005	2006
文化，教育和卫生							
家庭文教娱乐支出比重(%)							
城镇	13.4	13.9	15.0	14.4	14.4	13.8	13.8
农村	11.2	11.1	11.5	12.1	11.3	11.6	10.8
按教育程度划分的在校学生数(万人)							
普通高等教育	556	719	903	1109	1334	1562	1739
普通中学	7369	7836	8288	8583	8695	8581	8452
职业中学	503	466	512	528	569	626	676
普通小学	13013	12543	12157	11690	11246	10864	10712
特殊教育	38	39	37	36	37	36	36
学前教育	2244	2022	2036	2004	2089	2179	2264
每千人口执业(助理)医师数(人/千人)	1.7	1.7	1.5	1.5	1.6	1.6	1.6
每千人口医院床位数(张/千人)(3)	2.4	2.4	2.3	2.3	2.4	2.5	2.5

表 6.2.4 居民生活水平——中国(2000-2013年)

(续表2)

指　　标	2007	2008	2009	2010	2011	2012	2013
收入与支出							
住户人均收入(人民币)							
城镇居民可支配收入	13786	15781	17175	19109	21810	24565	26955
农村居民纯收入	4140	4761	5153	5919	6977	7917	8896
住户人均消费支出(人民币)							
城镇居民现金消费支出	9997	11243	12265	13471	15161	16674	18023
农村居民消费支出	3224	3661	3993	4382	5221	5908	6626
住户人均储蓄余额(人民币)	13058	16407	19541	22619	25505	29508	32894
生活质量							
住户消费支出构成							
城镇居民现金消费支出(%)	100.0	100.0	100.0	100.0	100.0	100.0	100.0
食品	36.3	37.9	36.5	35.7	36.3	36.2	35.0
衣着	10.4	10.4	10.5	10.7	11.0	10.9	10.6
居住	9.8	10.2	10.0	9.9	9.3	8.9	9.7
家庭设备及用品	6.0	6.2	6.4	6.7	6.7	6.7	6.7
交通通信	13.6	12.6	13.7	14.7	14.2	14.7	15.2
文教娱乐	13.3	12.1	12.0	12.1	12.2	12.2	12.7
医疗保健	7.0	7.0	7.0	6.5	6.4	6.4	6.2
其他	3.6	3.7	3.9	3.7	3.8	3.9	3.9
农村居民消费支出(%)	100.0	100.0	100.0	100.0	100.0	100.0	100.0
食品	43.1	43.7	41.0	41.1	40.4	39.3	37.7
衣着	6.0	5.8	5.8	6.0	6.5	6.7	6.6
居住	17.8	18.5	20.2	19.1	18.4	18.4	18.6
家庭设备及用品	4.6	4.8	5.1	5.3	5.9	5.8	5.8
交通通信	10.2	9.8	10.1	10.5	10.5	11.1	12.0
文教娱乐	9.5	8.6	8.5	8.4	7.6	7.5	7.3
医疗保健	6.5	6.7	7.2	7.4	8.4	8.7	9.3
其他	2.3	2.1	2.1	2.1	2.3	2.5	2.6
基尼系数 [(1)]	0.484	0.491	0.490	0.481	0.477	0.474	0.473
农村自来水普及率(%)	62.7	65.5	68.4	71.2	72.1	74.6	
城市燃气普及率(%)	87.4	89.6	91.4	92.0	92.4	93.2	
城市人均公园绿地面积(平方米)	9.0	9.7	10.7	11.2	11.8	12.3	
公共医疗支出占GDP比重(%)[(2)]	4.4	4.6	5.2	5.0	5.2	5.4	

表 6.2.4 居民生活水平——中国(2000-2013年)

(续表3)

指 标	2007	2008	2009	2010	2011	2012	2013
文化，教育和卫生							
家庭文教娱乐支出比重(%)							
城镇	13.3	12.1	12.0	12.1	12.2	12.2	12.7
农村	9.5	8.6	8.5	8.4	7.6	7.5	7.3
按教育程度划分的在校学生数(万人)							
普通高等教育	1885	2021	2145	2232	2309	2391	2468
普通中学	8243	8051	7868	7703	7519	7228	6875
职业中学	741	761	786	730	684	625	534
普通小学	10564	10332	10071	9941	9926	9696	9361
特殊教育	42	42	43	43	40	38	37
学前教育	2349	2475	2658	2977	3424	3686	3895
每千人口执业(助理)医师数(人/千人)	1.6	1.7	1.8	1.8	1.8	1.9	2.1
每千人口医院床位数(张/千人)(3)	2.6	2.8	3.1	3.3	3.5	3.9	4.5

资料来源：

(1) 中华人民共和国教育部，年度统计资料，2000-2013 年。

(2) 中华人民共和国国家卫生和计划生育委员会，年度统计资料，2000-2013 年。

(3) 中华人民共和国住房和城乡建设部，年度统计资料，2000-2013 年。

(4) 中华人民共和国国家统计局，中国住户收支与生活状况调查，2013 年。

(5) 中华人民共和国国家统计局，中国城镇住户调查，2000-2012 年。

(6) 中华人民共和国国家统计局，中国农村住户调查，2000-2012 年。

(7) 中国人民银行，《中国金融年鉴》，2000-2013 年。

(8) 中华人民共和国国家统计局，《中华人民共和国 2013 年国民经济和社会发展统计公报》。

脚注：

(1) 基尼系数指标是按居民人均可支配收入计算的。

(2) 为卫生总费用占 GDP 比重。

(3) 指每千人口医院和卫生院床位数。

表 6.2.5　居民生活水平——南非(2000-2011年)

指　标	2000	2005	2006	2007	2008	2009	2010	2011
收入和支出								
居民家庭人均可支配收入(兰特)	6364		28819			31856		42905
居民家庭人均生活消费支出(兰特)[1]	7546		21613			26149		34897
生活质量								
居民家庭消费支出构成(%)	100.0		100.0			100.0		100.0
食品和含酒精饮料[2]	27.7		14.4			19.3		12.8
酒精饮料和烟草	2.6		1.2			1.0		1.1
服装和鞋类	5.4		5.0			4.8		4.5
住房，水、电、气和其他燃料	13.6		23.6			24.9		32.0
家具和家庭设备	8.7		6.9			5.4		5.1
卫生	1.5		1.7			1.3		1.4
交通	13.3		19.9			15.3		17.1
通信	3.4		3.5			3.4		2.8
娱乐和文化	3.7		4.6			4.3		3.0
教育	2.4		2.4			2.8		2.7
餐饮和住宿	3.6		2.2			2.4		2.4
其他商品和服务	14.2		14.4			14.9		14.7
其他未分类	0.0		0.3			0.3		0.1
基尼系数(不含税的人均支出)	0.650		0.670			0.640		0.650
文盲率(%)[3]		24.9	24.3	23.3	22.8	19.9	19.3	18.2
按房间数量划分的住房(%)[4]								
一间		22.8	21.4	23.1	19.1	18.1	18.4	18.0
两间		13.6	14.1	13.8	13.3	12.4	10.9	10.5
三间		12.2	12.6	12.4	13.6	12.5	12.0	12.2
四间及以上		51.4	51.9	50.7	54.0	57.1	58.7	59.3
按所有权划分的住房(%)[5]								
私有房产		57.2	59.8	57.8	61.9	56.0	58.1	
国有房产		12.0	10.3	9.7	12.1	11.0	10.9	
市有房产		20.6	19.9	22.5	18.3	20.9	20.6	
其他		10.2	10.1	9.9	7.7	12.2	10.4	
按设施配备划分的住房(%)								
自来水[1]		40.1	41.1	41.5	43.4	42.1	41.6	43.3
下水道[1]		37.7	34.2	37.9	38.5	38.4	39.0	39.6
城市拥有自来水的人口占比(%)[6]		69.8	71.1	71.6	70.2	69.9	70.6	71.9
教育、文化和娱乐								
居民家庭教育、文化和娱乐支出占比(%)	6.1		6.6					
教育支出占总支出的比重(%)	26.0	19.6	19.1	18.5	18.8	18.9	19.5	20.3
医药和医疗支出占总支出的比重(%)	14.3	11.2	11.3	11.3	10.9	11.1	11.5	11.8
医生数量(每千人)[7]		0.3	0.3	0.4	0.4	0.4	0.4	
医院病床数(每千人)[7]		2.2		2.2	2.2	2.2	2.0	

资料来源：

1. 南非国家统计局，住户调查，2002-2009 年；收入和支出调查，2000 年；收入和支出调查，2005-2006 年；地区卫生信息系统，2010 年；《南非卫生回顾》(各期)。
2. 南非财政部，《预算回顾》(各期)。

脚注：

(1) 不包括自住房估算的租金。

(2) 按消费者价格指数进行了调整。

(3) 指年满 20 岁但还没有完成小学教育的人（相当于 7 年级教育）。

(4) 指 1 至 4 间房。虽然 2002 年至 2008 年有数据，但 2009 年的新数据与之前的数据不可比。

(5) 完全拥有或部分拥有。

(6) 所有在住房或者院子里安装了管道或自来水管的人口，指全部人口而不仅仅指城市人口。

(7) 每一千个没有医疗保险的人。

图 6.1(a)　公共教育支出占 GDP 比重（2000—2012 年）

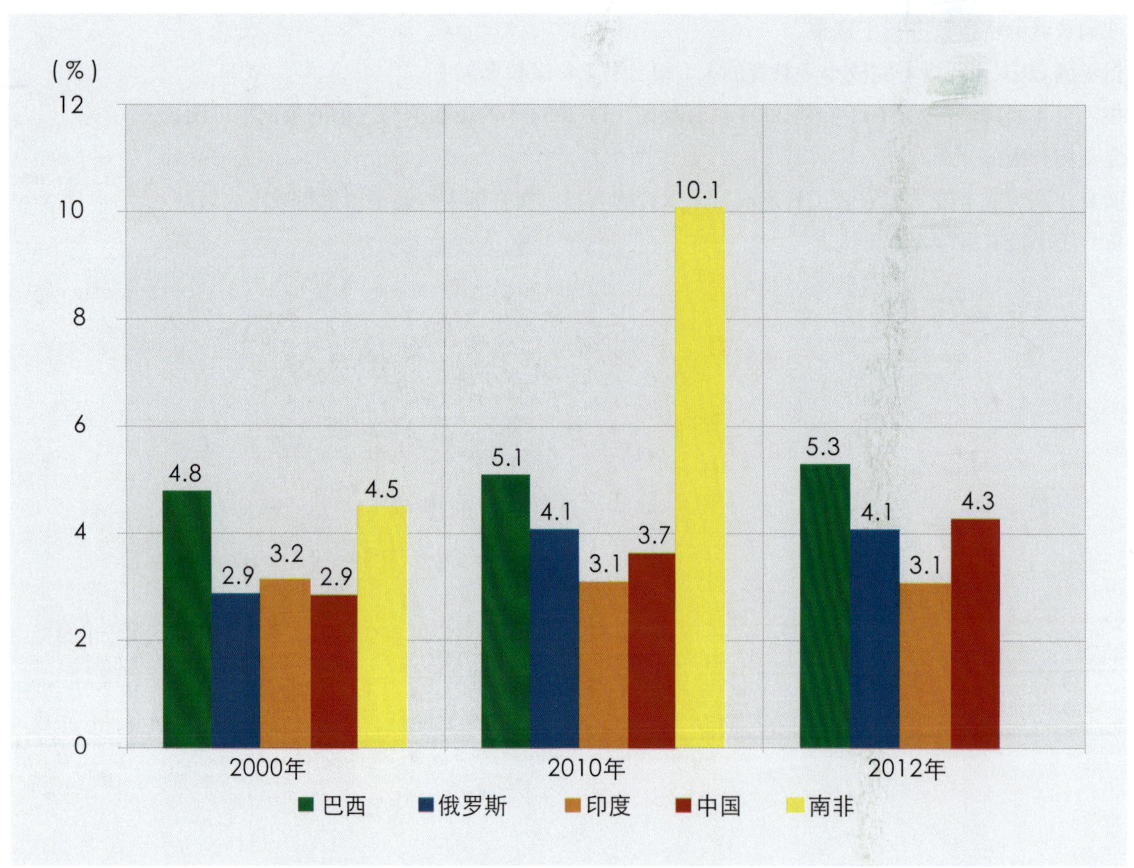

资料来源：2014 年《金砖国家联合统计手册》第 6 章概况表。

图 6.1(b) 公共卫生支出占 GDP 的比重 （2005—2012 年）

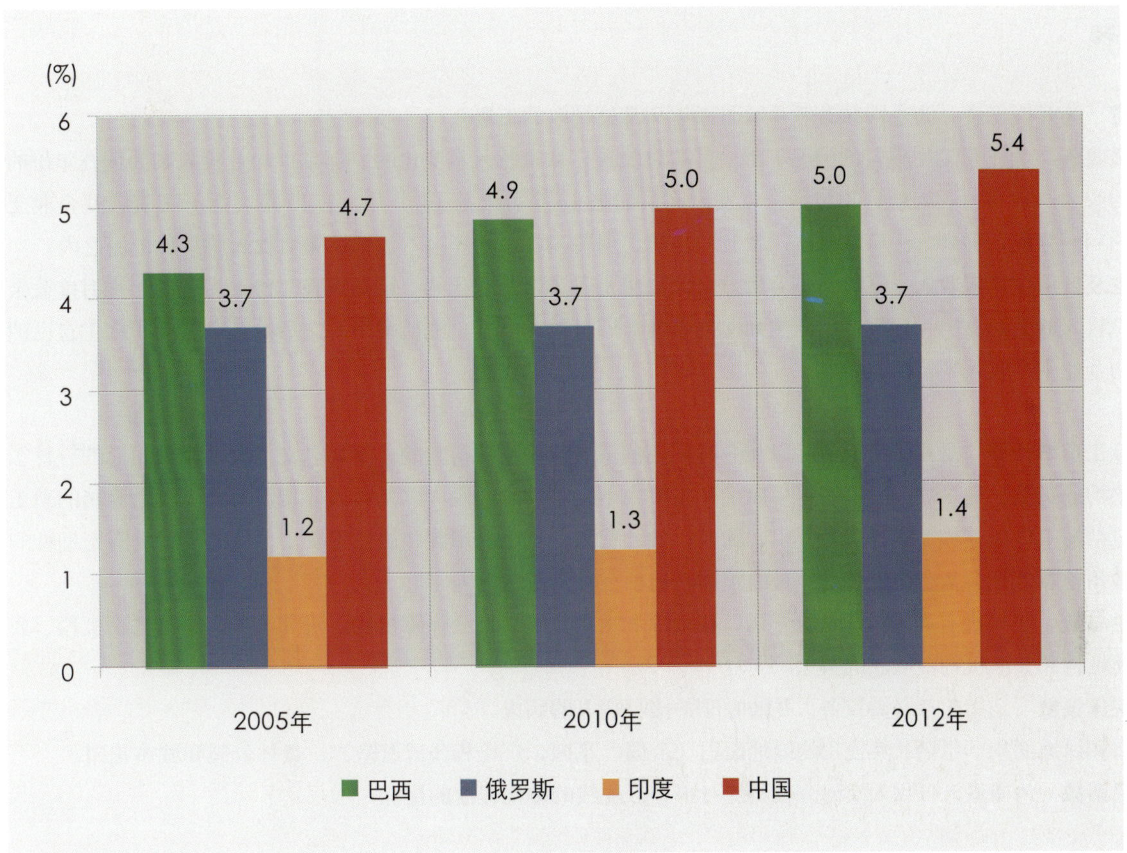

资料来源：2014 年《金砖国家联合统计手册》第 6 章概况表。

主要统计指标解释

国家解释

巴西

工资 为月度工资，为通常在参考月份即每年 9 月份领取的工资。

雇员收入 为正常工作整月的情况下每个月的总收入。如果收入是变化的，那么平均月收入则为调查年份的参考月份的收入。雇员月收入统计不包括企业发给雇员的第 13 个月（第 14 个月，第 15 个月等）工资以及企业支付给工人的利润分成，另外，住房、食品、服装、交通、用餐和食品券等也不包括在雇员收入的统计范围之内。

雇主及自用生产者收入 通常为每月的盈余。如果每月盈余是变化的，则指调查年份参考月的平均月度盈余。盈余为总收入减去总支出（项目费用，例如支付雇员、原材料、电费、电话费用）之后的获利。为了雇主自己消费而进行的企业生产收入不包括在内。

俄罗斯

实际工资增长率 是用工资总额除以相应时间内的消费价格指数得到的。平均名义工资是用雇员总的应计工资除以年平均雇员数。雇员总应发工资包括雇主在完整或不完整的时间段内以货币或非货币形式支付给雇员的总工资，其中包括与工作条件相关的补偿性支出、罚款、额外费用、奖金、用餐、居住等费用，这些支付具有定期性的特征。从各州预算外社会基金中支付给雇员的福利不包括在工资范围之内。

医生总数 包括拥有高等医学教育学历，在治疗和卫生机构、社会保障机构、研究机构、个人培训机构、公共卫生管理机构和其他机构中从业的医生。

医院床位数 是指配备必需设备，并随时准备接收病人的病床。

公园和绿地面积　包括公共使用的绿地面积（公园、花园、广场和公园道路）、森林公园和城市花园。

基尼系数 为衡量人口收入实际分布与绝对平等分配线的偏离程度的指标。

印度

基尼系数 是印度国家计划委员会根据全国抽样调查得到的消费支出数据计算的（消费支出数据在印度被作为测量不平等程度的基础数据）。基尼系数有单一报告期数据，也有混合报告期数据。本表采用的是混合报告期数据，即对于不同项目采用不同的回忆期。

中国

国家财政性教育经费 包括国家财政预算内教育经费，各级政府征收用于教育的税费，企业办学校教育经费，校办产业、勤工俭学和社会服务收入用于教育的经费。

城市燃气普及率 是报告期末使用燃气的城市人口数与城市人口总数的比率。

城市人均公园绿地面积 为城市公园绿地面积与城市人口总数的比值。城市公园绿地指向公众开放的，以游憩为主要功能，有一定的游憩设施和服务设施，同时兼有健全生态，美化景观，防灾减灾等综合作用的绿化用地。

普通高等学校 指按国家规定的设置标准和审批程序批准举办的，通过全国普通高等学校统一招生考试，招收高中毕业生为主要培养对象，实施高等学历教育的全日制大学、独立设置的学院和高等专科学校、高等职业学校及其他机构（独立学院和分校、大专班）。口径上仅包括普通本专科生。

普通中学 分为普通高级中学和普通初级中学两个阶段。普通初级中学指独立设置的招收小学毕业的适龄人口进行初级中等基础教育的机构。普通高级中学指独立设置的招收初中毕业生进行高级中等基础教育的教育机构。

职业中学 包括职业初中和职业高中。指经县或县以上教育行政部门批准，招收小学或初中毕业生实施初级或高级中等职业技师教育的教学机构。

普通小学 指由县或县以上教育行政部门批准，招收学龄儿童实施初等教育的教学机构。

特殊教育 指独立设置的招收盲聋哑和智残儿童，以及其他特殊需要的儿童、青少年进行普通或职业初、中等教育的教学机构。

学前教育 包括幼儿园和学前班。幼儿园是指招收三岁以上（含三岁）学龄前儿童，对其进行保育和教育的单位。设立幼儿园须经县级以上教育行政部门或乡（镇）人民政府审查合格，并予备案。学前班是指在部分不能满足学龄前幼儿三年入园的地区，组织学龄前儿童进行一年教育的一种形式。

执业（助理）医师　指具有《医师执业证》及其“级别”为“执业（助理）医师”且实际从事医疗、预防保健工作的人员，不包括实际从事管理工作的执业医师。执业（助理）医师类别分为临床、中医、口腔和公共卫生。

每千人口执业（助理）医师＝（执业医师数＋执业助理医师数）/ 人口数 ×1000。人口数系公安部户籍人口。

每千人口医院、卫生院床位数＝(医院床位数＋卫生院床位数）/ 人口数 ×1000。人口数系公安部户籍人口。

资源和环境

7

表 7.1　　资源和环境概况(2000-2012年)

指　　标	2000	2005	2006	2007	2008	2009	2010	2011	2012
森林面积(万公顷)									
巴西	54594	53049					51952		
俄罗斯	87154	87057	87076	87076	87079	87081	87098	87118	87181
印度(1)	6984	6999	7003	6997	6998	6999	7001	6920	
中国	17491	19545	19545	19545	19545	20769	20769	20769	20769
南非	133	133	128	127	126	128	127	127	
多年生作物面积(万公顷)									
巴西	625	636	649	645	650	629	632	632	
俄罗斯	186	180	180	179	179	180	180	180	180
印度									
中国	1123	1253	1253	1273	1323	1393	1432	1462	1472
南非	96	85	83	81	80	79	79	78	
人均二氧化碳排放量									
巴西(千克)	9409	8893							
俄罗斯(千克)(2)	10840	11066	11715	11550	11622	10329	10967	11835	
印度(千克)(3)	960	1060		1210	1260	1370			1390
中国(千克)									
南非(千克)	8.1	8.5	8.6	8.8					
人均二氧化硫排放量									
巴西(克/立方米)(4)	82	68	66	80	56	39	48		
俄罗斯(千克)(5)	37	33	33	32	32	31	31	30	30
印度(千克)									
中国(千克)(6)	16	20	20	19	18	17	16	17	16
南非(千克)									

资料来源：

巴西

1. 《2010 年全球森林资源评估》。
2. 巴西国家地理与统计局，市政农业生产调查。
3. 《巴西第二次〈联合国气候变化框架公约〉全国信息通报》第 5 章第 1 节第 2 部分。
4. 《全国按来源和去向划分的温室气体人为排放量》的附件部分《1990 至 2005 年按气体种类和部门划分的温室气体排放量估计》，2010 年于巴西利亚出版。
5. 巴西国家地理与统计局调查司，1980 至 2050 年巴西按性别和年龄划分的人口预测，2010 年于巴西利亚出版。
6. 巴西国家地理与统计局《巴西可持续发展指标》。

俄罗斯

1. 俄罗斯联邦统计局。
2. 俄罗斯联邦地理登记、地籍勘察和制图局。
3. 俄罗斯联邦水文气象和环境监测局。

印度

1. 印度农业部经济和统计处，《土地利用统计一览》。
2. 印度环境和森林部，《印度森林调查》和《2011 年印度森林状况报告》。
3. 印度统计和计划执行部，《印度 2013 年千年发展目标报告》。
4. 印度环境和森林部，《印度第二次〈联合国气候变化框架公约〉全国信息通报》。

中国

1. 中华人民共和国国家统计局，《中国统计年鉴》，2010 年。

2. 中华人民共和国环境保护部。

3. 世界银行 WDI 数据库资料。

南非

联合国千年发展指标。

脚注：

巴西

(4) 地域范围仅限某些大都市区（累西腓、萨尔瓦多、贝洛奥里藏特、维多利亚、里约热内卢、圣保罗、库里蒂巴、阿雷格里港和联邦区），二氧化硫排放浓度值未使用人口数进行加权调整。

俄罗斯

(2) 数据由俄罗斯水文气象和环境监测局提供。二氧化碳排放量数据参考了土地利用情况，并随着土地利用情况的变化而有所变化。森林面积数据来自依据蒙特利尔议定书进行监测的、俄罗斯 1990-2011 年按照排放源分类的人类引起的气体排放以及按照温室气体吸收分类的吸收量数据库。

(5) 固定污染源排放物。

印度

(1) 除 2011 年以外的数据指的是农业年度（当年 7 月至下年 6 月）。2006 年后的数据为初步数据，2011 年数据根据“印度森林调查”估算得到。

(3) 燃料燃烧产生的二氧化碳（按人均计算）排放量按部门汇总。如果将土地利用变化情况和森林情况考虑进来，根据印度环境和森林部发布的“《印度第二次〈联合国气候变化框架公约〉全国信息通报》”，2000 和 2007 年印度人均二氧化碳排放量则分别为 0.7 和 1.08 吨。

中国

(6) 当年二氧化硫排放总量与当年平均人口数的比值。

表7.2.1　资源和环境——巴西(2000-2012年)

指　标	2000	2005	2006	2007	2008
自然资源					
淡水资源-总量 (立方米/秒) [1]	247889	224185	228460	228221	215991
保护区(个)					
保护区面积(万公顷)					
主要矿产储量					
原油(亿桶)	130	161	182	204	209
天然气(亿立方米)	3608	4545	5886	5845	5892
石灰岩（万吨）	4545976	4941098	4603056	4882064	5032434
装饰性石料（万吨）		1780143	1799703	1578562	2667113
铁矿（万吨）	1127575	2647400	2613000	1963224	4000000
镁矿和白云石（万吨）	347434	34500	34500	34500	55807
煤矿（万吨）	737801	1011300	930000	930000	930000
粘土（万吨）	180501	601125	480839	554942	585777
云母（万吨）	10	124	124	[2]	
高岭土（万吨）	246797	500000	725100	730000	730000
工业用砂（万吨）	160800	244000	257800	269300	273700
铝(铝土矿)（万吨）	178430	354000	354000	360000	260700
长石、白榴石和霞石（万吨）	49828	102730	111320	116017	118562
石膏（万吨）	88864	123349	130147	129984	130247
滑石（万吨）	5703	12580	18614	10691	18000
盐（万吨）		3032	3032	3032	
其他装饰性石料（万吨）		42145	25011	38193	40083

指　标	2009	2010	2011	2012 [3]
自然资源				
淡水资源-总量(立方米/秒) [1]	216473	220294	246432	231916
保护区(个)	304			313
保护区面积(万公顷)	7399			7506
主要矿产资源				
原油(亿桶)	211	285	301	286
天然气(亿立方米)	6015	8247	9065	9186
石灰岩（万吨）	5300670			
装饰性石料（万吨）	2719228			
铁矿（万吨）	2000000	2035900	2960400	1994800
镁矿和白云石（万吨）	30086	29863	24078	23934
煤矿（万吨）	248800	248400	239200	215400
粘土（万吨）	622438			
云母（万吨）		400		
高岭土（万吨）	730000	730000	720000	735300
工业用砂（万吨）	266200			
铝(铝土矿)（万吨）	164500	260000	567000	590000
长石、白榴石和霞石（万吨）	124188			
石膏（万吨）	22841	22841	23000	28849
滑石（万吨）	18000	22700	4624	4483
盐（万吨）	2164			2163
其他装饰性石料（万吨）	39165			

资料来源：

1. 奇科门德斯生物多样性保护研究所 2014 年 1 月报告。网址：http://www.icmbio.gov.br/portal/images/stories/servicos/geoprocessamento/DCOL/dados_tabulares/Dados_Gerais_das_UC_jan_2014.pdf

2. 国家水利署。

3. 巴西矿产和能源部全国矿产局。

4. 巴西矿产和能源部和国家石油管理局。网址：www.mma.gov.br/cadastro_uc

脚注：

(1) 至 2012 年的历史均值为 214361。

(2) 2007 年云母储量丰富。

(3) 2011 年 3 月 11 日更新数据。

表 7.2.2　资源和环境——俄罗斯(2000-2012年)

指　标	2000	2005	2010	2011	2012
自然资源					
淡水资源(亿立方米)[(1)]	45230	45566	43317	43987	42179
年径流量(亿立方米)[(2)]	618	562	535	535	516
保护区数量(个)[(3)]	135	135	141	143	144
保护区面积(万公顷)[(3)]	4006	4069	4153	4301	4326
主要矿产储量[(4)]					
煤炭(亿吨)	2772	2699	2730	2731	2740
铁矿(亿吨)	1020	994	990	989	1010
锰矿(万吨)	15450	18810	23210	23210	23200
铜矿(万吨)	8450	8510	8960	9270	9140
铅矿(万吨)	1960	2000	1960	1950	1900
锌矿(万吨)	6090	6140	6070	6060	6030
铝土矿(万吨)	153950	147350	143740	143120	142710
钨矿(万吨)	172	169	148	147	157
锡矿(万吨)	230	228	226	222	217
锑矿(万吨)	30	27	32	32	32
金矿(万吨)	1	1	1	1	1
银矿(万吨)	11	11	11	11	12
石墨矿(万吨)	8820	8820	8820	8810	8810
人均氮氧化合物排放量(千克)[(5)]	12	12	13	13	14
人均一氧化碳排放量(千克)[(6)]	34	45	39	40	42
环保支出占GDP的比重(%)	1.5	1.1	0.8	0.8	0.7

资料来源：

1. 俄罗斯联邦统计局。
2. 俄罗斯联邦水资源管理局。
3. 俄罗斯联邦地下储量管理局。
4. 俄罗斯联邦水文气象和环境监测局。
5. 俄罗斯联邦自然资源与环境部。

脚注：

(1) 俄罗斯联邦水文气象和环境监测局数据，数据为地表径流总量。

(2) 数据是由俄罗斯联邦水资源管理局生产和发布的。

(3) 包括国家级的自然保护区以及国家公园。

(4) 数据是由俄罗斯自然资源与环境部生产和发布的。

(5) 对固定污染源排放的氮氧化合物可以折算成二氧化氮排放量。

(6) 为固定污染源一氧化碳排放量。

表 7.2.3 资源和环境——印度(2000-2013年)

指标	2000	2006	2007	2008	2009	2010	2011	2012	2013
自然资源									
淡水资源(1)									
总计(亿立方米)	11230	11230	11230	11230	11230	11230			
地表水(亿立方米)	6900	6900	6900	6900	6900	6900			
地下水(亿立方米)	4330	4330	4330	4330	4330	4330			
保护区数量(个)(2)									
国家公园(个)	89	96	98	99	99	102	102	102	102
野生动植物园区(个)	489	506	510	513	513	516	517	524	526
保护区数量(个)(2)(3)	578	606	619	661	661	669	675	686	689
保护区面积(2)									
国家公园(平方公里)	37594	38183	38220	39233	39233	40074	40074	40074	40074
野生动植物园区(平方公里)	117882	120244	120544	122138	122138	122586	122616	123548	124235
保护区面积(平方公里)(2)(3)	155476	158470	158879	162651	162651	164063	164512	165642	166348
主要矿产储量(4)									
原油(万吨)	70300	75600	72500	77000	77300	77500	75700	76000	75800
天然气(亿立方米)	7600	10750	10550	10900	11150	11490	12780	13300	13550
煤(亿吨)(5)						2670			
铁矿(亿吨)	71								
锰矿(万吨)	13815					14198			
铜矿(万吨)						39914			
矿石(万吨)	12575					10898			
铅金属(万吨)	259					225			
锌金属(万吨)	1109					1245			
铅锌金属(万吨)						12			
铝土矿(万吨)	89938					59294			
镍矿(万吨)						18871			
钨矿(万吨)						8739			
锡矿(万吨)	25					114			
锑矿(万吨)						17			
黄金(万吨)	1925					2413			
银矿(万吨)	11591					18757			
石墨矿(万吨)	1075					803			
环境支出(亿卢比)(5)	11		22	24	25	47	50		
环境支出占GDP的比重(%)									

资料来源：

1. 印度水资源部中央水资源委员会，《水资源及相关统计》，2010 年 12 月。
2. 印度环境和森林部、印度野生动物所，国家野生动物数据库。
3. 印度石油和天然气部，《印度石油和天然气统计》。
4. 印度矿业部，印度矿务局。

脚注：

(1) 该数据各年份相同，数据来自中央水资源委员会水资源再评估研究成果。

(2) 包括陆地和海洋保护区。数据均为当年年底数（2011 年数据为当年 9 月份数据，2012 年数据为 2013 年 2 月数据）。

(3) 包括国家公园、野生动物保护区、资源保护区和部落保护区。

(4) 3 月 31 日或 4 月 1 日数据。

(5) 环境支出为财政年度数据（当年 4 月至下年 3 月），GDP 数据按市场价格的现价计算。

表 7.2.4　资源和环境——中国(2000-2012年)

指　　标	2000	2009	2010	2011	2012
自然资源					
淡水资源总量(亿立方米)	27701	24180	30906	23257	29529
自然保护区数(个)	1227	2541	2588	2640	2669
自然保护区面积(万公顷)	9821	14775	14944	14971	14979
主要矿产储量					
原油(万吨)		294920	317435	323968	333258
天然气(亿立方米)		37074	37793	40206	43790
煤炭(亿吨)		3190	2794	2158	2299
铁矿(亿吨)		213	222	193	195
锰矿(万吨)		18577	19516	18241	20938
铜矿(万吨)		2951	2871	2812	2734
铅矿(万吨)		1340	1272	1292	1455
锌矿(万吨)		3839	3251	3124	3491
铝土矿(万吨)		83924	89733	105064	90590
镍矿(万吨)		282	312	272	261
钨矿(万吨)		229	221	157	234
锡矿(万吨)		144	138	139	118
锑矿(万吨)		77	71	56	45
金矿(万吨)		0.2	0.2	0.2	0.2
银矿(万吨)		3.8	3.6	3.6	3.7
石墨(万吨)		5432	5412	6230	4879
环境污染治理投资占国内生产总值的比重(%)	1.02	1.54	1.90	1.50	1.59

资料来源：

1. 中华人民共和国环境保护部，年度统计资料，2000-2012 年。
2. 中华人民共和国水利部，年度统计资料，2000-2012 年。
3. 中华人民共和国国家统计局，《中国统计年鉴》，2000-2013 年。

表 7.2.5 资源和环境——南非(2000-2010年)

指　标	2000	2005	2008	2010
自然资源				
自然保护区数(个)				488
自然保护区面积(万公顷)				7605
主要矿产储量				
铁矿(万吨)			150000	
锰矿(万吨)			400000	
铜矿(万吨)			1300	
铅矿(万吨)			300	
锌矿(万吨)			1500	
镍矿(万吨)			1200	
锑矿(万吨)			20	
金矿(万吨)			3	
环保支出占GDP的比重(%)	0.01		0.01	0.01

资料来源:

1. 南非水利局，2010 年。
2. 南非环境事务局，2010 年。

图 7-1　森林面积（2010 年）

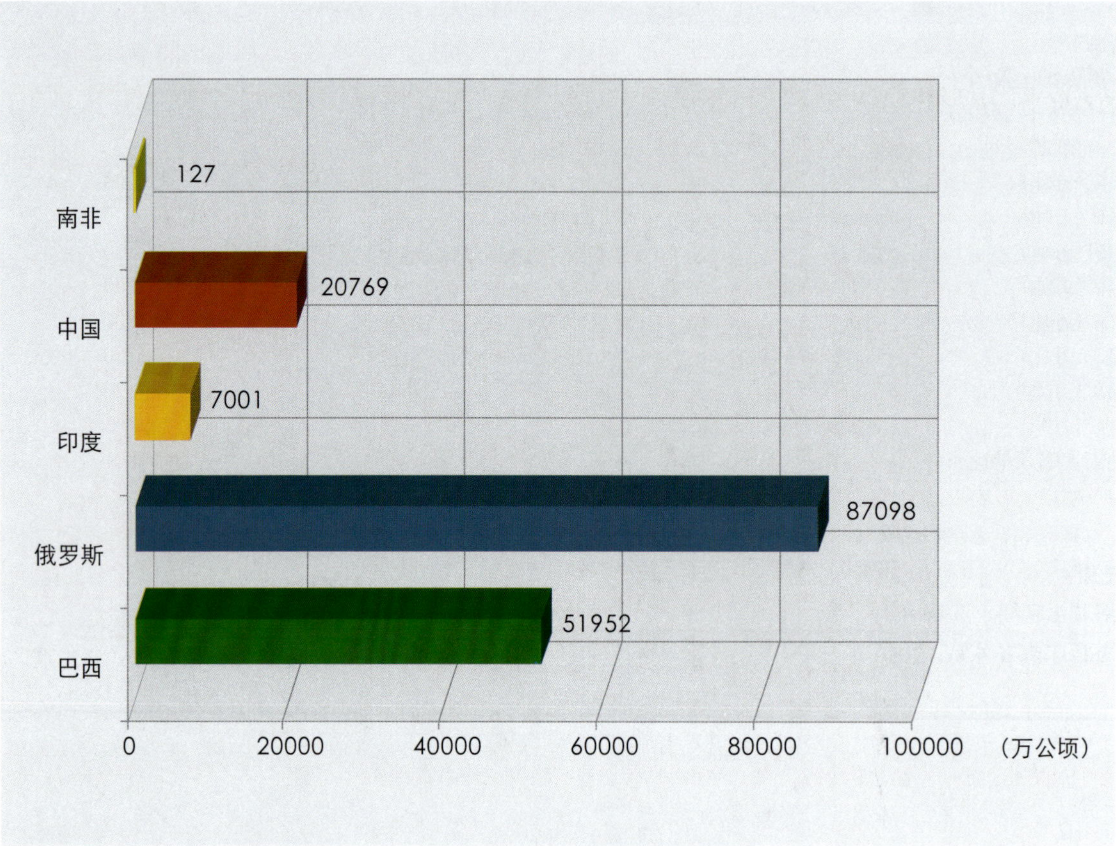

资料来源：2014 年《金砖国家联合统计手册》第 7 章概况表。

脚注：本图采用 2010 年数据，因为只有 2010 年，金砖五国数据全部齐全。

主要统计指标解释

国家解释

巴西

淡水资源 到 2012 年巴西淡水资源径流量的历史均值为 214361 立方米／秒。

人均二氧化硫排放量 数据的地域范围仅限某些大都市区（累西腓、萨尔瓦多、 贝洛奥里藏特、 维多利亚、 里约热内卢、 圣保罗、 库里蒂巴、阿雷格里港和联邦区），二氧化硫排放浓度值未使用人口数进行加权调整。

俄罗斯

淡水资源 指国内可再生的淡水资源（河流径流量以及国内降水形成的地下水）。

年淡水抽取量 为总的抽取量，不包括储水流域蒸发损失的水量。

印度

人均二氧化碳排放量 是用二氧化碳排放总量除以年中人口得到，数据代表二氧化碳排放量净值（含处理掉的二氧化碳）。印度环境和森林部有时需要向联合国通报数据，这时按《联合国气候变化框架公约》统计该数据时会将土地利用变化情况和森林情况考虑进来。虽然提供了时间序列数据，但仅指燃料燃烧产生的排放量，汇总方法为根据国际能源机构提供的按部门统计的方法进行汇总。

中国

水资源总量 指一定区域内的水资源总量指当地降水形成的地表和地下产水量，即地表径流量与降水入渗补给量之和，不包括过境水量。

自然保护区 指对有代表性的自然生态系统、珍稀濒危野生动植物物种的天然分布区、水源涵养区、有特殊意义的自然历史遗迹等保护对象所在的陆地、陆地水体或海域，依法划出一定面积进行特殊保护和管理的区域。以县及县以上各级人民政府正式批准建立的自然保护区为准。风景名胜区、文物保护区不计在内。

环境污染治理投资 指在工业污染源治理和城市环境基础设施建设的资金投入中，用于形成固定资产的资金。包括工业新老污染源治理工程投资、建设项目“三同时”环保投资，以及城市环境基础设施建设所投入的资金。

工 业

8

表 8.1　工业概况(2000-2013年)

指　　标	2000	2007	2008	2009	2010	2011	2012	2013
工业生产指数(上年=100)								
巴西	106.6	106.0	103.1	92.9	110.2	100.4	97.7	102.2
俄罗斯	108.7	106.8	100.6	89.3	107.3	105.0	103.4	100.4(1)
印度(2)	105.0	115.6	102.5	105.3	108.2	102.9	101.1	100.0
中国(3)	111.4	118.5	112.9	111.0	115.7	113.9	110.0	109.7
南非	103.7	104.6	100.7	87.1	104.9	102.6	102.0	
原油产量								
巴西(万吨)	6200	8800	9200	9900	10400	10654	10459	10240(4)
俄罗斯(万吨)(5)	32400	49100	48800	49450	50600	51240	51900	52300(1)
印度(万吨)	3243	3412	3351	3370	3768	3809	3786	
中国(万吨)	16300	18632	19043	18949	20241	20288	20570	20900
南非(亿升)(6)	210	260						
发电量(亿千瓦时)								
巴西	3490	4490	4630	4630	5160	5330	5525	5270(7)
俄罗斯	8778	10153	10404	9920	10380	10549	10690	10510(1)
印度(8)	5610	8130	8410	9060	9660	10570	11130	
中国	13556	32816	34958	37147	42072	47130	50210	53976
南非	2110	2630	2580	2500	2600	2630	2580	

资料来源：

巴西

1. 巴西国家地理与统计局，2000-2013 年工业生产指数。
2. 国家石油天然气和生物燃料局。
3. 巴西国家电力调度中心。
4. 巴西能源研究公司。

俄罗斯

俄罗斯联邦统计局。

印度

1. 印度统计和计划执行部，《工业生产指数快报新闻发布》。
2. 印度石油和天然气部，《印度石油和天然气统计》(各期)。

中国

1. 中华人民共和国国家统计局，《工业统计年报》，2000-2012 年。
2. 中华人民共和国国家统计局，《工业生产调查月报》，2000-2013 年。
3. 中华人民共和国国家统计局，《中华人民共和国 2013 年国民经济和社会发展统计公报》。

南非

南非石油工业协会。

脚注：

巴西

(4) 为 1-12 月份数据，数据来自国家石油局。

(7) 发电量数据来自巴西能源研究公司。

俄罗斯

(1) 2013 数据为初步数据。

(5) 包括液态天然气。

印度

(2) 印度数据为财政年度数据，即当年 4 月至下年 3 月。2013 是数据为 4-12 月份数据。

(8) 指公用事业单位和非公用事业单位的总发电量(包括火电，水电和核电)。

中国

(3) 规模以上工业企业的覆盖范围在 2011 年进行了调整，即从 2011 年起为年主营业务收入 2000 万元以上工业企业，之前为年主营业务收入 500 万元以上的工业企业。

南非

(6) 包括汽油、飞机燃料、照明石蜡、燃料油、沥青、液化石油气。

表 8.2.1 主要工业产品产量——巴西(2000-2012年)

指　标	2000	2003	2004	2005	2006	2007
原煤产量(万吨)	600	500	500	600	700	700
天然气产量(亿立方米)(1)	133	152	163	179	198	181
铁矿石原矿产量(万吨)	21800	25600	28500	35700	45800	51700
钢产量(万吨)	3021	3776	4499	4433	4414	5110
乘用车产量(万辆)	132	147	187	218	222	246
家用电冰箱产量(万台)	435	488	534	529	611	641
电视机产量(万台)	602	580	830	1062	1289	1139
移动电话使用量(万部)(2)	1092	2933	4302	6429	6172	6927
家用洗衣机产量(万台)	321	310	371	379	440	594
农用化肥产量(万吨)	1907	2162	3144	2088	2121	2703
锯材产量万(立方米)	1350	1565	2001	2318	2905	2267
机制纸及纸板产量(万吨)		1400	1500	1600	1600	1700
水泥产量(万吨)	3643	3465	3416	3965	4156	4434
棉布产量(万吨)	50	50	60	80	100	100
毛机织物(呢绒)产量(万套)	18	133	253	210	197	231
鞋产量(吨)(3)	8865	12073	44227	55351	22364	21091

指　标	2008	2009	2010	2011	2012
原煤产量(万吨)	700	682	595	753	
天然气产量(亿立方米)(1)	216	211	229	241	258
铁矿石原矿产量(万吨)	40900	34290	43383	46802	
钢产量(万吨)	5494	4068	4689	4999	
乘用车产量(万辆)	271	268	292	285	
家用电冰箱产量(万台)	702	760	786	797	
电视机产量(万台)	1087	864	1229	1418	
移动电话使用量(万部)(2)	6952	5585	5762	6084	
家用洗衣机产量(万台)	610	739	753	867	
农用化肥产量(万吨)	2859	2320	2410	2868	
锯材产量万(立方米)	2683	1823	1933	2116	
机制纸及纸板产量(万吨)	1900	1890	1989	2048	
水泥产量(万吨)	5251	5219	6978	7396	
棉布产量(万吨)	100	61	71	67	
毛机织物(呢绒)产量(万套)	184	104	204	294	
鞋产量(吨)(3)	32396	62978	52426	32484	

资料来源：

巴西国家地理与统计局，年度工业调查，2000-2011 年。

脚注：

自 2005 年起，年度工业调查覆盖所有雇员人数超过 30 人的公司。

(1) 国家石油局。

(2) 为全国移动电话产量。

(3) 巴西鞋产量由两部分组成，一部分按重量（千克）统计，另一部分按数量（双）统计。例如 2011 年鞋产量约为 32484 吨 +149492 万双。

表 8.2.2　主要工业产品产量——俄罗斯(2000-2013年)

指　标	2000	2006	2007	2008	2009	2010	2011	2012	2013 (1)
原煤产量(亿吨)	2.58	3.10	3.14	3.29	3.01	3.22	3.36	3.56	3.47
天然气产量(亿立方米)	5840	6560	6530	6660	5830	6510	6710	6550	6680
铁矿石原矿产量(万吨)(2)	8680	10200	10500	10000	8680	9590	10400	10400	10200
钢产量(万吨)	5915	7082	7237	6871	5936	6684	6811	7039	6879
乘用车产量(万辆)	97	118	129	147	60	121	174	196	192
家用电冰箱产量(万台)(3)	133	300	354	373	281	356	410	430	411
电视机产量(万台)	112	460	682	703	488	1197	1471	1617	1423
电话机产量(万部)	85	31	20	19	17				
家用洗衣机产量(万台)	95	202	271	269	231	276	303	336	383
矿物化肥产量(万吨)(4)(5)	1221	1621	1730	1621	1464	1796	1883	1783	1833
锯材产量(万立方米)(6)	2058	2236	2442	2178	1909	2207	2264	2119	2095
纸及纸板产量(万吨)	530	740	760	770	740	770	760	780	770
水泥产量(万吨)(7)	3239	5473	5993	5355	4427	5039	5615	6169	6645
棉布产量(亿平方米)	18	22	21	19	15	15	12	14	13
毛机织物(呢绒)产量(万平方米)	5460	2900	2870	2390	1810	2070	1930	1410	1280
鞋产量(万双)	5651	7867	7924	8192	8117	10253	11019	10318	11405

资料来源：

俄罗斯联邦统计局。

脚注：

(1) 初步数据。

(2) 2010 年以后指精铁矿。

(3) 家用电冰箱和冷冻柜。

(4) 100% 折纯量。

(5) 从 2010 年开始，指的是矿物和化学肥料。

(6) 包括枕木。2009 年后的数据指的是纵向锯开或切开的、呈片状或去皮的、厚度需超过 6 毫米的木材，以及未浸染的铁路或电车轨道枕木。

(7) 从 2010 年开始，指的是硅酸盐水泥、硫酸铝水泥、熔渣水泥以及水凝水泥。

表 8.2.3 主要工业产品产量——印度(2000-2012年)

指标	2000	2005	2006	2007	2008	2009	2010	2011	2012
原煤产量(亿吨)	3.1	4.1	4.3	4.6	4.9	5.3	5.3	5.3	5.6
天然气产量(亿立方米)	294.8	322.0	317.5	324.2	328.5	475.0	522.2	475.6	406.8
铁矿石产量(万吨)	8060	15440	18770	21320	21300	21860	20800	16858	13602
粗钢产量(万吨)	3100	4700	5100	5400	5800	6600	7100	7379	7830
乘用车产量(万台)	52	105	124	143	152	193	245	278	267
家用电冰箱产量(万台)	213	418	504	614	672	800	872		
彩色电视机产量(显像管)(万台)	436	680	752	649	678	921			
家用洗衣机产量(万台)	73	171	181	219	256	305	308		
农用化肥产量(万吨)(1)	1475	1558	1610	1471	1433	1622	1638	1636	1628
纸及纸板产量(万吨)	500	600	600	600	700	700			
水泥产量(所有种类)(万吨)	10400	14100	15500	16800	18100	20100	21000	22400	24500
棉布产量(不包括针织品)(亿平方米)	197	239	262	272	269	289	317	306	342
鞋产量 (万双) (2)	17300	19700	21000	22000	22900	23900			

资料来源:

1. 印度财政部, 《经济调查》。
2. 印度石油和天然气部, 《印度石油与天然气统计》(各期)。
3. 印度道路运输及公路部, 《道路运输统计年鉴》。
4. 印度纺织部纺织专员办公室。
5. 印度矿产部矿业局。
6. 印度钢铁部联合工厂委员会。
7. 印度化学品及化学肥料部化学肥料局, 年度报告。

脚注:

数据按财政年度统计, 即当年 4 月至下年 3 月, 2012 年数据为初步数据。

(1) 仅指钾肥、氮肥和磷肥。

(2) 包括印度式样和西方样式的皮鞋。

表 8.2.4 主要工业产品产量——中国(2000-2013年)

指　标	2000	2001	2002	2003	2004	2005	2006
原煤产量(亿吨)	13.8	14.7	15.5	18.3	21.2	23.5	25.3
天然气产量(亿立方米)	272	303	327	350	415	493	586
铁矿石原矿产量(万吨)	22256	21701	23143	26139	34634	42049	58888
粗钢产量(万吨)	12850	15163	18237	22234	28291	35324	41915
乘用车产量(万台)	61	70	109	207	228	277	387
家用电冰箱产量(万台)	1279	1351	1599	2243	3008	2987	3531
彩色电视机产量(显像管)(万台)	3936	4094	5155	6541	7432	8283	8375
移动通信手持机产量	5248	8032	12146	18231	23752	30354	48014
家用洗衣机产量(万台)	1443	1342	1596	1964	2533	3036	3561
农用化肥产量(万吨)	3186	3383	3791	3881	4805	5178	5345
锯材产量(万立方米)	634	764	852	1127	1533	1790	2486
纸及纸板产量(万立方米)	2487	3777	4667	4849	5413	6205	6863
水泥产量(万吨)	59700	66104	72500	86208	96682	106885	123676
棉布产量(亿米)	139	154	173	201	242	197	235
毛机织物(呢绒)产量(亿米)	2.8	3.4	3.3	4.4	8.2	3.3	4.4
皮革鞋靴产量(亿双)	14.7	13.4	15.2	18.2	27.4	25.3	30.0

(续表)

指　标	2007	2008	2009	2010	2011	2012	2013(1)
原煤产量(亿吨)	26.9	28.0	29.7	32.4	35.2	36.5	36.8
天然气产量(亿立方米)	692.4	803.0	852.7	948.5	1026.9	1070.4	1170.5
铁矿石原矿产量(万吨)	70666	82674	88122	107771	130749	130964	145101
粗钢产量(万吨)	48929	50306	57218	63723	68528	72388	77904
乘用车产量(万台)	480	504	748	958	1013	1077	1210
家用电冰箱产量(万台)	4397	4800	5930	7296	8699	8427	9261
彩色电视机产量(显像管)(万台)	8478	9187	9899	11830	12231	12824	12776
移动通信手持机产量	54858	55945	68193	99827	113258	118155	145561
家用洗衣机产量(万台)	4005	4447	4974	6248	6716	6791	7202
农用化肥产量(万吨)	5825	6028	6385	6338	6419	6832	7037
锯材产量(万立方米)	2829	2841	3230	3723	4460	5568	6284
纸及纸板产量(万立方米)	7792	8404	8965	9833	11011	10957	11368
水泥产量(万吨)	136117	142356	164398	188191	209926	220984	241614
棉布产量(亿米)	271	424	320	383	365	370	393
毛机织物(呢绒)产量(亿米)	5.5	8.5	5.0	5.7	5.2	4.8	4.9
皮革鞋靴产量(亿双)	32.3	33.2	35.5	41.9	42.7	45.0	49.3

资料来源:

中国

1. 中华人民共和国国家统计局，《工业统计年报》，2000-2012 年。
2. 中华人民共和国国家统计局，《工业生产调查月报》，2000-2013 年。
3. 中华人民共和国国家统计局，《中华人民共和国 2013 年国民经济和社会发展统计公报》。
4. 中华人民共和国国家林业局，《统计年报》，2000-2013 年。

脚注:

中国

(1) 初步数据。

表8.2.5 按行业划分的主要工业产品销售额——南非(2000-2013年)

单位：亿兰特

指 标	2000	2005	2006	2007	2008	2009	2010	2011	2012	2013
钢铁产品销售额	359.7	676.3	812.5	1013.8	1362.3	803.9	952.5	987.6	967.1	1035.1
汽车销售额	489.8	793.9	935.9	971.1	1056.1	750.0	885.7	928.9	938.9	1056.7
家用电器销售额	59.2	86.5	99.1	100.9	98.8	93.6	96.1	98.7	106.0	112.5
基本化学品销售额(1)	257.5	400.7	460.3	551.4	799.1	572.6	619.7	706.9	764.4	859.3
锯木及刨木销售额	36.6	65.5	74.4	80.2	81.7	66.0	73.7	78.6	84.6	91.0
纸和纸品销售额	258.8	334.3	369.7	395.8	474.9	442.7	486.2	501.9	531.7	567.4
非金属矿产品销售额(2)	149.7	271.4	299.5	338.6	364.7	346.8	353.1	374.0	390.6	425.8
纺织品销售额(3)	60.2	60.6	60.5	64.1	64.2	57.0	52.2	52.1	52.4	57.6
鞋销售额	25.3	24.6	25.9	27.8	31.0	31.6	32.8	33.9	36.1	38.0

资料来源：

南非国家统计局。

脚注：

(1) 包括肥料。

(2) 包括水泥。

(3) 包括棉织品。

图 8.1　工业生产指数（2007—2013 年）

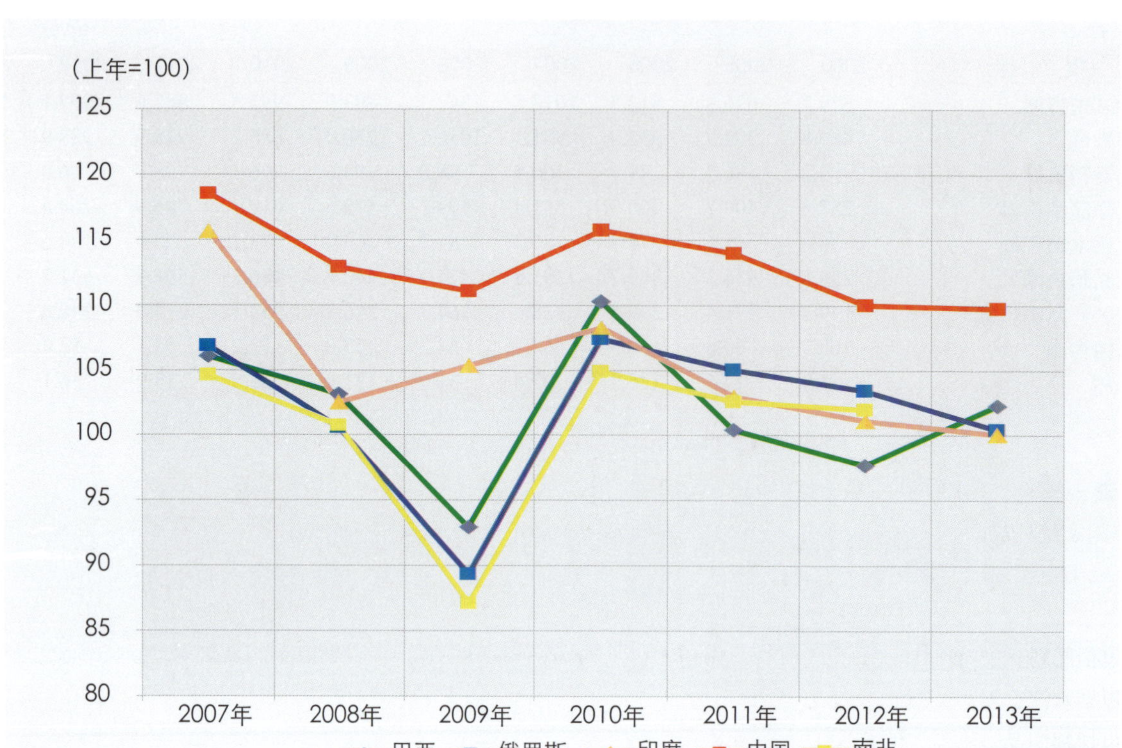

资料来源：2014 年《金砖国家联合统计手册》第 8 章概况表。

主要统计指标解释

国家解释

巴西

主要工业产品产量数据为雇员人数超过 30 人的制造业单位产量数据。

移动电话用户数反映了移动电话产量。

俄罗斯

工业生产指数 按经济活动进行分类包括采矿和采掘业、制造业、电气水的生产和供应业，并根据非正规经济活动进行了调整。

印度

工业生产指数 是一个相关产量的简单加权算术平均值，权重与年度工业调查所取得的工业部门产值成正比。在行业层级，权重按各行业总产值比例分配。

新的印度工业生产指数基期是 2004/05 年，涵盖范围扩大到 682 个调查品（可以合并成 399 个调查品类别，其中采矿业有 1 类，制造业 397 类，电力行业 1 类），包括 61 个采矿业调查品，620 个制造业调查品，电力部门 1 个调查品，这三大部门在印度全国工业生产指数中的权重分别为 14.16%、75.53%和 10.32%。行业分类依照 2004 年印度国家行业分类标准（NIC – 2004）。

中国

工业生产指数 为使用生产者价格指数缩减法所计算的规模以上工业企业的工业增加值的发展速度。2011 年起规模以上工业企业为年主营业务收入 2000 万元以上工业企业，之前为年主营业务收入 500 万元以上的工业企业。

锯材 是指以原木为原料，利用锯木机械或手工工具将原木纵向锯成具有一定断面尺寸（宽、厚度）的木材加工生产活动而形成的木材。

能　源

9

表 9.1 能源概况(2000-2013年)

指 标	2000	2006	2007	2008	2009	2010	2011	2012	2013
一次能源生产总量(万吨标准油当量)									
巴西[(1)]	15333	21180	22348	23651	24110	25317	25653	25730	
俄罗斯[(2)]	216600	256600	260100	261900	255400	267500	271600	274000	
印度[(3)]	20400	35500	37100	38900	40300	42600	44800		
中国[(4)]	94534	162517	173095	182386	192233	207841	222591	232294	238000
南非	15300	20500	15400	15700	15700				
能源总消费量(万吨标准油当量)									
巴西[(5)]	19062	22634	23852	25260	24393	26877	27234	28361	
俄罗斯[(2)]	161600	175400	177000	180000	173800	182200	186800	189300	
印度[(6)]	53019	74500	81310	87645	98713	106162	112888		
中国[(4)]	101872	181073	196356	204014	214653	227457	243601	253212	262500
南非	9100	8600	8500	9200	8300				
人均能源消费量									
巴西(千克标准油当量)[(7)]	1113	1238	1289	1349	1288	1403	1410	1456	
俄罗斯(吨标准当量)[(8)]	11.1	12.3	12.4	12.6	12.2	12.8	13.1	13.2	
印度(千克标准油当量)	531	670	720	765	850	901	946		
中国(千克标准油当量)[(9)]	807	1381	1490	1540	1612	1700	1812	1875	
南非(千克标准油当量)	1799	1700	1680	1819	1641				
能源净进口量占能源消费总量的比重(%)									
巴西	22.2	8.0	8.0	8.3	3.8	7.5	7.9	11.0	
俄罗斯	2.9	1.8	1.9	2.1	1.9	1.7	2.0	1.7	
印度						17.1	18.2		
中国	3.2	2.8	8.9	9.2	12.7	14.4	15.5	16.4	
南非	21.0	25.0	24.0	27.0	26.0				
电力出口									
巴西(亿千瓦小时)	0.1	2.8	20.3	6.9	10.8	12.6	25.4	4.7	
俄罗斯(亿千瓦小时)	229.0	209.0	185.0	207.0	179.0	193.0	237.0	143.0	
印度(亿千瓦小时)			2.9	0.6	0.6	0.6	1.3		
中国(亿千瓦小时)	98.8	122.7	145.7	166.4	173.9	190.6	193.1	176.5	
南非(亿千瓦小时)[(10)]	40.1	137.7	145.0	141.7	140.5	146.5			
电力进口									
巴西(亿千瓦小时)	443.5	414.5	408.7	429.0	410.6	359.1	384.3	407.2	
俄罗斯(亿千瓦小时)	88.0	51.0	57.0	31.0	31.0	19.0	100.0	83.0	
印度(亿千瓦小时)			52.3	53.6	56.1	56.1	56.1		
中国(亿千瓦小时)	15.5	53.9	42.5	38.4	60.1	55.5	65.6	68.7	
南非(亿千瓦小时)[(11)]	47.2	97.8	113.5	105.7	123.0	121.9			
电力消费									
巴西(亿千瓦小时)	3211.6	3753.8	3948.6	4098.5	4072.7	4378.6	4567.5	4720.5	
俄罗斯(亿千瓦小时)	8637.0	9800.0	10025.0	10227.0	9771.0	10206.0	10411.0	10633.0	
印度(亿千瓦小时)	3166.0	4557.5	5019.8	5540.0	6126.5	6943.9	7726.0		
中国(亿千瓦小时)	13472.4	28588.0	32711.8	34541.4	37032.2	41934.5	47000.9	49762.6	
南非(亿千瓦小时)	1956.6	2313.2	2411.7	2359.2	2296.0	2382.7			

表 9.1 能源概况(2000-2012年)

(续表)

指　　标	2000	2006	2007	2008	2009	2010	2011	2012
人均电力消费								
巴西(千瓦小时)[12]	1875	2052	2134	2190	2151	2286	2364	2424
俄罗斯(千瓦小时)	5931	6851	7020	7165	6843	7145	7283	7425
印度(千瓦小时)[13]	512[14]	672	717	734	779	819	884	917
中国(千瓦小时)	1067	2181	2482	2608	2782	3135	3497	3684
南非(千瓦小时)								

资料来源：

巴西

巴西矿业和能源部。

俄罗斯

俄罗斯联邦统计局，《能源平衡短表》。

印度

1. 印度统计和计划执行部中央统计局，《2013 年能源统计》。
2. 印度电力部中央电力局，《2014 年印度电力部门执行摘要》（各期）。

中国

1. 中华人民共和国国家统计局，《中国能源统计年鉴》，2000-2013 年。
2. 中华人民共和国国家统计局，《中华人民共和国 2013 年国民经济和社会发展统计公报》。
3. 中华人民共和国国家统计局，《工业统计年报》，2000-2013 年。

南非

南非国家统计局，《能源账户》、《发电量和可分配量》，2011 年 1 月（统计发布第 P4141 号）。

脚注：

巴西

(1) 一次能源生产总量包括不合格的和未使用的天然气。

(5) 能源总消费量包括部门最终能源消费量和转换、分配和存储过程中的损耗以及能源部门最终消费量。

(7) 人均能源消费量 = 总消费量 / 人口数

(12) 人均电力消费量不包括能源部门的能源消费和损耗。

俄罗斯

(2) 百万吨标准燃料当量（天然燃料如油、煤、气等，根据其相应的煤热值当量换算为标准热当量）。

(8) 吨标准燃料。

印度

数据为财政年度数据（当年 4 月至次年 3 月）。计算油当量数据中使用了转换因子。

(3) 一次能源不包括火电。

(6) 包括的能源种类有煤炭、原油、天然气和电力（水电、核电和火电）。

(13)(总发电量 + 净进口量)/ 年中人口数。2012 年数据为初步数据。

(14) 从第八个和第九个五年计划的期末及 1997 年 3 月和 2002 年 3 月的人均消费量估算得到该数据。

中国

(4) 一次能源生产总量和能源消费总量中的电力、热力按等价热值折算。

(9) 人均能源消费量按年平均人口计算。

南非

(10) 指在南非边界按计量体系测算的流出南非的能源物质。

(11) 指在南非边界按计量体系测算的流入南非的能源物质。

表9.2 能源平衡表(2012年)——巴西、俄罗斯和中国

单位：万吨标准油当量

国家/指标	一次能源产量					存货增加	进口	出口
	总计	固态	液态	气态	电力			
巴西[(1)]	25730	8488	10702	2557	4000[(2)]	-800	8013	4100[(3)]
俄罗斯[(4)]	274000	24000[(5)]	117700[(6)]	76100	56200[(7)]	-500	3200	84800
中国[(8)]	232294	177705	20674	9989	23926	-8667	46619[(9)]	5163[(9)]

(续表)

国家/指标	国际燃料舱能源消费			人均消费量	消费量				
	空运	海运	平衡差	(千克)	总计	固态	液态	气态	电力
巴西	223	377	500[(10)]	1456[(11)]	28400[(12)]	9768	10963	3260	4370
俄罗斯[(4)]				13[(13)]	189300	14500[(5)]	63700[(6)]	55500	55700[(7)]
中国			11871	1875	253200	168631	47602	13166	23800

资料来源：

巴西

巴西矿产和能源部，《巴西能源平衡表》，2012 年。

俄罗斯

俄罗斯联邦统计局，《能源平衡短表》。

中国

中华人民共和国国家统计局。

脚注：

巴西

(1) 一次能源生产总量包括不合格的和未使用的天然气。

(2) 电力包括水电、核电和风电。

(3) 出口包括国际燃料舱能源。

(10) 平衡差仅包括不合格的和未使用的天然气，是从本表中其它数据计算得出的。

(11) 人均能源消费量 = 总消费量 / 人口数

(12) 能源总消费量包括部门最终能源消费量和转换、分配和存储过程中的损耗以及能源部门最终消费量。

俄罗斯

(4) 万吨标准燃料当量（天然燃料，如油、煤、气和石油产品等，根据其相应的煤热值当量换算为标准热当量）。

(5) 煤、页岩油、燃料泥炭（具有相对湿度）、木柴。

(6) 石油提取物，包括液化天然气，燃料加工品，能源的易燃派生产品（派生燃料）。

(7) 电力和热力。

(13) 吨标准燃料。

中国

(8) 一次能源产量：固态为煤炭，液态为石油，气态为天然气，电力为水电、核电及其他诸如风能和地热能等发电的一次电力。

(9) 进口量和出口量采用海关统计数据。进口量中包括中国轮船、飞机在国外加油量，出口量中包括外国轮船、飞机在中国加油量。

表9.2.1　能源概况(2000-2012年)——巴西

指　　标	2000	2005	2006	2007	2008	2009	2010	2011	2012
原油消费量(万吨)(1)	8070	8598	8622	8843	8963	9045	9064	9196	9609
汽油消费量(万吨)(2)	1269	1307	1388	1374	1398	1411	1685	2004	2351
电力消费量(亿千瓦小时)(3)	3212	3617	3754	3949	4099	4073	4379	4567	4720
能源产量(亿千瓦小时)									
火电(4)	385	556	565	583	782	608	957	845	1152
水电	3044	3375	3488	3740	3696	3910	4033	4283	4153
核电	60	99	138	123	140	130	145	157	160
风电	0	1	2	6	12	14	22	30	59

资料来源：

巴西矿业和能源部，《巴西能源平衡表》，2013 年。

脚注：

(1) 原油消费量：炼油厂原油投入量。

(2) 汽油消费量：仅指车用汽油（不包括乙醇和生物柴油）。

(3) 电力消费量：不包括能源部门的能源消费量和损耗。

(4) 从火电生产的能源产量包括从石油产品、天然气、工业煤气、煤和生物质能获得的能源。

表9.2.2　能源概况(2000-2012年)——俄罗斯

指　　标	2000	2005	2006	2007	2008	2009	2010	2011	2012
原油消费量(万吨)(1)	18294	21583	22756	23249	24204	24408	25588	26490	27802
汽油消费量(万吨)	2326	2626	2789	2876	3157	3128	3336	3380	3506
电力消费量(亿千瓦小时)	8640	9410	9800	10030	10230	9770	10210	10410	10630
发电量(亿千瓦小时)	8780	9530	9960	10150	10400	9920	10380	10550	10690
火电	5820	6290	6640	6760	7100	6520	6990	7170	7260
水电	1650	1750	1760	1790	1670	1760	1680	1650	1650
核电	1310	1490	1560	1600	1630	1640	1700	1730	1780

资料来源：

俄罗斯联邦统计局。

脚注：

(1) 包括液态天然气。

表 9.2.3　能源商品平衡表——印度(2007-2011年)

指　标	原煤(万吨)					褐煤(万吨)				
	2007	2008	2009	2010	2011[1]	2007	2008	2009	2010	2011[1]
供给和消费量										
生产	45708	49276	53204	53269	53994	3398	3242	3242	3773	4311
来自其他资源										
进口	4979	5900	7326	6892	9893					
出口	163	166	245	441	185					
存货增加	243	-54	-1755	733	192	-67	-58	-58	4	267
国内供给	50282	54957	58607	58987	63509	3465	3300	3300	3769	4044
转换	40073	38106	43656	39584	40391	2699	2754	2754	2990	3309
最终消费	50317	54737	58781	52353	53573	3466	3242	3242	3769	4250
工业部门	10028	16547	14786	12769	13183	767	488	488	779	941
钢铁	2020	3885	4907	4006	3733					
化学和原油	294	309	58	51	58	92	70	70	79	85
有色金属	66		74	117	215					
非金属矿	2135	2135				96	96	96		
机械										
采掘业										
纸张、纸浆和印刷	264	216	234	243	278	35	37	37	177	179
水泥		1985	2161	1508	1340	1312	34	34	36	97
纺织品和皮革产品	37	253	27	28	28	77	207	207	118	112
其他	5213	7764	7325	6811	7532	469	45	45	369	468
其他部门	165	85	295							
住户	42	38	3							
其他	123	47	263							

表 9.2.3　能源商品平衡表——印度(2007-2011年)

(续表1)

指　标	液化石油气和乙烷(万吨)					石脑油(万吨)				
	2007	2008	2009	2010	2011[1]	2007	2008	2009	2010	2011[1]
供给和消费量										
生产	673	700	809	754	734	1644	1483	1711	1754	1718
来自其他资源	206	216	225	219	221					
进口	283	236	272	450	508	598	502	173	207	197
出口	10	11	13	15	17	930	760	991	1066	1014
存货增加		149	148	244	311			98	172	209
国内供给	1172	1073	1216	1433	1536	1313	1225	991	1068	1111
转换										
最终消费	1158	1219	1312	1433	1536	1329	987	1024	1068	1111
工业部门	9	132	99	99	105	779	320	426	339	375
钢铁		8	8			5	7	11	12	20
化学和原油	1	1	1	1	2	605	133	150	168	142
有色金属										
非金属矿										
机械		2		3	3			2		
采掘业										
纸张、纸浆和印刷										
水泥	34									
纺织品和皮革产品		0.7	0.3	0.3	0.2					
其他	9	121	87	34	99	169	180	265	159	214
其他部门	1149	1087	1191	1259	1354	475	526	494	687	716
住户	1117	1064	1136	1168	1237					
其他	32	23	54	69	95	475	526	494	687	716

表 9.2.3　能源商品平衡表——印度(2007-2011年)

(续表2)

指　标	煤油(万吨)					天然气/柴油(万吨)				
	2007	2008	2009	2010	2011[(1)]	2007	2008	2009	2010	2011[(1)]
供给和消费量										
生产	779	822	770	770	748	5903	6350	7863	7884	8190
其他资源										
进口	249	142	138	138	54	295	279	200	207	105
出口	14	370	3	3	3	1431	8	2034	2043	2049
国际海运燃料舱										
存货增加				26	-24		-960	-80	41	-228
国内供给	1015	957	905	879	823	4766	6119	6109	6007	6474
转换						310	351	386	17	17
最终消费	937	930	893	879	823	4822	6348	6045	6007	6474
工业部门	19	4	6	7	6	217	1442	1463	280	283
钢铁						19	22	58	26	31
化学和原油						8	13	47	14	16
交通运输设备							1195	1148	11	20
采掘业						37	103	109	137	118
纺织品和皮革产品							9	11	18	16
其他	19	4	6	7	6	153	100	91	18	17
交通运输部门						2408	3068	2625	542	553
国内航空						0.1	0.2			
公路						2355	2755	2353	248	256
铁路						35	217	199	237	243
国内水运						18	76	73	56	54
其他										
其他部门	918	926	887	872	805	1851	1391	1501	5139	5591
住户	916	913	880	858	792					
通讯和公共服务										
农业/林业						901	1014	1251	62	68
其他	2	13	7	14	12	950	377	251	5077	5523

表 9.2.3　能源商品平衡表——印度(2007-2011年)

(续表3)

指　标	重油(万吨)					电力(亿千瓦时)				
	2007	2008	2009	2010	2011[(1)]	2007	2008	2009	2010	2011[(1)]
供给和消费量										
生产	1580	1768	2052	2052	1946	7226	7466	8448	8454	9232
其他资源						905	959	1142	1142	1282
进口	119	164	101		113	52	59	56	56	56
出口	472	612	673	673	790	3	376	1	1	1
国际海运燃料舱		3								
存货增加			-842	590	522					
国内供给	1224	1320	2321	881	747	8180	8109	9646	9652	10569
转换	63	454	457	82	65	455	476	474	524	572
最终消费	1188	2435	2675	881	747	6235	5533	6634	6637	7726
工业部门	294	938	1107	323	304	2654	2095	2375	2250	3465
钢铁	89	232	247						156	299
化学和原油	199	318	376	79	75				230	335
交通运输设备				124	105				15	20
采掘业		100	175	1	5					
纺织品和皮革产品		18	10	9	5				28	24
其他	7	271	299	67	56	2654	2095	2375	1420	2322
交通运输部门	32	236	234	78	37	111	604	605	1796	1496
国内航空										
公路	6	50	78							
铁路		3	14			111	114	172	172	143
国内水运	26	85	99							
其他		99	43	78	37		489	433	1624	1353
其他部门	800	808	797	398	341	3014	3990	4314	3493	4098
住户						1209	1317	1569	1569	1700
通讯和公共服务						61	542	596	652	673
农业/林业		53	105			1042	1096	1175	1075	1337
其他	800	755	692	398	341	702	1035	974	197	388

资料来源：

印度统计和计划执行部中央统计局，《能源统计》，2010-2013 年。

脚注：

数据为财政年度数据（即当年 4 月至下年 3 月）。

(1) 初步数据。

表 9.2.4　能源概况(2000-2013年)——中国

指　标	2000	2005	2006	2007	2008
按部门分类的原油消费量(万吨)					
总计	21232	30086	32245	34032	35498
农、林、牧、渔、水利业					
工业	21052	29959	32082	33868	35333
建筑业	3				
交通运输、仓储和邮政业	175	127	164	164	166
批发、零售业和住宿、餐饮业	0.18				
其他	1.4				
生活消费					
按部门分类的汽油消费量(万吨)					
总计	3505	4855	5243	5519	6146
农、林、牧、渔、水利业	89	160	168	173	160
工业	682	442	499	525	586
建筑业	116	172	181	179	196
交通运输、仓储和邮政业	1528	2430	2592	2613	3090
批发、零售业和住宿、餐饮业	70	129	123	132	135
其他	793	998	1064	1120	1122
生活消费	228	524	616	778	855
按部门分类的电力消费量(亿千瓦时)					
总计	13472	24940	28588	32712	34541
农、林、牧、渔、水利业	533	776	827	879	887
工业	10005	18522	21268	24291	25389
建筑业	160	234	271	309	367
交通运输、仓储和邮政业	281	430	467	532	572
批发、零售业和住宿、餐饮业	419	752	847	930	1017
其他	623	1341	1556	1709	1913
生活消费	1452	2885	3352	4063	4396
电力生产量(亿千瓦时)					
火电	11142	20473	23696	27229	27901
水电	2224	3970	4358	4853	5852
核电	167	531	548	621	684

表 9.2.4　能源概况(2000-2013年)——中国

(续表)

指　标	2009	2010	2011	2012	2013 (1)
按部门消费的原油消费量(万吨)					
总计	38129	42875	43966	46679	
农、林、牧、渔、水利业					
工业	37975	42717	43860	46560	
建筑业					
交通运输、仓储和邮政业	153	158	105	119	
批发、零售业和住宿、餐饮业					
其他					
生活消费					
按部门分类的汽油消费量(万吨)					
总计	6173	6886	7396	8141	
农、林、牧、渔、水利业	168	169	186	193	
工业	671	689	605	581	
建筑业	235	275	283	287	
交通运输、仓储和邮政业	2882	3205	3374	3753	
批发、零售业和住宿、餐饮业	148	168	177	200	
其他	1070	1166	1313	1461	
生活消费	999	1214	1459	1667	
按部门分类的电力消费量(亿千瓦时)					
总计	37032	41935	47001	49763	
农、林、牧、渔、水利业	940	976	1013	1013	
工业	26854	30872	34692	36232	
建筑业	422	483	572	608	
交通运输、仓储和邮政业	617	735	848	915	
批发、零售业和住宿、餐饮业	1137	1292	1503	1691	
其他	2190	2452	2753	3084	
生活消费	4872	5125	5620	6219	
电力生产量(亿千瓦时)					
火电	29828	33319	38337	39592	42359
水电	6156	7222	6989	8634	9116
核电	701	739	864	974	1106

资料来源：

1. 中华人民共和国国家统计局，《中国能源统计年鉴》，2000-2013 年。
2. 中华人民共和国国家统计局，《中华人民共和国 2013 年国民经济和社会发展统计公报》。
3. 中华人民共和国国家统计局，《工业统计年报》，2000-2013 年。

脚注：

(1) 初步数据。

表 9.2.5　能源概况(2009年)——南非

指　标	煤炭	原油	电力	天然气	水电
能源供给量(万亿焦耳)					
a.国内生产量	5900290	6603	865335	92451	15097
b.进口量	4797	1068203	38246	45383	
c.供给总量(a+b)	5905087	1074806	903581	137 834	15097
能源使用量(万亿焦耳)					
a.按行业划分的中间消耗量	2196784	1074806	475522	177998	9895
农业和渔业	679		21029		
商业部门	102451		103798	864	
建筑业			325		
电、气和蒸汽生产	636515		14766	72314	9895
制造业	1405978	1074806	335491	101920	
采矿和采掘业	51161		112		
运输、仓储及通讯业			610		
b.库存增加			0		
c.私人消费总量	204902		142815		
热力、电力等的消费量	204902		142815		
d.出口	1457203	657	48920	0	
e.配送损耗			33646		
f.使用总量(a+b+c+d+e)	3858889	1075463	700903	177998	9895
能源使用流量占比					
总量(%)	100.0	100.0	100.0	100.0	100.0
农业和渔业					
商业部门	3.0	0.0	15.0	0.0	0.0
建筑业					
电、气及蒸汽生产	16.0		2.0	41.0	100.0
制造业	36.0	100.0	48.0	57.0	
采矿和采掘业	1.0	0.0	0.0	2.0	0.0
运输、仓储及通讯业					
国内使用	5.0	0.0	20.0	0.0	0.0
出口	38.0	0.0	7.0	0.0	0.0
库存增加					
进口(%)	0.0	99.0	5.0	25.0	0.0

表 9.2.5　能源概况(2009年)——南非

(续表)

指　标	核能[(1)]	石油产品	可再生品和废物利用	能源供给总量或消费总量
能源供给量(万亿焦耳)		26993	428	6907197
a.国内生产量		9296		1165926
b.进口量		36289	428	8073123
c.供给总量(a+b)				
能源使用量(万亿焦耳)				
a.按行业划分的中间消耗量		29233		3964238
农业和渔业		1247		22956
商业部门		1299		208412
建筑业		721		1046
电、气和蒸汽生产	139702			776217
制造业				1074806
采矿和采掘业		906		55079
运输、仓储及通讯业		25060		25670
b.存货增加				0
c.私人消费总量		835	190	348742
热力、电力等的消费量		2658		350375
d.出口		3505		1510285
e.配送损耗				33646
f.使用总量(a+b+c+d+e)	139702	36231	428	25517717
能源使用流量占比				
总量(%)	100.0	100.0	100.0	
农业和渔业		3.0		
商业部门		4.0		
建筑业		9.0		
电、气及蒸汽生产	100.0		56.0	
制造业				
采矿和采掘业		3.0		
运输、仓储及通讯业		69.0	44.0	
国内使用		2.0		
出口		10.0		
存货增加				
进口(%)		26.0		

资料来源：

南非能源局，2009 年。

脚注：

(1) 核能数据指的是核电厂发电量。

图 9.1（a）　一次能源生产总量（2009-2012 年）

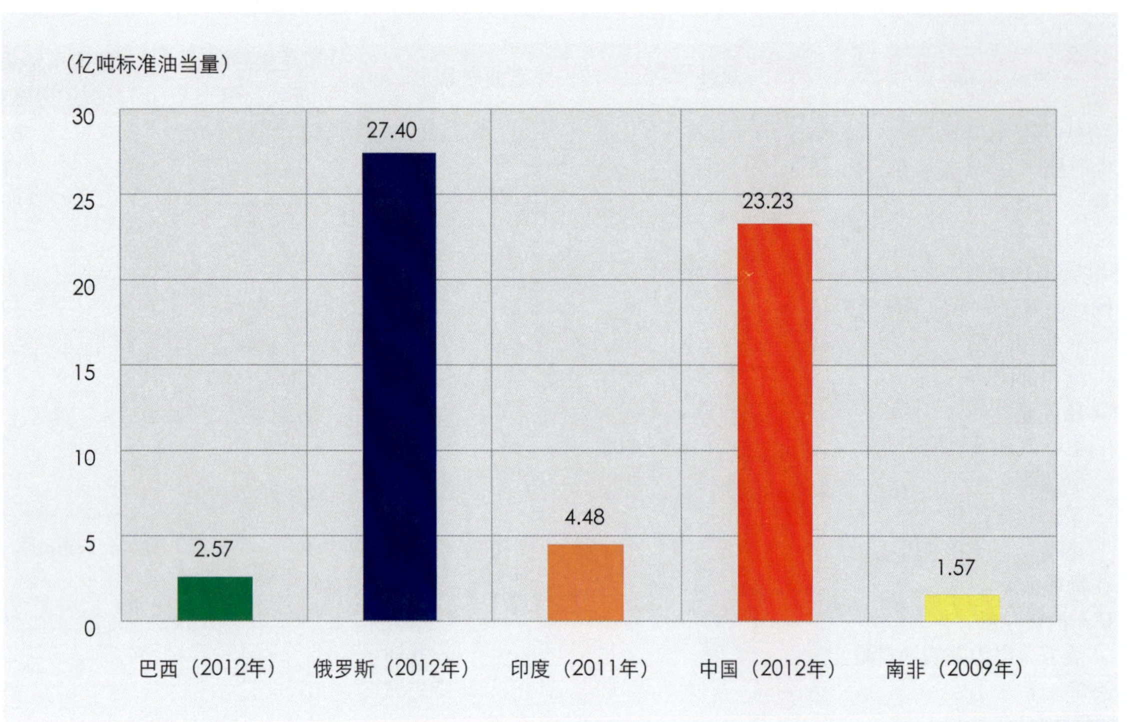

资料来源：2014 年《金砖国家联合统计手册》第 9 章概况表。

图 9.1（b）　一次能源消费总量（2009-2012 年）

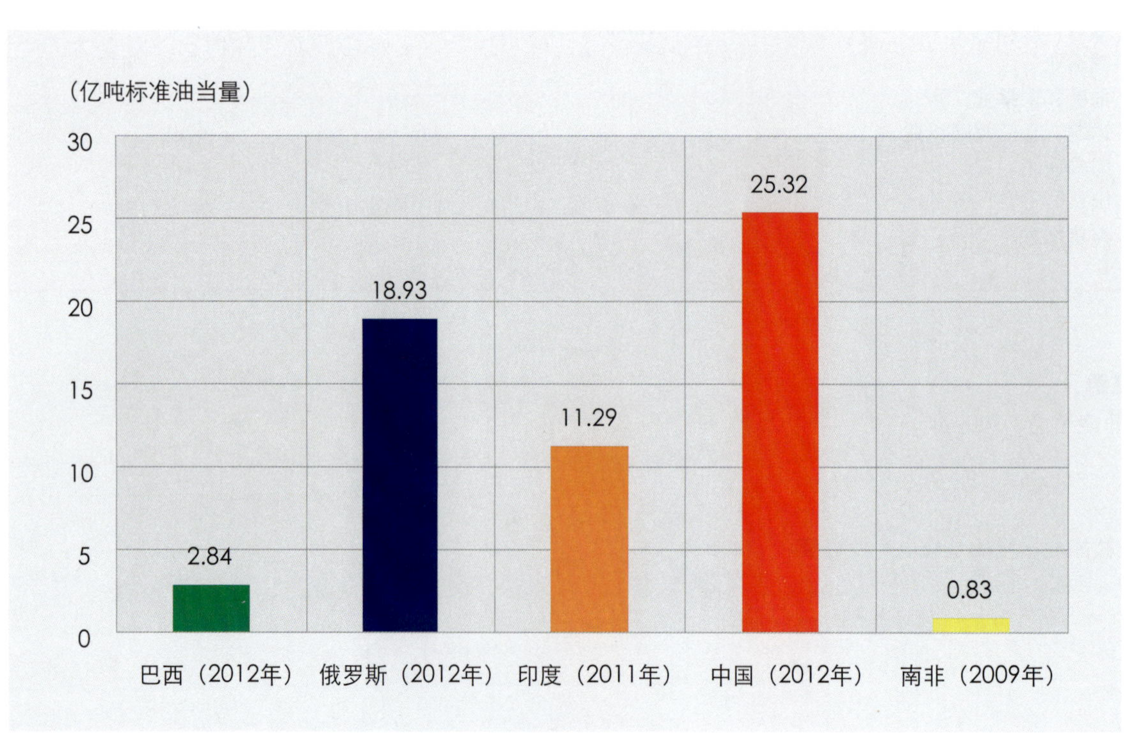

资料来源：2014 年《金砖国家联合统计手册》第 9 章概况表。

主要统计指标解释

国家解释

巴西

原油消费量 炼油厂原油投入量。

汽油消费量 仅指车用汽油，不包括乙醇和生物柴油。

电力消费量 不包括能源部门的能源消费量和损耗。

从火电生产的能源产量包括从石油产品、天然气、工业煤气、煤和生物质能获得的能源。

一次能源生产总量 包括不合格的和未使用的天然气。

电力 包括水电、核电和风电。

出口 包括国际燃料舱能源。

平衡差 仅包括不合格的和未使用的天然气，是从本表中其它数据计算得出的。

人均能源消费量 = 总消费量 / 人口数

能源总消费量 包括部门最终能源消费量和转换、分配和存储过程中的损耗以及能源部门最终消费量。

俄罗斯

计算标准燃料（常规燃料）当量热值的方法：将天然燃料（如油、煤、气和石油产品等）的实际热值折算成煤当量值，继而折算成标准燃料当量值。

印度

一次能源生产总量 一次能源不包括火电。

人均电力消费量 =（总发电量 + 净进口量）/ 年中人口数。

中国

一次能源生产总量 是指一定时期内，全国一次能源生产量的总和。该指标是观察全国能源生产水平、规模、构成和发展速度的总量指标。一次能源生产量包括原煤、原油、天然气、水电、核能及其他动力能（如风能、地热能等）发电量，不包括低热值燃料生产量、生物质能、太阳能等的利用和由一次能源加工转换而成的二次能源产量。

能源消费总量 是指一定时期内，全国各行业和居民生活消费的各种能源的总和。该指标是观察能源消费水平、构成和增长速度的总量指标。能源消费总量包括原煤和原油及其制品、天然气、电力，不包括低热值燃料、生物质能和太阳能等的利用。能源消费总量分为终端能源消费量、能源加工转换损失量和能源损失量三部分。

农业、林业、牧业和渔业

10

表 10.1 农业、林业、牧业和渔业概况(2000-2013年)

指　　标	2000	2005	2006	2007	2008	2009	2010	2011	2012	2013
耕地面积(万公顷)										
巴西[1]	5000	6300	6100	6200	6500	6400	6500	6700	6900	[2]6780
俄罗斯[3]	12440	12180	12160	12160	12160	12160	12140	12140	12150	
印度[4]	15600	15500	15500	15600	15600	15500	15600			
中国[5]	13004	13004	13004	13004	12172	13540				
南非								1203		
谷物产量(万吨)										
巴西[6]	4500	5300	5700	6700	7700	6800	7300	7500	8700	9800
俄罗斯	6540	7780	7820	8150	10820	9710	6100	9420	7090	9240
印度[4]	18600	19500	20300	21600	22000	20300	22600	24200	23900	[7]24300
中国	40522	42776	45099	45632	47847	48156	49637	51939	53935	55269
南非[8]	1384		906	943	1528	1450	1464	1283	1443	1390
肉类产量(万吨)										
巴西[9]	1033	1637	1735	1852	1947	1953	2075	2158	2204	[2]2363
俄罗斯[10]	445	499	528	579	627	672	717	752	809	[11]854
印度[12][13]	185	231	230	401	428	457	487	551		
中国	6014	6939	7089	6866	7279	7650	7926	7965	8387	8535
南非[14]	155		210	217	224	231	246	244	248	256
鱼类捕获量(万吨)										
巴西[15]	67	75	78	78	79	83	79			
俄罗斯	378	321	326	342	333	373				
印度[12]	566	657	687	713	762	800	823	867		
中国	938	907	924	920	951	957	987	1022	1162	1173
南非										

资料来源：

巴西

1. 巴西国家地理与统计局，《市政农业生产调查》和《季度性畜屠宰调查》。
2. 2008 至 2010 年渔业数据来自巴西渔业和水产养殖部。
3. 2000 至 2007 年渔业数据来自巴西环境与可再生资源管理局。

俄罗斯

1. 俄罗斯联邦统计局。
2. 俄罗斯联邦登记、地籍和制图局。

印度

1. 印度农业部经济和统计处，“地区农业单产统计数据库”、《土地利用统计数据一览》和《统计快报》。
2. 印度农业部，《畜牧业乳业和渔业司年报》(2004 财年和 2012 财年)。

中国

1. 中华人民共和国国家统计局，《中国统计年鉴》,2000-2013 年。
2. 中华人民共和国国家统计局，《中华人民共和国 2013 年国民经济和社会发展统计公报》。
3. 中华人民共和国国土资源部，《中国国土资源公报》，2013 年。

南非

1. 南非国家统计局。
2. 南非国家农业、林业和渔业局。

脚注：

巴西

(1) 收获面积。

(2) 初步数据。

(6) 指主要谷物（玉米、稻谷和小麦）。

(9) 指主要肉类（牛肉、鸡肉和猪肉）。

(15) 渔业数据仅指海洋和陆地捕获的鱼类。

俄罗斯

(3) 数据由俄罗斯联邦登记、地籍和制图局生产和发布。为年末数据。

(10) 畜禽屠宰量。

(11) 初步数据。

印度

(4) 此处的年度数据为农业年度数据，一个农业年度指从当年 7 月至下年 6 月。

(7) 数据来自第二次预估数。

(12) 指财政年度数据，即从当年 4 月至下年 3 月。

(13) 2007 财年后的数据来自商业性家禽养殖场的肉产量。

中国

(5) 2000-2007 年耕地面积数据来自 1996 年第一次全国农业普查“土地利用调查主要数据公报”。2008 年为土地变更调查数据。2009 年数据来自《关于第二次全国土地调查主要数据成果的公报》（国务院第二次全国土地调查领导小组办公室 2013 年 12 月 30 日发布）。

南非

(8) 主要谷物（玉米、小麦、大麦和高粱）。

(14) 主要肉类（牛肉及小牛肉、绵羊肉、山羊肉和禽肉）。

表 10.2.1　农业、林业、牧业和渔业——巴西(2000-2013年)

指　　标	2000	2006	2007	2008	2009	2010	2011	2012	2013[1]
农作物收获面积(万公顷)									
总计	**5020**	**6130**	**6170**	**6460**	**6450**	**6530**	**6730**	**6735**	**6780**
按品种划分的主要农产品收获面积占比(%)									
大豆	27.2	35.9	33.3	32.9	33.7	35.7	35.6	37.1	41.1
玉米	23.7	20.6	22.3	22.4	21.2	19.8	19.6	21.1	22.6
甘蔗	9.6	10.4	11.5	12.6	13.2	14.0	14.3	14.4	14.5
豆类	8.6	6.6	6.1	5.9	6.4	5.6	5.5	4.0	4.2
稻谷	7.3	4.8	4.7	4.4	4.5	4.3	4.1	3.6	3.5
咖啡	2.3	2.5	3.0	3.7	3.8	3.3	3.2	3.1	3.0
小麦	4.5	3.8	3.7	3.4	3.3	3.3	3.2	2.8	3.3
木薯	3.4	3.1	3.1	2.9	2.7	2.8	2.6	2.5	2.2
棉花	1.6	1.5	1.8	1.6	1.3	1.3	2.0	2.1	1.4
桔子	1.1	1.2	1.1	1.3	1.2	1.3	1.2	1.1	1.0
腰果	1.7	1.3	1.3	1.3	1.2	1.2	1.1	1.1	
高粱	1.3	1.2	1.2	1.2	1.2	1.0	1.1	1.0	1.2
可可	1.4	1.1	1.0	1.0	1.0	1.0	1.0	1.0	1.0
香蕉	1.0	0.8	0.8	0.8	0.7	0.8	0.7	0.7	
烟草	0.6	0.8	0.7	0.7	0.7	0.7	0.7	0.6	
椰子	0.5	0.5	0.5	0.4	0.4	0.4	0.4	0.4	
燕麦	0.4	0.5	0.5	0.4	0.4	0.3	0.2	0.3	0.3
剑麻	0.4	0.2	0.3	0.2	0.2	0.4	0.4	0.4	
蓖麻籽	0.3	0.2	0.2	0.2	0.2	0.2	0.3	0.1	0.1
主要农产品产量(万吨)									
大豆	3282	5247	5786	5983	5735	6876	7482	6585	8170
玉米	3232	4266	5211	5893	5075	5540	5566	7107	8074
甘蔗	32612	47741	54971	64530	67216	71746	73401	72108	73820
豆类	306	346	317	346	349	316	344	279	294
稻谷	1114	1153	1106	1206	1265	1124	1348	1155	1176
咖啡	381	257	225	280	244	291	270	304	292
小麦	173	249	411	603	506	617	569	442	571
木薯	2304	2664	2654	2670	2440	2452	2535	2304	2120
棉花	201	290	411	398	290	295	507	497	340
桔子	1706	1803	1869	1854	1762	1810	1981	1801	1631
主要农产品单产(公斤/公顷)									
大豆	2403	2380	2813	2816	2637	2947	3121	2637	2932
玉米	2718	3382	3785	4080	3715	4367	4210	5006	5257
甘蔗	67878	75118	77632	79274	78860	79044	76448	74297	75102
豆类	705	857	837	915	850	923	935	1032	1037
稻谷	3038	3880	3826	4231	4405	4127	4895	4786	5006
咖啡	1679	1113	993	1259	1143	1346	1256	1433	1432
小麦	1516	1593	2220	2550	2080	2829	2660	2310	2585
木薯	13482	14046	14010	14137	13861	13720	14622	13612	13909
棉花	2504	3228	3653	3744	3570	3555	3608	3596	3625
桔子	19925	22375	22752	22159	22380	23331	24239	24689	22996

表 10.2.1 农业、林业、牧业和渔业——巴西(2000-2013年)

(续表)

指　标	2000	2006	2007	2008	2009	2010	2011	2012	2013[1]
水果产量(万吨)[2]	**3510**	**4170**	**4280**	**4254**	**4141**	**4240**	**4537**	**4257**	
牲畜存栏数(万头，万只)									
牛	16988	20589	19975	20231	20531	20954	21282	21128	
鸡	65925	81989	93004	99099	102122	102815	105199	103204	
蛋鸡	18350	19162	19762	20771	20887	21076	21622	21323	
绵羊	1479	1602	1624	1663	1681	1738	1767	1679	
猪	3156	3517	3595	3682	3805	3996	3931	3880	
肉类产量(万吨)									
牛肉	390	689	705	662	666	698	678	735	817
鸡肉	508	816	899	1022	994	1069	1142	1153	1235
猪肉	134	230	248	264	293	308	337	315	312
奶类产量(万吨)[3]									
牛奶	1919	2466	2538	2678	2824	2982	3116	3136	

资料来源：

巴西国家地理与统计局，《市政农业生产调查》、《市政养牛调查》、《季度牲畜屠宰调查》和《植物萃取和森林调查》，2000-2013 年。

脚注：

(1) 初步数据。

(2) 水果产量包括以下水果：桔子、香蕉、葡萄、菠萝、木瓜、西瓜、苹果、椰子、百香果、芒果、柑橘、柠檬、甜瓜、番石榴、桃子、柿子、鳄梨、腰果、无花果、梨、坚果和榅桲。

(3) 1 公斤奶相当于 1.03 升奶。

表 10.2.2 农业、林业、牧业和渔业——俄罗斯(2000-2013年)

指　　标	2000	2006	2007	2008	2009	2010	2011	2012	2013
农业生产指数及其分项指数[1]	**106.2**	**103.0**	**103.3**	**110.8**	**101.4**	**88.7**	**123.0**	**95.2**	**106.2[2]**
所有农作物(农场)生产指数	110.9	100.3	102.3	118.0	98.6	76.2	146.9	88.3	112.3[2]
所有畜牧业(农场)生产指数	101.1	105.6	104.3	103.0	104.6	100.9	102.3	102.8	100.5[2]
农作物播种面积或收获面积(万公顷)[3]	**8470**	**7530**	**7480**	**7690**	**7780**	**7520**	**7670**	**7630**	**7810**
主要农作物种植面积占比(%)									
谷物和豆类	53.9	57.4	59.2	60.8	61.1	57.5	56.8	58.2	58.7
小麦	27.4	31.3	32.6	34.6	36.9	35.4	33.3	32.3	32.1
薯类	0.2	0.1	0.1	0.1	0.1	0.1	0.1	0.1	0.1
油料作物	6.5	10.2	9.3	10.1	10.3	12.8	13.6	13.2	14.2
油菜籽	0.3	0.7	0.9	0.9	0.9	1.1	1.2	1.6	1.7
葵花籽	5.5	8.2	7.1	8.0	8.0	9.5	9.9	8.6	9.3
大豆	0.5	1.1	1.0	1.0	1.1	1.6	1.6	1.9	2.0
纤维作物	0.1	0.1	0.1	0.1	0.1	0.1	0.1	0.1	0.1
甜菜	1.0	1.3	1.4	1.1	1.1	1.5	1.7	1.5	1.2
马铃薯	3.3	2.8	2.8	2.8	2.8	2.9	2.9	2.9	2.7
其他蔬菜	0.9	0.8	0.8	0.8	0.8	0.9	0.9	0.9	0.9
饲料	34.1	27.1	26.1	24.1	23.5	24.0	23.7	23.0	22.1
主要农产品产量(万吨)									
谷物和豆类									
总计	6542	7823	8147	10818	9711	6096	9421	7091	9239
小麦	3446	4493	4937	6377	6174	4151	5624	3772	5209
坚果	0.8	0.5	0.7	0.8	1.0	0.9	1.0	1.1	1.3
油料作物	447	822	704	897	819	746	1312	1131	1415
油菜籽	15	52	63	75	67	67	106	104	139
葵花籽	392	674	567	735	645	535	970	799	1055
大豆	34	81	65	75	94	122	176	181	164
马铃薯	2947	2826	2720	2885	3113	2114	3268	2953	3020
甜菜	1405	3067	2884	2900	2489	2226	4764	4506	3932
其他蔬菜	1082	1137	1151	1296	1340	1213	1470	1463	1469
烟草	0.14								
水果[4]	296	217	281	266	306	246	292	292	337

表 10.2.2 农业、林业、牧业和渔业——俄罗斯(2000-2013年)

(续表)

指标	2000	2006	2007	2008	2009	2010	2011	2012	2013
主要农产品单产(公斤/公顷)									
谷物和豆类									
总计	1560	1890	1980	2380	2270	1830	2240	1830	2200
小麦	1610	1950	2100	2450	2320	1910	2260	1770	2230
坚果[5]	800	660	910	1220	1490	1470	1550	2030	2340
油料作物	890	1120	1100	1200	1150	990	1330	1220	1430
油菜籽	860	1160	1180	1200	1200	1100	1260	1060	1250
葵花籽	900	1140	1130	1230	1150	960	1340	1300	1550
大豆	1010	990	920	1050	1190	1180	1480	1310	1360
马铃薯	10470	13330	13200	13750	14270	10020	14840	13440	14460
甜菜	18830	32540	29200	36240	32320	24070	39170	40890	44210
其他蔬菜	14330	17260	17880	19620	19920	18030	20810	21090	21390
烟草	750	660	3020	2450	2800	1070	1290	3000	
水果[4][5]	4280	4395	5840	5510	6380	5195	6200	6840	7970
主要种类水果产量(万吨)									
幼苗	152	99	134	118	151	104	126	147	165
核果	47	22	42	48	50	43	50	47	52
亚热带水果	0.07	0.22	0.16	0.18	0.19	0.23	0.21	0.09	0.12
柑橘类水果	0.02	0.01	0.01	0.01	0.01	0.01	0.01	0.01	0.01
矮生浆果	70	72	74	73	75	67	75	71	77
葡萄	28	23	32	27	30	32	41	27	44
牲畜数量(按品种划分,年末数)									
黄牛(万头)	2752	2156	2155	2104	2067	1997	2013	1998	1951[2]
水牛(万头)	1582	1619	1634	1616	1723	1722	1726	1882	1919[2]
肉羊和山羊(万头)	1496	2019	2150	2177	2199	2182	2286	2418	2385[2]
肉类产量(万吨)[6]	445	528	579	627	672	717	752	809	854[2]
奶类产量(万吨)	3226	3134	3199	3236	3257	3185	3165	3183	3066[2]
牛奶	3200	3119	3192	3212	3233	3159	3139	3158	
禽蛋(亿枚)	341	382	382	381	394	406	411	420	413[2]
鱼类捕获量(万吨)	378	326	342	333	373				
农用拖拉机拥有量(年末数)(万台)[7]	75	44	41	36	33	31	29	28	
农用收割机拥有量(年末数)(万台)[8]	29	16	15	13	12	11	10	10	
化肥施用量(公斤/公顷)[9]	19	27	32	36	36	38	39	38	38
圆木砍伐量(万立方米)	9480	11800	13400	10800	9710	11800	12300	12000	11400
水果和蔬菜总产量(万吨)	1410	1350	1430	1560	1650	1460	1760	1750	1810

资料来源:

俄罗斯联邦统计局。

脚注:

(1) 上年 =100。
(2) 初步数据。
(3) 总播种面积。
(4) 水果(不包括坚果)、浆果和葡萄。
(5) 2012 年之前的农产品单产按到达结果年龄的果树每公顷产量计算;2012 和 2013 年数据为每公顷收获面积产量。
(6) 用于屠宰的牲畜和禽类。
(7) 农业组织可用的拖拉机(不包括带有挖掘功能的拖拉机、改良后的拖拉机以及类似机器),2008 年以后的数据不包括微型企业的拖拉机。
(8) 可用的收割机和甜菜收割机(不含植物顶部收割机),2008 年以后的数据不包括微型企业的收割机。
(9) 指农业组织每公顷农作物所施用的矿物肥料,2008 年以后的数据不包括微型企业施用的矿物肥料。

表 10.2.3　农业、林业、牧业和渔业——印度(2000-2013年)

指　　标	2000	2003	2006	2007	2008	2009	2010	2011	2012	2013(1)
主要农作物生产指数(上年=100)(2)(3)	**97.6**		**101.7**	**102.5**	**93.6**	**98.7**	**116.1**	**105.1**	**96.3**	
谷物	97.9		113.6	106.4	101.8	92.5	111.2	107.1	97.8	
粮食	97.3		60.8	106.2	101.6	93.0	112.1	106.1	98.5	
非粮食	98.4		114.3	100.9	90.0	101.5	117.9	104.7	95.3	
水果和蔬菜	100.5		126.4	113.8	101.8	103.9	107.9	105.1	104.6	
主要农作物种植面积结构(3)										
播种总面积(万公顷)	18530		19240	19520	19530	18900	19900			
谷物(%)	54.3		52.2	51.5	51.6	51.9	50.4			
稻谷	24.1		22.8	22.5	23.3	22.2	21.5			
小麦	13.9		14.5	14.4	14.2	15.1	14.6			
玉米	3.6		4.1	4.2	4.2	4.4	4.3			
大豆(%)	3.5		4.3	4.6	4.9	5.2	4.8			
油料作物(%)	12.6		13.8	13.7	14.1	13.7	13.7			
花生	3.6		2.9	3.2	3.2	2.9	2.9			
油菜籽	2.4		3.5	3.0	3.2	3.0	3.5			
芝麻	0.9		0.9	0.9	0.9	1.0	1.0			
棉花(%)	4.6		4.7	4.8	4.8	5.4	5.6			
其他纤维作物(%)	0.5		0.5	0.5	0.5	0.5	0.4			
甘蔗(%)	2.3		2.7	2.6	2.3	2.2	2.5			
甘薯(%)	0.1		0.1	0.1	0.1	0.1	0.1			
烟草(%)	0.2		0.2	0.2	0.2	0.2	0.2			
茶(%)	0.3		0.3	0.3	0.3	0.3	0.3			
蔬菜(%)	3.4		3.9	4.0	4.1	4.2	4.5			
水果(%)	2.1		2.9	3.0	3.1	3.3	3.4			
主要农产品产量(3)										
谷类(万吨)	18574		20309	21601	21990	20345	22625	24223	23879	24343
棉花(万包)	952		2263	2588	2228	2402	3300	3520	3422	3560
花生(万吨)	641		486	918	717	543	827	696	470	914
油菜籽(万吨)	419		744	583	720	661	818	660	803	825
芝麻(万吨)	52		62	76	64	59	89	81	69	67
马铃薯(万吨)	2214		2218	3466	3439	3658	4234	4148	4534	
甘蔗(万吨)	29596		35552	34819	28503	29230	34238	36104	34120	34592
烟草(万吨)	49		47	44	57	69	88	82		

表 10.2.3　农业、林业、牧业和渔业——印度(2000-2013年)

（续表）

指　标	2000	2003	2006	2007	2008	2009	2010	2011	2012	2013[1]
主要农作物单产(公斤/公顷)[3]										
谷类	1840		2020	2150	2180	2080	2260	2420	2450	
棉花	190		420	470	400	400	500	490	490	
花生	980		870	1460	1160	990	1410	1320	1000	
油菜籽	940		1100	1000	1140	1180	1190	1120	1260	
芝麻	300		360	420	350	300	430	430	400	
马铃薯	18280		14900	19300	18800	19900	22700	21800	22800	
甘蔗	68580		69020	68880	64550	70020	70090	71670	68250	
烟草	1700		1410	1420	1460	1560	1790	1770		
畜禽渔产品产量[4]										
肉类产量(万吨)[5]	190		230	401	428	457	487	551		
奶类产量(万吨)[6]	7965		9935	10793	11218	11643	12185	12790		
牛奶(万吨)	3296		4115	4682	4981	5220	5490	5777		
禽蛋产量(亿枚)[7]	366		507	536	556	602	630	665		
鱼类产量(万吨)	566		687	713	762	800	823	867		
化肥施用量[3]										
总量(N+P+K)(万吨)	1670		2165	2257	2491	2649	2812	2774	2554	
氮肥(N))(万吨)	1092		1377	1442	1509	1558	1656	1730	1682	
磷肥(P)(万吨)	422		554	552	651	727	805	791	665	
钾肥(K)(万吨)	157		234	264	331	363	351	253	206	
每公顷(公斤)	90		112	117	129	140	146	144	128	
牲畜存栏数[8]										
牛(万头)		18518		19908						
水牛(万头)		9792		10534						
绵羊和山羊(万头)		18583		21210						
牲畜(万头)		48500		52970						
家禽(万只)		48901		64883						

资料来源：

1. 印度农业部经济和统计处出版物：《2013年农业统计数据一览》、《农业统计口袋书》、《土地利用统计数据一览》、“面积、产量和单产统计数据库”和《统计快报》。
2. 印度农业部，《畜牧业乳业和渔业司年报》(2004、2009和2012财年)。
3. 印度农业部，“印度园艺数据库”。

脚注：

(1) 2013年数据为第二次预估数。

(2) 上年=100。

(3) 此处的年度数据为农业年度数据，一个农业年度指从当年7月至下年6月。

(4) 畜禽渔产品数据按财政年度统计，即当年4月至下年3月。

(5) 自2007财年起包括了商业性家禽养殖场的肉产量。

(6) 奶类包括奶牛、水牛和羊所产的奶。

(7) 禽蛋包括鸡蛋和鸭蛋。

(8) 牲畜存栏数是从每五年一次的“牲畜普查”中得到的。2003和2007年的两次普查数据已经纳入进来，参考日期为10月15日。

表 10.2.4　农业、林业、牧业和渔业——中国(2000-2013年)

指　　标	2000	2006	2007	2008	2009	2010	2011	2012	2013
农业生产指数及其分类(上年=100)(1)									
总指数	103.6	105.4	103.9	105.7	104.6	104.4	104.5	104.9	104.0
种植业	101.4	105.4	104.0	104.8	103.8	104.1	105.6	104.4	104.4
林业	105.4	105.6	106.9	108.1	107.1	106.5	107.6	106.7	107.3
畜牧业	106.3	105.0	102.3	106.8	105.8	104.1	101.7	105.2	102.0
渔业	106.5	106.0	104.8	106.0	105.8	105.5	104.5	105.1	105.2
农作物播种面积或收获面积(万公顷)									
总计	15630	15215	15346	15627	15861	16067	16228	16368	16463
按品种划分的农作物播种面积或收获面积占比(%)									
稻谷	19.2	19.0	18.8	18.7	18.7	18.6	18.5	18.4	18.4
小麦	17.1	15.5	15.5	15.1	15.3	15.1	15.0	14.9	14.6
玉米	14.8	18.7	19.2	19.1	19.7	20.2	20.7	21.4	22.1
大豆	6.0	6.1	5.7	5.8	5.8	5.3	4.9	4.4	4.1
薯类	6.7	5.2	5.3	5.4	5.4	5.4	5.5	5.4	5.4
油料	9.9	7.7	7.4	8.2	8.6	8.6	8.5	8.5	8.5
花生	3.1	2.6	2.6	2.7	2.8	2.8	2.8	2.9	2.8
油菜籽	4.8	3.9	3.7	4.2	4.6	4.6	4.5	8.5	8.5
芝麻	0.5	0.4	0.3	0.3	0.3	0.3	0.3	0.3	0.3
棉花	2.6	3.8	3.9	3.7	3.1	3.0	3.1	2.9	2.6
麻类	0.2	0.2	0.2	0.1	0.1	0.1	0.1	0.1	0.1
糖料	1.0	1.0	1.2	1.3	1.2	1.2	1.2	1.2	1.2
甘蔗	0.8	0.9	1.0	1.1	1.1	1.0	1.1	1.1	1.1
甜菜	0.2	0.1	0.1	0.2	0.1	0.1	0.1	0.1	0.1
烟草	0.9	0.8	0.8	0.8	0.9	0.8	0.9	1.0	1.0
蔬菜	9.7	10.9	11.3	11.4	11.6	11.8	12.1	12.5	12.7
其他	12.1	11.0	10.9	10.2	9.6	9.7	9.6	9.3	9.2
主要农产品产量(万吨)									
谷类	40522	45099	45632	47847	48156	49637	51939	53935	55269
棉花	442	753	762	749	638	596	659	684	630
花生	1444	1289	1303	1429	1471	1564	1605	1669	1697
油菜籽	1138	1097	1057	1210	1366	1308	1343	1401	1446
芝麻	81	66	56	59	62	59	61	64	62
马铃薯	1326	1290	1296	1416	1465	1631	1766	1855	1919
甘蔗	6828	9709	11295	12415	11559	11079	11443	12311	12820
甜菜	807	751	893	1004	718	930	1073	1174	926
烟草	255	246	240	284	307	300	313	341	337
茶	68	103	117	126	136	148	162	179	192
水果	12436	17102	18136	19220	20396	21401	22768	24057	25093
前五种水果的面积(万公顷)									
柑桔	127	181	194	203	216	221	229	231	242
苹果	225	190	196	199	205	214	218	223	227
梨	101	109	107	107	107	106	109	109	111
葡萄	28	42	44	45	49	55	60	67	71
香蕉	25	29	31	32	34	36	39	39	39

表 10.2.4 农业、林业、牧业和渔业——中国(2000-2013年)

(续表)

指 标	2000	2006	2007	2008	2009	2010	2011	2012	2013
前五种水果的产量(万吨)									
苹果	2043	2606	2786	2985	3168	3326	3598	3849	3968
柑桔	878	1790	2058	2331	2521	2645	2944	3168	3321
梨	841	1199	1290	1354	1426	1506	1579	1707	1730
香蕉	494	690	780	783	883	956	1040	1156	1208
葡萄	328	627	670	715	794	855	907	1054	1155
前三种香料的产量(万吨)									
花椒		16	19	25	26	25	24	19	26
八角		9	10	10	11	12	12	14	14
桂皮		9	9	7	6	8			
主要农产品单产(公斤/公顷)									
谷物	4753	5310	5320	5548	5447	5524	5707	5824	5894
棉花	1093	1295	1286	1302	1289	1229	1308	1458	1449
花生	2973	3258	3302	3365	3361	3455	3502	3598	3663
油菜籽	1519	1833	1874	1835	1877	1775	1827	1885	1923
芝麻	1034	1173	1147	1243	1307	1312	1385	1463	1490
马铃薯	2806	3063	2925	3036	2883	3133	3256	3354	3554
甘蔗	57626	70450	71228	71210	68093	65700	66485	68600	70576
甜菜	24518	39767	41360	40754	38536	42498	47361	49793	50922
烟草	1776	2066	2058	2140	2203	2234	2143	2134	2079
年末牲畜存栏数(万头)									
猪	41634	41850	43989	46291	46996	46460	46863	47592	47411
黄牛和水牛	12353	10465	10595	10576	10727	10626	10360	10343	10385
绵羊和山羊	27948	28370	28565	28085	28452	28088	28236	28504	29036
肉类产量(万吨)	**6014**	**7089**	**6866**	**7279**	**7650**	**7926**	**7965**	**8387**	**8535**
奶类产量(万吨)	**919**	**3302**	**3633**	**3732**	**3678**	**3748**	**3811**	**3875**	**3650**
牛奶	827	3193	3525	3556	3519	3576	3658	3744	3531
禽蛋产量(万吨)	**2182**	**2424**	**2529**	**2702**	**2742**	**2763**	**2811**	**2861**	**2876**
鱼类捕获量(万吨)		**924**	**920**	**951**	**957**	**987**	**1022**	**1162**	**1173**
农用拖拉机和收割-脱粒机年底拥有量(万台)(2)	**1388**	**1796**	**1889**	**2096**	**2188**	**2277**	**2363**	**2450**	
化肥施用量(公斤/公顷)	**265**	**324**	**333**	**335**	**341**	**346**	**351**	**357**	**357**

资料来源:

1. 中华人民共和国国家统计局,《中国农村统计年鉴》,2000-2013 年。
2. 中华人民共和国国家统计局,《中国统计年鉴》,2000-2013 年。
3. 中华人民共和国国家统计局,《中华人民共和国 2013 年国民经济和社会发展统计公报》。

脚注:

(1) 2003 年以前的农业生产指数以 1990 年不变价格计算;2003 年起执行新国民经济行业分类标准,总产值包括农林牧渔服务业产值。

(2) 农用拖拉机和收割 - 脱粒机年底拥有量包括大中型拖拉、小型拖拉机和联合收获机,未包括脱粒机。

表 10.2.5　农业、林业、牧业和渔业——南非(2000-2013年)[1]

指　标	2000	2006	2007	2008	2009	2010	2011	2012	2013
农业生产指数(%)									
谷物		100.1	99.8	100.1	100.2	100.0			
林产品		99.7	100.3	99.9	99.8	100.0			
畜产品		100.2	99.9	100.0	100.1	100.0			
主要农产品产量(万吨)									
谷物									
玉米	1100	662	713	1270	1205	1282	1036	1212	1169
小麦	235	211	191	213	196	143	201	187	180
大麦	14	24	22	19	22	19	31	30	26
高粱	35	10	18	26	28	20	16	14	15
葵花籽	53	52	30	87	80	49	86	52	56
大豆	15	42	21	28	52	57	71	65	78
棉花	7.0	3.9	2.9	2.6	2.3	2.1	4.6	3.2	1.4
花生	11.4	7.4	5.8	8.9	10.0	8.8	6.4	5.9	4.2
干豆	7.2	6.7	4.0	5.9	6.7	5.2	4.2	4.8	6.0
甘蔗	2122	2105	2028	1972	1926	1866	1602	1680	1728
烟草	3.0	1.5	1.3	0.9	1.0	1.2	1.5	1.7	1.6
水果(果园产)									
香蕉	38	34	35	39	37	40	39	39	42
苹果	60	63	71	78	82	72	78	80	92
柑橘	171	209	217	228	215	215	234	234	243
梨	30	32	34	34	34	37	35	34	37
葡萄	21	30	26	27	30	27	35	27	25
菠萝	16.8	16.4	14.6	12.5	12.3	9.4	10.9	9.9	9.7
主要农产品单产(公斤/公顷)									
谷物									
玉米	3210	4140	2790	4540	4960	4670	4370	4490	4200
小麦	2510	2750	3010	2850	3050	2560	3320	3660	3550
大麦	1830	2630	3030	2810	2890	2350	3890	3510	3240
高粱	2480	2580	2550	2940	3230	2270	2240	2790	2410
葵花籽	1340	1100	950	1550	1550	1260	1230	1340	1150
大豆	1640	1760	1120	1700	2170	1820	1700	1380	1520
棉花	1368	2180	2825	2927	3245	4085	3563	3514	2112
花生	1370	1520	1420	1640	1820	1530	1170	1300	900
干豆	1000	1230	780	1350	1530	1180	1000	1200	1380
马铃薯	1967	1857	1917		1867	2090			
甘蔗	50291	49187	48281	46629	49499	48835	42598	45776	46446
烟草	1904	2483	2133	2676	2639	3075	2777	3207	

表 10.2.5　农业、林业、牧业和渔业——南非(2000-2013年)[1]

(续表)

指　标	2000	2006	2007	2008	2009	2010	2011	2012	2013
肉类产量(万吨)									
牛肉和小牛肉	58	80	79	77	77	85	83	84	84
羊肉	10	11	14	13	14	13	12	13	13
山羊肉	0.7	0.9	0.9	0.9	0.9	0.9	0.9	0.9	0.9
禽肉	87	118	122	133	139	147	148	149	157
奶类产量(万吨)									
牛奶	269	304	307	314	310	323	313	337	325
禽蛋(万吨)	**33**	**41**	**44**	**47**	**45**	**47**	**51**	**53**	**53**

资料来源：

1. 南非国家统计局。
2. 南非农业、林业和渔业局。

脚注：

(1) 指商业性农业数据。

图 10.1　谷物产量（2000-2013 年）

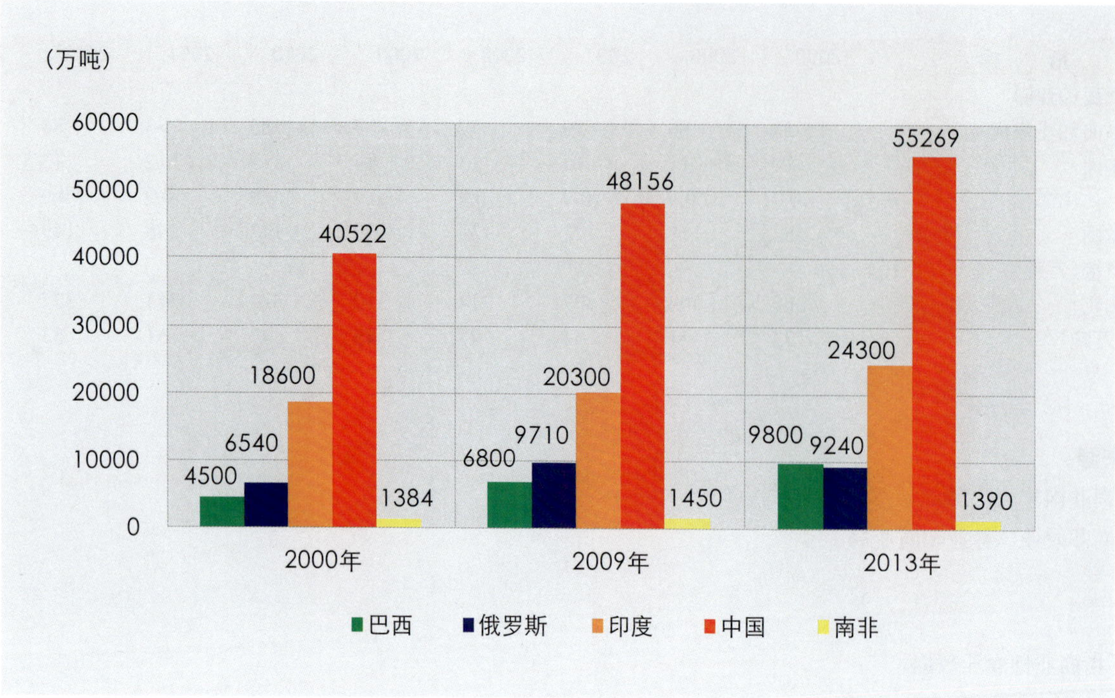

（万吨）

	巴西	俄罗斯	印度	中国	南非
2000年	4500	6540	18600	40522	1384
2009年	6800	9710	20300	48156	1450
2013年	9800	9240	24300	55269	1390

资料来源：2014 年《金砖国家联合统计手册》第 10 章概况表。

主要统计指标解释

通用解释

耕种面积 包括播种和处于休耕期的耕地面积。

单产 为产量与播种面积的比值。

国家解释

巴西

水果产量 包括以下水果桔子、香蕉、葡萄、菠萝、木瓜、西瓜、苹果、椰子、百香果、芒果、柑橘、柠檬、甜瓜、番石榴、桃子、柿子、鳄梨、腰果、无花果、梨、坚果和榅桲。

耕种面积 仅包括收获面积。

用升表示的奶类数据转换为千克表示，转换公式为 1 公斤 =1.03 升。

俄罗斯

农业产量 汇总了包括私人部门企业（例如家庭企业和农场企业以及个体雇主）在内的所有农业生产机构的种植业和畜牧业的产量，数据以价值量表示，按现价实际价格计算。为了计算农业生产指数，产量指标是用上年可比价格计算的。

印度

印度农业部是负责印度农业统计数据的采集、编制和发布的枢纽。

印度农业部农业合作司的经济和统计处主要负责农作物统计，数据按农业年度统计，即报告期为当年 7 月至下年 6 月。

农业部畜牧业乳业和渔业司生产和发布牲畜数据，数据按财年统计，即报告期为当年 4 月至下年 3 月。

耕种面积 包括净播种面积和当前休耕面积。

中国

农业生产指数 为使用生产者价格缩减指数计算的农业总产值的发展速度。

交通运输

11

表 11.1　交通运输概况(2000-2013年)

指　　标	2000	2005	2006	2007	2008	2009	2010	2011	2012	2013
铁路营业里程(万公里)										
巴西	2.9	2.9	2.9	2.9	3.1	3.0	2.8	2.9	2.9	3.0
俄罗斯	8.6	8.5	8.5	8.5	8.6	8.6	8.6	8.6	8.6	8.6
印度	6.3	6.4	6.3	6.3	6.3	6.4	6.4	6.5	6.5	
中国	6.9	7.5	7.7	7.8	8.0	8.6	9.1	9.3	9.8	
南非	2.1	2.1	2.1	2.1	2.1	2.1	2.1			
公路里程(万公里)										
巴西	158	161	160	177	174	171	171	171	171	169
俄罗斯(2)	53	53	60	62	63	65	67	73	93	99
印度(1)	19	21	22	22	22	23	23	24	24	
中国	168	335	346	358	373	386	401	411	424	
南非										
管道输油(气)里程(万公里)										
巴西		0.7	0.7	0.7	0.7	0.7	0.8	0.8	0.8	0.9
俄罗斯	4.8	5.0	5.0	5.0	4.9	4.9	4.9	5.1	5.5	5.5
印度	1.6	2.0	2.2	2.5	2.6	3.0	3.2	3.3	3.6	3.8
中国(4)	2.5	4.4	4.8	5.4	5.8	6.9	7.8	8.3	9.0	
南非	0.3	0.3	0.3	0.3	0.3	0.3	0.3			
旅客周转量(所有方式)(亿人公里)										
巴西										
俄罗斯	4962	4733	4765	4973	5122	4642	4838	5026	5325	
印度										
中国	12261	17467	19197	21593	23197	24835	27894	30984	33383	36040(3)
南非										
货物周转量(所有方式)(亿吨公里)										
巴西										
俄罗斯	36375	46758	48009	49154	49477	44456	47517	49145	50560	50830
印度										
中国	44321	80258	88840	101419	110300	122133	141837	159324	173771	186480(3)
南非										
航空旅客周转量(亿人公里)										
巴西	480	590	570	610	690	760	940	1080	1130	1160
俄罗斯	534	858	939	1110	1226	1125	1471	1668	1958	
印度(5)	262	516	639	779	784	894	1032	1128	1000	
中国	971	2045	2371	2792	2883	3375	4039	4537	5026	5658(3)
南非										

资料来源：

巴西

1. 巴西陆路运输局。
2. 巴西民航局。
3. 国家交通运输基础设施部，《2013 年全国运输系统》。
4. 国家石油天然气和生物燃料机构。

俄罗斯

1. 俄罗斯联邦统计局。
2. 联邦公路局。

印度

1. 印度铁道部，《2011 财年印度铁路年度统计报表》。

2. 印度道路运输及公路部，《印度基本道路统计》，(各期)。

3. 印度石油和天然气部，《2012 财年印度石油和天然气统计》。

4. 印度民航部民航总局，《航空运输统计》，(各期)。

中国

1. 中华人民共和国交通运输部，《年度统计资料》，2000–2013 年。

2. 中国民用航空局，《年度统计资料》，2000–2013 年。

3. 中国铁路总公司，《年度统计资料》，2012–2013 年。

4. 中国石油天然气集团公司，《年度统计资料》，2000–2013 年。

5. 中国海洋石油总公司，《年度统计资料》，2013 年。

6. 中华人民共和国国家统计局，《中国统计年鉴》，2000–2013 年，《中华人民共和国 2013 年国民经济和社会发展统计公报》。

7. 中国石油化工集团公司，《年度统计资料》，2000–2013 年。

南非

南非国家交通运输集团有限公司。

脚注：

俄罗斯

(2) 指运营中的铺有路面的公共道路(包括高速公路)的里程。数据为年末数。

印度

(1) 公路仅包括国家和邦一级的公路(不包括乡村道路、工程道路和城市道路等)，表中数据为当年 3 月 31 日数据，但 2000 年数据为 2001 年 3 月 31 日数据。

(5) 为财年数据，即当年 4 月至下年 3 月。

中国

(3) 初步数据。

(4) 2013 年，管道运输统计口径在原中国石油天然气集团公司、中国石油化工集团公司基础上增加中国海洋石油总公司。

表 11.2.1　交通运输——巴西(2000-2013年)

指　标	2000	2003	2004	2005	2006	2007
交通运输量						
公路客运量(亿人公里)[2]			0.30	0.30	0.28	0.28
铁路旅客周转量(亿人公里)	4.16	4.69	4.75	4.52	4.64	4.44
铁路货物周转量(亿吨公里)	1557	1826	2057	2216	2381	2571
航空旅客周转量(亿人公里)[1]	480	460	510	590	570	610
航空货物周转量(亿吨公里)[1]	67.74	66.77	73.43	81.85	77.25	76.04
石油管道运输量(亿吨)			2.54	2.40	2.51	
汽车拥有量						
汽车(万辆)	1997	2367	2494	2631	2787	2985
乘用汽车和公共汽车(万辆)	2023	2397	2526	2664	2822	3023
涉及人员伤亡的道路交通事故						
事故数(起)	378811	461125	499770	539919	424137	508186
受伤人数(人)	358762	439065	474244	513510	404385	484900
死亡人数(人)	20049	22060	25526	26409	19752	23286

表 11.2.1　交通运输——巴西(2000-2013年)

(续表)

指　标	2008	2009	2010	2011	2012	2013
交通运输量						
公路客运量(亿人公里)[2]	0.27					
铁路旅客周转量(亿人公里)	4.58	4.21	4.38	4.22	4.21	3.92
铁路货物周转量(亿吨公里)	2670	2453	2779	2932	3017	2986
航空旅客周转量(亿人公里)[1]	690	760	940	1080	1130	1160
航空货物周转量(亿吨公里)[1]	85.35	80.17	97.10	116.97	120.84	125.17
石油管道运输量(亿吨)						
汽车拥有量						
汽车(万辆)	3206					
乘用汽车和公共汽车(万辆)						
涉及人员伤亡的道路交通事故						
事故数(起)						
受伤人数(人)						
死亡人数(人)						

资料来源：

1. 巴西陆路运输局。
2. 巴西民航局。
3. 国家交通运输基础设施部，《2013 年全国运输系统》。

脚注：

(1) 指付费的国内和国际运输量。

(2) 指州际和国际客运量。

表 11.2.2 交通运输——俄罗斯(2000-2013年)

指 标	2000	2005	2006	2007	2008
交通运输量					
公路旅客周转量(亿人公里)(1)	1737	1423	1360	1499	1521
公路货物周转量(亿吨公里)(2)	1527	1936	1988	2058	2163
铁路旅客周转量(亿人公里)	1671	1722	1778	1741	1759
铁路货物周转量(亿吨公里)	13732	18581	19508	20903	21162
航空旅客周转量(亿人公里)	534.1	857.7	939.3	1110.0	1226.0
航空货物周转量(亿吨公里)	25.2	28.3	29.3	34.2	36.9
石油货运					
管道运输量(万吨)	29500	45400	46100	46200	45600
公路里程(万公里)(3)	53.2	53.1	59.7	62.4	62.9
汽车拥有量(5)					
卡车登记量(万辆)	440	485	493	517	535
乘用汽车和公共汽车(万辆)	2099	2636	2762	3029	3292
涉及人员伤亡的道路交通事故					
事故数(起)	157596	223342	229140	233809	218322
受伤人数(人)	179401	274864	285362	292206	270883
死亡人数(人)(6)	29594	33957	32724	33308	29936

表 11.2.2 交通运输——俄罗斯(2000-2013年)

(续表)

指 标	2009	2010	2011	2012	2013
交通运输量					
公路旅客周转量(亿人公里)[1]	1415	1406	1386	1333	
公路货物周转量(亿吨公里)[2]	1801	1993	2228	2489	2501[4]
铁路旅客周转量(亿人公里)	1515	1389	1398	1446	1385
铁路货物周转量(亿吨公里)	18653	20113	21278	22224	21962
航空旅客周转量(亿人公里)	1125	1471	1668	1958	2252
航空货物周转量(亿吨公里)	35.6	47.2	49.5	50.8	50.1
石油货运					
管道运输量(万吨)	47400	49200	54400	52300	52500
公路里程(万公里)[3]	64.7	66.5	72.8	92.5	98.7
汽车拥有量[5]					
卡车登记量(万辆)	532	541	555	575	602
乘用汽车和公共汽车(万辆)	3398	3525	3732	3972	4211
涉及人员伤亡的道路交通事故					
事故数(起)	203618	199431	199868	203597	204068
受伤人数(人)	255484	250635	251848	258618	258437
死亡人数(人)[6]	27659	26567	27953	27991	27025

资料来源：

1. 俄罗斯联邦统计局。
2. 俄罗斯联邦内务部。
3. 俄罗斯联邦航空运输局。

脚注：

(1) 指为了商业目的而运送的法人和自然人旅客。

(2) 所有组织机构的货物周转量。

(3) 铺有路面的公共道路，年末数。

(4) 初步数据。

(5) 自然人和法人作为物质财产而拥有的小汽车数量。

(6) 从 2009 年起为事故后 30 天内死亡的人数；2009 年之前为事故后 7 天内死亡的人数。

表 11.2.3　交通运输——印度(2000-2012年)

指　　标	2000	2005	2006	2007	2008
交通运输量					
铁路旅客周转量(亿人公里)	4570	6156	6948	7700	8380
铁路货物周转量(亿吨公里)	3155	4418	4834	5232	5520
民航客运量(亿人)	0.18	0.32	0.43	0.53	0.50
航空旅客周转量(亿人公里)	262	516	639	779	784
航空货物周转量(亿吨公里)	5.49	8.00	8.60	10.40	12.00
航空运输时间(万小时)	35	71	92	114	121
飞机飞行距离(亿公里)	2.03	4.15	5.40	6.80	7.20
机动车生产量(万辆)(1)	476	974	1109	1085	1117
乘用车和公共汽车登记数量(万辆)(2)	671	1121	1252	1400	1538
小汽车拥有量(万辆)(3)	530	807	911	1015	1120
涉及人员伤亡的道路交通事故					
事故数(起)	391449	439255	460920	479216	484704
受伤人数(人)	399265	465282	496481	513340	523193
死亡人数(人)	78911	94968	105749	114444	119860

表 11.2.3　交通运输——印度(2000-2012年)

（续表）

指　标	2009	2010	2011	2012
交通运输量				
铁路旅客周转量(亿人公里)	9035	9785	10465	
铁路货物周转量(亿吨公里)	6013	6265	6686	
民航客运量(亿人)	0.57	0.67	0.75	0.69
航空旅客周转量(亿人公里)	894	1032	1128	1000
航空货物周转量(亿吨公里)	14.28	16.46	17.50	15.29
航空运输时间(万小时)	125	136	146	125
飞机飞行距离(亿公里)	7.17	7.62	8.30	7.19
机动车生产量(万辆)(1)	1406	1792	2038	2063
乘用车和公共汽车登记数量(万辆)(2)	1680	1864	2084	2325
小汽车拥有量(万辆)(3)	1237	1375	1547	1757
涉及人员伤亡的道路交通事故				
事故数(起)	486384	499628	497686	490383
受伤人数(人)	515458	527512	511394	509667
死亡人数(人)	125660	134513	142485	138258

资料来源：

1. 印度铁道部，《2011 财年印度铁路年度统计报表》。
2. 印度道路运输和公路部，《印度基本公路统计》(各期)，以及印度道路运输及公路部，《印度基本道路统计》(各期)以及《运输年鉴》。
3. 印度石油和天然气部，《2012 财年印度石油和天然气统计》。
4. 印度民航部民航总局，《航空运输统计》(各期)。

脚注：

铁路和民航数据以及汽车生产量按财年统计，即当年 4 月至下年 3 月。车辆登记数量和拥有量为 3 月 31 日数据，有关事故、受伤和死亡的数据按日历年度统计。

(1) 包括乘用汽车、商用汽车、三轮车和两轮车。

(2) 包括小汽车、吉普车、出租车和公交车。

(3) 印度汽车登记数量为当年 3 月 31 日数据，但 2000 年数据为 2001 年 3 月 31 日数据。

表 11.2.4 交通运输——中国(2000-2013年)

指　　标	2000	2001	2002	2003	2004	2005	2006
交通运输量							
公路旅客周转量(亿人公里)	6657	7207	7806	7696	8748	9292	10131
公路货物周转量(亿吨公里)	6129	6330	6782	7099	7841	8693	9754
铁路旅客周转量(亿人公里)	4533	4767	4969	4789	5712	6062	6622
铁路货物周转量(亿吨公里)	13770	14694	15658	17247	19289	20726	21954
航空旅客周转量(亿人公里)	971	1091	1269	1263	1782	2045	2371
航空货物周转量(亿吨公里)	50	44	52	58	72	79	94
水运旅客周转量(亿人公里)	101	90	82	63	66	68	74
水运货物周转量(亿吨公里)	23734	25989	27511	28716	41429	49672	55486
石油管道运输量(亿吨)(1)	1.9	1.9	2.0	2.2	2.5	3.1	3.3
国内定期航班航线里程(万公里)(2)	99	104	106	103	116	114	115
定期航班通航机场数(个)(3)	139	143	141	126	133	135	142
民用汽车拥有量							
汽车拥有量(万辆)(4)	1609	1802	2053	2383	2694	3160	3697
小汽车拥有量(万辆)(5)			1022	1287	1533	1919	2395
涉及人员伤亡的道路交通事故							
事故数(起)	616971	754919	773137	667507	517889	450254	378781
受伤人数(人)	418721	546485	562074	494174	480864	469911	431139
死亡人数(人)	93853	105930	109381	104372	107077	98738	89455

表 11.2.4 交通运输——中国(2000-2013年)

(续表)

指 标	2007	2008	2009	2010	2011	2012	2013[(6)]
交通运输量							
公路旅客周转量(亿人公里)	11507	12476	13511	15021	16760	18468	19706
公路货物周转量(亿吨公里)	11355	32868	37189	43390	51375	59535	67115
铁路旅客周转量(亿人公里)	7216	7779	7879	8762	9612	9812	10596
铁路货物周转量(亿吨公里)	23797	25106	25239	27644	29466	29187	29174
航空旅客周转量(亿人公里)	2792	2883	3375	4039	4537	5026	5658
航空货物周转量(亿吨公里)	116	120	126	179	174	164	169
水运旅客周转量(亿人公里)	78	59	69	72	75	77	76
水运货物周转量(亿吨公里)	64285	50263	57557	68428	75424	81708	86521
石油管道运输量(亿吨)[(1)]	4.1	4.4	4.5	5.0	5.7	6.1	6.6
国内定期航班航线里程(万公里)[(2)]	130	134	143	169	200	200	
定期航班通航机场数(个)[(3)]	148	152	165	175	178	180	
民用汽车拥有量							
汽车拥有量(万辆)[(4)]	4358	5100	6281	7802	9356	10933	12683
小汽车拥有量(万辆)[(5)]	2962	3595	4591	5862	7204	8683	
涉及人员伤亡的道路交通事故							
事故数(起)	327209	265204	238351	219521	210812	204196	
受伤人数(人)	380442	304919	275125	254075	237421	224327	
死亡人数(人)	81649	73484	67759	65225	62387	59997	

资料来源：

1. 中华人民共和国交通运输部，年度统计资料，2000-2013 年。
2. 中国民用航空局，年度统计资料，2000-2013 年。
3. 中国铁路总公司，年度统计资料，2012-2013 年。
4. 中国石油天然气集团公司，年度统计资料，2000-2013 年。
5. 中国海洋石油总公司，年度统计资料，2013 年。
6. 中华人民共和国国家统计局，《中国统计年鉴》，2000-2013 年；《中华人民共和国 2013 年国民经济和社会发展统计公报》。
7. 中华人民共和国公安部，年度统计资料，2000-2013 年。
8. 中国石油化工集团公司，年度统计资料，2000-2013 年。

脚注：

(1)2013 年，管道运输统计口径在原中国石油天然气集团公司、中国石油化工集团公司基础上增加中国海洋石油总公司。

(2) 自 2011 年起，原指标“国内民用航线里程”更名为“国内定期航班航线里程”，统计口径不发生变化。

(3) 自 2011 年起，原指标“民用机场数”更名为“定期航班通航机场数”，统计口径不发生变化。

(4) 汽车拥有量不包括三轮汽车和低速货车。

(5) 小汽车拥有量包括小型载客汽车和微型载客汽车拥有量。

(6) 初步数据。

表 11.2.5　交通运输——南非(2000-2010年)

指　标	2003	2005	2006	2007	2008	2009	2010
交通运输量							
公路客运量(亿人)					2.83	2.88	2.88
公路货运量(亿吨)					4.79	4.27	4.5
铁路客运量(亿人)(1)(2)	4.82	4.98	5.03	5.92	6.13	6.44	5.2
铁路货运量(亿吨)					1.83	1.83	1.86
石油管道运输量(亿吨)(3)(4)		161.1	170.3	168.9	172.2	177.5	
汽车拥有量							
乘用汽车和公共汽车(万辆)		486.3	519.3	547.7	559.8	573.9	
涉及人员伤亡的道路交通事故							
死亡人数(人)	10762	11031	10946	12001	9346		

资料来源：

1. 南非国家统计局。
2. 南非客运铁路运输局。
3. 南非国家交通运输集团有限公司。

脚注：

(1) 南非客运铁路运输局。

(2) 仅包括地铁。

(3) 管道运输。

(4) 陆地运输调查是涵盖南非铁路和公路运输的客货运输月度调查。这项调查是从 2010 年企业抽样框 (BSF) 中抽取的样本，BSF 覆盖出于增值税目的而登记的企业。这项调查已经于 2003 年开始取代了陆地货运调查，并于 2008 年进行了重新设计。

主要统计指标解释

俄罗斯

公路 指作为联邦财产的联邦道路，作为俄罗斯联邦主体财产的地区和地区间道路，以及作为自治州、市和市辖区财产的地方道路。

印度

铁路营业里程 路线总公里数，包括电气化和非电气化铁路。

公路里程 不包括城市道路和工程道路。

石油管道里程 包括陆地和海上基础设施。

民航 航空运输和飞行数据包括印度的航空运输公司提供的国内和国际航线服务。

中国

铁路营业里程 又称营业长度（包括正式营业和临时营业里程），指办理客货运输业务的铁路正线总长度。

公路里程 指在一定时期内实际达到《公路工程[WTBZ]技术标准 JTJ01-88》规定的等级公路，并经公路主管部门正式验收交付使用的公路里程数。

管道输油（气）里程 指油品（或天然气）的实际输送距离，一般按输油（气）管道的单线长度计算。

货物（旅客）周转量 指在一定时期内，由各种运输工具运送的货物（旅客）数量与其相应运输距离的乘积之总和。

管道输油（气）里程 指油品（或天然气）的实际输送距离，一般按输油（气）管道的单线长度计算。

国内定期航班航线里程 指统计期内全部国内定期航班航线的航线总长度。

定期航班通航机场数 指供民用航空飞机起飞、降落、滑行、停放以及进行其他活动使用的划定区域数。

汽车拥有量 指报告期末，公安部交通管理部门按照《机动车注册登记工作规范》，已注册登记领有民用车辆牌照的全部汽车数量。

信息社会

12

表 12.1　信息社会概况(2000-2013年)

指　标	2000	2005	2006	2007	2008	2009	2010	2011	2012	2013
每千人电话主线拥有量(条)										
巴西	186	215	207	207	214	216	217	220	225	225
俄罗斯	226	299	309	317	319	318	314	309	301	290
印度[1][2]	26	45	36	34	33	32	30	27	25	23
中国[3][4]	124	270	281	278	258	236	221	213	206	197
南非[5]		215	199	184	181	169	167			
每千人蜂窝移动电话用户数(户)										
巴西	140	466	532	636	781	905	1047	1239	1339	1364
俄罗斯[6]	22	863	1081	1199	1398	1614	1664	1790	1827	1937
印度[1][2]	2	70	135	204	300	447	632	742	708	717
中国[4]	67	303	353	416	485	563	644	736	825	908
南非[7]		615	677	735	773	832	865			
每千人计算机拥有量(台)										
巴西										
俄罗斯	64	121	161	218	268	365	437			
印度										
中国[4][8]										160
城镇	31	140	160	185	204	227	247	285	304	
农村	1	5	7	9	13	19	26	46	55	
南非[9]		123								
每千人互联网用户数(人)										
巴西		209			348	417		465	492	
俄罗斯	20	152	180	247	268	290	430	490	533	
印度[2][11]	5	24	28	40	44	51	75	101	126	172
中国	18	85	105	160	226	289	343	383	421	458
南非[10][12]		6				88	101			
日报种类(种)										
巴西										
俄罗斯[13]	946	769	805	774	787	793	770	789	749	
印度[14]	5364	6530	6800	7131	7710	8475	9355	10205	10908	12109
中国[15]	2007	1931	1938	1938	1943	1937	1939	1928	1918	
南非										

资料来源：

巴西

1. 巴西通信局。
2. 巴西国家地理与统计局，全国住户抽样调查，2005-2012 年。

俄罗斯

1. 俄罗斯联邦电信和大众传播部。
2. 俄罗斯联邦统计局。
3. 世界银行。

印度

1. 印度电信监管局，《印度电信服务运行指标报告》（各期）。
2. 印度信息和广播部，印度报纸注册办公室，《印度出版业》（各期）。
3. 国际电信联盟。

中国

1. 中华人民共和国工业和信息化部。

2. 中华人民共和国国家统计局，中国城乡住户调查，2013 年；中国城镇住户调查，2000–2012 年；中国农村住户调查，2000–2012 年。

3. 中华人民共和国新闻出版广播电影电视总局，年度统计资料，2010–2012 年。

南非

1. 南非一般家计调查，2002–2010 年。

脚注：

俄罗斯

(6) 指无线电话（移动）通信用户数。

(13) 周发行三次以上报纸种类。

印度

(1) 为截至 12 月 31 日的日历年度数据 (2000 年数据截至下年 3 月 31 日的财政年度），电话数量包括固定电话和蜂窝移动电话。

(2) 该数据使用的是年中人口数。

(11) 2000–2012 年数据来自国际电信联盟数据库，2013 年数据为印度电信监管局截至 2013 年 9 月 30 日的数据。

(14) 除 2000 年为截至 12 月 31 日的日历年度数据外，其他年份均为截至 3 月 31 日的财政年度数据。

中国

(3) 包括小灵通。

(4) 2013 年数据为初步数据。

(8) 从 2012 年四季度起，中国国家统计局实施了城乡一体化住户调查改革，统一了原分别组织的城镇住户调查和农村住户调查，规范了统计名称、统计分类和统计标准，并据此获得全体居民有关数据，包括彩色电视机、小汽车和计算机拥有量等。

(15) 各种报纸的种类。

南非

家计调查相关问题如下：

(5) 本住户是否接入电话线；

(7) 本住户是否拥有蜂窝式移动电话；

(9) 本住户是否拥有计算机（仅 2005 年）；

(10) 本住户是否接入互联网 (2005 年、2009 年和 2010 年）；

(12) 上述问题仅仅问及本住户，外在接入源不予考虑。

主要统计指标解释

国家解释

巴西

每千人互联网用户数 是指 10 岁及以上的居民。

互联网用户 是指 10 岁及以上的、在某地（自己家、工作场所、免费或付费上网中心、别人家或者其他任何地方）通过个人电脑台式机或便携式电脑（笔记本电脑、掌中宝、袖珍电脑或手提电脑）在过去三个月的参考期内至少上过一次网的用户。

俄罗斯

电话主线 是指在公用电话亭拥有独立号码的电话机或是公用的共用主线的电话机。这些电话主线在公共网络上进行过转换，并提供本地、城际和国际通信服务。

蜂窝通信 是指移动无线和电话通信。

移动通信 是指为移动通信用户和公共电话网络用户提供通信工具的技术方法（无线电和通信设备、通信主线和通信构造）的综合设施。

印度

电话主线 是一种有线通信的方式，例如将用户的终端设备与网络相连接的固定电话线获得的通信，它包括无线本地环路（将固定电话线连接到公共电话交换网络）。

蜂窝移动电话用户 包括无线通信用户。

互联网用户数据 包括固定电话线和无线（移动电话）网络用户数据。

日报 包括使用各种各样语言的报纸以及双语和多语报纸。

中国

（固定）电话主线 是指将用户终端设备与公众交换网进行连接的并在电话交换设备上拥有专门端口的（固定）电话线，包括综合业务数字网（ISDN）信道数，还包括无线市话用户（PHS）数。

蜂窝移动电话用户 是指使用蜂窝技术向公众交换电话网（PSTN）提供接入的公众移动电话业务付费用户，包括模拟和数字蜂窝。

互联网用户（网民） 是指过去半年内使用过互联网的 6 岁及以上中国居民。

日报 是指报纸，即有中国统一刊号的各种报纸。

南非

家计调查相关问题如下:

本住户是否接入电话线;

本住户是否拥有蜂窝式移动电话;

本住户是否拥有计算机（仅 2005 年）;

本住户是否接入互联网（2005 年、2009 年和 2010 年）;

上述问题仅仅问及本住户，外在接入源不予考虑。

财政和金融

भारतीय रिज़र्व बैंक
RESERVE BANK OF INDIA
GUARANTEED BY THE CENTRAL GOVERNMENT
2FH 794370
500
पाँच सौ रुपये
I PROMISE TO PAY THE BEARER THE SUM OF FIVE HUNDRED RUPEES
GOVERNOR
RESERVE BANK OF INDIA
ODD 933843
100

13

表 13.1　财政和金融概况(2000-2013年)

指　标	2000	2006	2007	2008	2009	2010	2011	2012	2013
政府财政盈余/赤字占GDP的比重(%)									
巴西(1)(2)	-3.8	-3.5	-2.3	-2.4	-3.3	-2.9	-3.1	-3.0	-3.9
俄罗斯(3)	1.4	7.4	5.4	4.1	-6.0	-3.9	0.8	-0.1	-0.5
印度(4)(5)	-6.6	-1.3	-0.2	-4.3	-5.7	-3.2	-4.3	-3.0	
中国	-2.5	-0.8	0.6	-0.4	-2.3	-1.7	-1.1	-1.7	-1.9
南非(6)	-1.0	0.7	1.1	1.5	-0.6	-4.8	-3.7		
所得税占财政收入的比重(%)									
巴西(7)		18.7	19.4	20.5	19.9				
俄罗斯(3)	8.3	8.8	9.5	10.4	12.2	11.2	9.6	9.6	10.4
印度(4)(5)	11.0	20.4	23.2	21.3	20.5	20.7	19.2	19.7	
中国	12.4	24.5	23.3	24.3	22.6	21.3	22.0	21.7	22.4
南非(6)	42.3	40.8	43.3	44.4	46.6	43.9	41.3		
M_2 供应量(年末)(亿美元)									
巴西(8)	1552	3039	4011	5841	5857	7741	9661	9028	9042
俄罗斯(9)	409	3407	5242	4417	5049	6566	7603	9024	9616
印度(4)(10)	841	2153	2888	2749	3153	3598	3614	3519	3303
中国(11)	16260	44259	55231	69524	88783	109601	135173	154984	181487
南非(6)	622	1643	2045	1679	2154	2533	2211	2202	

资料来源：

巴西

1. 巴西中央银行。
2. 巴西财政部。

俄罗斯

1. 俄罗斯联邦统计局。
2. 俄罗斯财政部。
3. 俄罗斯中央银行。

印度

1. 印度财政部，《印度国家预算》(各期)。
2. 印度统计和计划执行部中央统计局，《印度统计年鉴》，2014 年。
3. 印度储备银行，《货币存量统计公报》(各期)。

中国

1. 中华人民共和国财政部。
2. 中国人民银行。
3. 中华人民共和国国家统计局。

南非

南非储备银行。

脚注：

巴西

(1) 政府包括联邦政府，州政府和地方政府，但不包括巴西中央银行和公共企业。

(2) 名义盈余。

(7) 总税收收入等于总财政负担。

(8) 所采用的年平均汇率可在表 13.2.1 和 14.1 中查到。

俄罗斯

(3) 根据俄罗斯联邦财政部 2013 年的初步数据计算。

(9) 根据俄罗斯中央银行提供的数据计算 ,2013 年数据为初步数据。

印度

(4) 指财政年度数据，即当年 4 月 1 日到下年 3 月 31 日。

(5) 一般政府包括中央政府和邦政府。GDP 为现价计算的市场价。所得税仅由中央政府征收。2011 年以后的数据为初步数据。

(10) 包括在公众中流通的货币、公众在银行的支票存款与活期存款以及在邮政储蓄的银行存款。货币换算采用财政年度的年平均汇率。

中国

(11) M_2 根据国家外汇管理局公布的年末汇率计算。

南非

(6) 指财政年度：从当年的 4 月 1 日至下年的 3 月 31 日。

M_2 包括三部分：货币部门之外的流通中的纸币和硬币；支票和转账存款；其他活期存款和不超过 6 个月的中短期定期存款。

表 13.2.1 财政和金融——巴西(2000-2013年)

指 标	2000	2006	2007	2008	2009	2010	2011	2012	2013
财政支出(亿雷亚尔)[(1)]	3154	7978	8385	9691	11369	11156	11796	15196	14404
合并预算支出结构(%)									
一般公共服务	5.3	4.0	4.4	4.2	3.9	4.5	4.2	3.5	3.8
外交	0.2	0.2	0.2	0.2	0.1	0.2	0.2	0.1	0.1
国防	3.4	2.1	2.3	2.3	2.3	2.9	2.7	2.4	2.6
公共安全	0.7	0.4	0.6	0.6	0.6	0.8	0.6	0.5	0.6
教育	3.4	2.2	2.6	2.6	2.9	3.9	4.5	4.3	5.3
科学技术	0.4	0.5	0.5	0.5	0.5	0.7	0.6	0.5	0.7
文化体育与传媒	0.1	0.2	0.3	0.2	0.2	0.2	0.2	0.2	0.3
社会保障和就业	33.0	31.4	33.2	31.9	31.0	35.5	37.4	32.8	40.0
医疗卫生	6.4	5.0	5.4	5.1	5.0	5.4	6.0	5.2	5.8
环境保护	0.4	0.2	0.4	0.4	0.3	0.3	0.3	0.4	0.4
城乡社区事务	1.0	0.9	1.4	1.2	1.2	1.0	0.9	0.9	1.1
农林水事务	1.6	1.2	1.3	1.0	1.2	1.3	1.3	1.0	1.4
交通运输	1.0	0.9	1.5	1.3	1.4	1.8	1.6	1.5	1.4
工业商业金融等事务	0.7	0.6	0.7	0.6	0.5	0.5	0.5	0.4	0.5
其他支出[(2)]	42.4	50.3	45.6	47.9	48.7	41.0	39.2	46.4	36.0
年平均汇率(1美元折合本币，雷亚尔)	1.8	2.2	1.9	1.8	2.0	1.8	1.7	2.0	2.2
M_0发行量(年末，亿雷亚尔)	477	1211	1466	1476	1661	2069	2142	2334	2495
M_0发行量(年末，亿美元)	261	556	753	803	833	1176	1280	1194	1155
M_1发行量(年末，亿雷亚尔)	744	1743	2314	2234	2502	2801	2854	3250	3448
M_1发行量(年末，亿美元)	407	801	1188	1216	1256	1593	1705	1663	1596
M_2发行量(年末，亿雷亚尔)	2838	6615	7813	10730	11674	13624	16175	17646	19532
M_2发行量(年末，亿美元)	1552	3039	4011	5841	5857	7741	9661	9028	9042
中央银行贴现率(%)	15.8	13.3	11.3	12.8	8.8	10.8	10.9	7.2	9.9
存贷款利率(%)	15.8	12.6	11.5	12.6	9.9	11.5	10.3	7.7	11.5

资料来源：

1. 巴西中央银行。
2. 巴西财政部。

脚注：

(1) 数据仅指联邦政府。

(2) “其他支出”所占比重最大，因为包括对州和市的转移支付以及债务管理支出。

表 13.2.2　财政和金融——俄罗斯(2000-2013年)

指　标	2000	2006	2007	2008	2009	2010	2011	2012	2013
政府财政收支构成(亿卢布)[1]	20977	106258	133683	160039	135997	160319	208554	234351	240824
政府收入(%)									
预算收入构成(%)	19.0	15.7	16.2	15.7	9.3	11.1	10.9	10.1	8.6
机构利润税(所得税)(%)	8.3	8.8	9.5	10.4	12.2	11.2	9.6	9.6	10.4
个人所得税(%)									
自然资源使用税(%)		11.2	9.2	10.9	7.9	9.0	10.0	10.6	10.8
对外经济活动收入(%)		21.7	18.0	22.4	19.7	20.1	22.4	21.2	20.8
政府支出(亿卢布)[1]	19601	83752	113786	139918	160483	176167	199946	231747	249311
一般支出构成(%)									
中央和地方政府[2](%)		9.9	10.3	9.2	8.2	8.2	6.8	6.2	6.1
国民经济(%)		11.3	13.7	16.1	17.3	13.2	14.0	14.1	13.2
社会文化活动(%)	27.4	54.3	51.2	50.9	52.8	57.5	56.2	57.0	57.4
M_0发行量[3](年末，亿卢布)	4189	27852	37022	37948	40381	50627	59386	64301	69856
M_0发行量[4](年末，亿美元)	149	1058	1508	1292	1335	1661	1844	2117	2139
M_2发行量[3](年末，亿卢布)	11506	89707	128690	129759	152676	200119	244831	274054	314047
M_2发行量[4](年末，亿美元)	409	3407	5242	4417	5049	6566	7603	9024	9616
中央银行贴现率[3](年末，%)	25	11	10	13	8.75	7.75	8.00	8.25	8.25
利率[3](%)									
存款利率(%)	6.5	4.1	5.1	5.8	8.6	6.0	4.4	5.5	
贷款利率(%)	24.4	10.4	10.0	12.2	15.3	10.8	8.5	9.1	

资料来源：

1. 俄罗斯联邦统计局。
2. 俄罗斯联邦财政部。
3. 俄罗斯中央银行。

脚注：

(1) 俄罗斯联邦财政部数据。2005 年俄罗斯采用了新的预算分类。2005 年起包括各州的预算外资金。2013 年为初步数据。

(2) 2011 年起不包括州级和市级的债务偿还。

(3) 数据来自俄罗斯中央银行。

(4) 根据俄罗斯中央银行数据计算。

表 13.2.3　财政和金融——印度(2000-2012年)[1]

指　　标	2000	2006	2007	2008	2009	2010	2011	2012
广义政府合并后的财政收入和支出								
总收入(亿卢比)[2]	59790	112530	135590	156480	184580	215360	253630	283690
财政收入[2](%)	63.4	77.9	78.2	71.4	65.6	73.3	69.0	73.0
税收[2](%)	51.1	64.3	64.7	59.2	53.3	58.0	57.3	60.6
非税收[2](%)	12.3	13.6	13.5	12.2	12.2	15.3	11.7	12.4
总支出(亿卢比)[2]	59560	110920	131530	159970	185210	214510	251880	283590
部门支出(亿卢比)[3]	32560	58340	71270	88400	102450	119730	130440	141040
农业和农村发展(%)	4.5	5.8	7.9	6.9	7.7	6.3	5.0	6.0
国防(%)	18.5	15.2	15.4	17.8	16.2	16.4	15.6	15.2
健康服务(%)	1.6	2.0	2.0	2.0	2.0	2.1	2.0	2.2
教育(%)	2.4	3.8	4.0	3.7	4.3	4.6	4.7	4.8
石油和天然气(%)	0.1	0.4	0.4	1.6	3.2	5.4	6.8	3.9
科技和信息技术(%)	0.5	0.6	0.8	0.7	0.8	0.7	0.6	0.7
运输(%)	3.6	4.6	3.3	2.1	2.0	3.8	3.7	3.8
经济事务(集中规定)(%)	35.2	27.7	24.8	23.5	22.3	24.2	26.0	26.0
国内事务(%)	3.2	2.8	3.0	3.4	3.3	3.5	3.4	3.4
消费者事务、食品和公共分配(%)	3.8	4.6	5.1	5.7	5.9	5.7	6.1	5.5
其它(%)	26.6	32.5	33.3	32.6	32.3	27.3	26.1	28.5
货币存量(亿卢比)								
M_1(亿卢比)	37940	96800	115580	125970	148930	163550	173340	189490
M_2(亿卢比)	38450	97300	116090	126470	149430	164060	173840	190000
M_3(亿卢比)	131320	331010	401790	479480	560270	649950	735780	838200
M_4(亿卢比)	133920	333600	404390	482070	562870	652550	738370	840800
外币资产(财年末数)(亿美元)	395.5	1919.2	2992.3	2414.3	2546.9	2743.3	2600.7	2597.3
特别提款权(财年末数)(万特别提款权)	200	200	1800	100	500600	456900	446900	432800
在国际货币基金组织的储备头寸(RTP)(财年末数)(亿美元)	6.16	4.69	4.36	9.81	13.80	29.47	28.36	23.01
不包括黄金在内的外汇储备(财年末数)(亿美元)	401.7	1924.0	2996.8	2424.1	2610.7	2818.5	2673.7	2663.5
黄金外汇储备(财年末数)[2](亿美元)	27.25	67.84	100.39	95.77	179.86	229.72	270.23	262.92

表 13.2.3 财政和金融——印度(2000-2012年)

(续表)

指 标	2000	2006	2007	2008	2009	2010	2011	2012
利率结构								
存款利率[4](%)								
储蓄[5]	4.0	3.5	3.5	3.5	3.5	3.5	4.0	4.0
定期存款								
1到3年	8.50-9.50	6.75-8.50	8.00-8.75	8.00-8.75	6.00-7.00	8.25-9.00	9.25	8.75-9.00
3到5年	9.50-10.00	7.75-9.50	8.00-8.75	8.00-8.50	6.50-7.50	8.25-8.75	9.00-9.25	8.75-9.00
5年以上	8.50-10.00	7.75-8.50	8.50-9.00	7.75-8.50	7.00-7.75	8.50-8.75	8.50-9.25	8.50-9.00
贷款利率[4](年率，%)	11.00-12.00	12.25-14.75	12.25-15.75	11.50-16.75	11.00-15.75	8.25-9.50	10.00-10.75	9.70-10.25

资料来源：

1. 印度财政部，《印度国家预算》(各期)。
2. 印度储备银行，《印度经济统计手册》和《货币存量统计公报》(各期)。

脚注：

(1) 该表所有数据均为财政年度数据，即当年 4 月 1 日到下年 3 月 31 日。外汇储备数据指财政年度年末数据，即下年的 3 月 31 日的数据。

(2) 财政预算总收入和总支出包括中央和邦政府的收入和支出。

(3) 指中央各部门和联邦属地(包括各邦)的支出，包括预算内支出和预算外支出。

(4)2003 财年及以前年份的存贷款利率指五家主要公立银行的利率，之后年份的存贷款利率指五家主要银行的利率。某年份的贷款利率视情况而定，或为优惠贷款利率，或为基准贷款利率，或为基础利率。

(5)2011 财年以后的储蓄存款利率指存款额在 10 万卢比以上的存款利率。但是，自 2011 年 10 月 25 日起，对存款利率的管制被取消。

表 13.2.4　财政和金融——中国(2000-2013年)

指　标	2000	2006	2007	2008	2009	2010	2011	2012	2013
政府财政收支构成									
财政收入[(1)(2)](亿元人民币)	13395	38760	51322	61330	68518	83102	103874	117254	129143
预算收入结构(%)									
税收收入(%)			88.9	88.4	86.9	88.1	86.4	85.8	85.6
国内增值税			30.1	29.3	27	25.4	23.4	22.5	22.3
国内消费税			4.3	4.2	6.9	7.3	6.7	6.7	6.4
进口货物增值税、消费税			12	12.1	11.3	12.6	13.1	12.6	10.8
出口货物退增值税、消费税			-11.0	-9.6	-9.5	-8.8	-8.9	-8.9	-8.1
营业税			12.8	12.4	13.2	13.4	13.2	13.4	13.3
企业所得税			17.1	18.2	16.8	15.5	16.1	16.8	17.4
个人所得税			6.2	6.1	5.8	5.8	5.8	5	5.1
资源税			0.5	0.5	0.5	0.5	0.6	0.8	0.8
城市维护建设税			2.3	2.2	2.3	2.3	2.7	2.7	2.6
房产税			1.1	1.1	1.2	1.1	1.1	1.2	1.2
印花税			4.4	2.1	1.3	1.3	1	0.8	1
证券交易印花税			3.9	1.6	0.7	0.7	0.4	0.3	0.4
城镇土地使用税			0.8	1.3	1.3	1.2	1.2	1.3	1.3
土地增值税			0.8	0.9	1.1	1.5	2	2.3	2.6
车船税			0.1	0.2	0.3	0.3	0.3	0.3	0.4
船舶吨位税									
车辆购置税			1.7	1.6	1.7	2.2	2	1.9	2
关税			2.8	2.9	2.2	2.4	2.5	2.4	2
耕地占用税			0.4	0.5	0.9	1.1	1	1.4	1.4
契税			2.4	2.1	2.5	3	2.7	2.5	3
烟叶税			0.1	0.1	0.1	0.1	0.1	0.1	0.1
其他税收收入									
非税收入(%)			11.1	11.6	13.1	11.9	13.6	14.2	14.4
专项收入			2.4	2.5	2.4	2.5	2.9	2.8	2.7
行政事业性收费			3.7	3.5	3.4	3.6	3.9	3.9	3.7
罚没收入			1.6	1.5	1.4	1.3	1.3	1.3	1.3
其他收入			3.4	4.1	5.9	4.5	5.5	6.2	6.7

表 13.2.4　财政和金融——中国(2000-2013年)

(续表)

指　标	2000	2006	2007	2008	2009	2010	2011	2012	2013
财政支出(亿元人民币)[1,2]	15886.5	40423	49781	62593	76300	89874	109248	125953	139744
预算支出结构(%)									
一般公共服务			17.10	15.65	14.92	15.09	15.70	15.73	15.49
外交			0.43	0.38	0.33	0.30	0.28	0.27	0.25
国防			7.14	6.68	6.49	5.93	5.52	5.31	5.30
公共安全			7.00	6.49	6.22	6.14	5.77	5.65	5.54
教育			14.31	14.39	13.68	13.96	15.10	16.87	15.67
科学技术			3.58	3.40	3.60	3.62	3.50	3.54	3.62
文化体育与传媒			1.81	1.75	1.83	1.72	1.73	1.80	1.81
社会保障和就业			10.94	10.87	9.97	10.16	10.17	9.99	10.32
医疗卫生			4.00	4.40	5.23	5.35	5.89	5.75	5.88
环境保护			2.00	2.32	2.53	2.72	2.42	2.35	2.42
城乡社区事务			6.52	6.72	6.69	6.66	6.98	7.21	7.92
农林水事务			6.84	7.26	8.81	9.05	9.10	9.51	9.47
交通运输			3.85	3.76	6.09	6.11	6.86	6.51	6.64
工业商业金融等事务			8.55	9.95	7.88	8.94	8.10	7.47	7.25
地震灾后恢复重建支出				1.28	1.54	1.26	0.16	0.08	0.02
其他支出			5.93	4.70	4.20	3.00	2.66	1.97	2.40
M_0发行量(年末)(亿元人民币)	14652.7	27072.6	30375.2	34219.0	38246.0	44628.2	50748.5	54659.8	58558.3
M_0发行量(年末)[3](亿美元)	1770.0	3467.0	4158.4	5006.7	5601.2	6738.7	8055.3	8696.2	9604.6
M_1发行量(年末)(亿元人民币)	53147.2	126035.1	152560.1	166217.1	220001.5	266621.5	289847.7	308664.2	337260.6
M_1发行量(年末)[3](亿美元)	6420.0	16140.3	20885.5	24319.9	32219.5	40258.7	46007.6	49107.3	55316.7
M_2发行量(年末)(亿元人民币)	134610.3	345603.6	403442.2	475166.6	606225.0	725851.8	851590.9	974148.8	1106509.2
M_2发行量(年末)[3](亿美元)	16260.4	44258.8	55231.3	69523.7	88782.6	109600.6	135173.2	154983.5	181487.2
存款利率(年末)(%)[4]	2.25	2.52	4.10	2.25	2.25	2.75	3.50	3.00	3.00
贷款利率(年末)(%)[4]	5.85	6.10	7.50	5.30	5.30	5.81	6.56	6.00	6.00

资料来源：

1. 中华人民共和国财政部。
2. 中国人民银行。

脚注：

(1) 2009 年开始政府财政支出分类有所变化，因此数据与以前年份不可比。

(2) 2013 年财政数据为预算执行数。

(3) 以美元为单位的货币发行量数据根据国家外汇管理局公布的年末汇率计算。

(4) 这里的存款利率和贷款利率是指金融机构法定人民币一年期存贷款利率。

表 13.2.5 财政和金融——南非(2000-2011年)

指　　标	2000	2006	2007	2008	2009	2010	2011
预算收入构成(%)							
税收收入	79.2	79.4	81.9	81.5	80.8	78.6	78.8
国内增值税	13.5	22.2	22.4	23.0	22.8	23.9	22.3
进口增值税和消费税							
进口增值税和消费税	10.2	12.0	14.0	14.0	13.9	10.9	11.8
出口货物增值税和消费税退税	0.0	0.0	0.0	0.0	0.0	0.0	0.0
营业税	0.0	0.0	0.0	0.0	0.0	0.0	0.0
企业所得税	10.8	18.5	21.4	21.8	22.8	18.7	16.5
个人所得税	31.5	22.3	21.9	22.7	23.8	25.3	24.8
资源税	0.0	0.0	0.0	0.0	0.0	0.0	0.0
城市维护建设税	0.0	0.0	0.0	0.0	0.0	0.0	0.0
房产税	3.9	2.9	2.5	2.8	2.6	3.2	3.3
印花税	0.0	0.0	0.0	0.0	0.0	0.0	0.0
证券交易印花税	1.3	1.9	1.5	1.5	1.0	1.0	0.9
契税	0.7	1.5	1.1	1.0	0.6	0.6	0.6
烟叶税	0.0	1.1	1.1	1.1	1.1	1.2	1.1
其他税收收入(1)	7.3	-3.0	-4.8	-6.3	-8.3	-6.0	-2.4
非税收入	20.8	20.6	19.0	18.5	19.6	21.4	21.2
专项收入	1.7	1.8	1.7	1.9	2.0	2.2	1.9
行政事业性收费	61.7	53.9	51.9	41.6	38.4	46.0	5.4
罚没收入	0.6	0.7	0.3	0.5	0.4	0.3	0.4
其他非税收收入	5.6	7.0	7.2	8.5	9.7	9.0	17.7
预算支出构成(%)							
一般公共服务	25.6	23.8	23.5	21.4	20.7	19.8	
外交	0.5	0.5	0.4	0.5	0.6	0.7	
国防	4.1	4.7	4.1	3.8	3.8	3.4	
公共安全	8.9	9.6	9.8	10.1	10.1	10.2	
教育	18.5	17.0	16.8	16.7	16.7	18.0	
科技							
文化、体育和传媒	1.5	2.6	2.1	2.3	2.3	2.6	
社会保障和就业	10.4	12.7	13.1	12.9	12.8	13.0	
医疗卫生	8.9	8.9	9.2	9.5	9.8	10.3	
环境保护	1.8	0.7	0.6	0.7	0.7	0.7	
城乡社区事务	2.6	3.7	3.6	3.9	4.1	4.1	
农业、林业、水利	2.3	2.8	2.7	2.7	2.5	3.1	
交通运输	4.5	3.5	4.5	4.7	5.9	6.1	
工商业和银行业	0.4	1.2	1.2	1.3	1.4	0.9	
地震灾后恢复重建支出		2.0	2.6	2.8	3.0	3.0	
其他支出	10.1	6.4	5.6	6.5	4.7	3.9	

表 13.2.5 财政和金融——南非(2000-2011年)

(续表)

指 标	2000	2006	2007	2008	2009	2010	2011
M_0发行量(年末)(亿兰特)	436	961	1101	1205	1269	1360	1587
M_0发行量(年末)(亿美元)	58	138	162	130	172	205	195
M_1发行量(年末)(亿兰特)	2744	6057	7383	7536	8063	8628	9472
M_1发行量(年末)(亿美元)	363	869	1088	810	1094	1303	1165
M_2发行量(年末)(亿兰特)	4748	11568	13963	15616	15883	16773	17978
M_2发行量(年末))(亿美元)	627	1659	2058	1679	2154	2533	2211
M_3发行量(年末)(亿兰特)(2)	5207	13493	16676	19142	19482	20831	22556
M_3发行量(年末)(亿美元)(2)	688	1935	2457	2058	2643	3146	2774
中央银行贴现率(%)	12.0	9.0	11.0	11.5	7.0	5.5	5.5
存贷款利率(%)(3)	14.5	12.5	14.5	15.0	10.5	9.0	9.0

资料来源：

南非储备银行。

脚注：

政府财政数据为财政年度数据，即从当年 4 月 1 日到下年 3 月 31 日。

(1) 有些税种无定义，因此，该数据为其他税种之外的税收数据，即总税收收入减去有分类的税收数据，这个数据还包括南非海关做出的调整。

(2) M_3 是在南非官方使用的广义货币供应总量指标。

(3) 优惠透支利率用作市场参考利率或基准利率，但不能决定利率。

图 13.1（a） 政府财政盈余／赤字占 GDP 的比重（2006-2012 年）

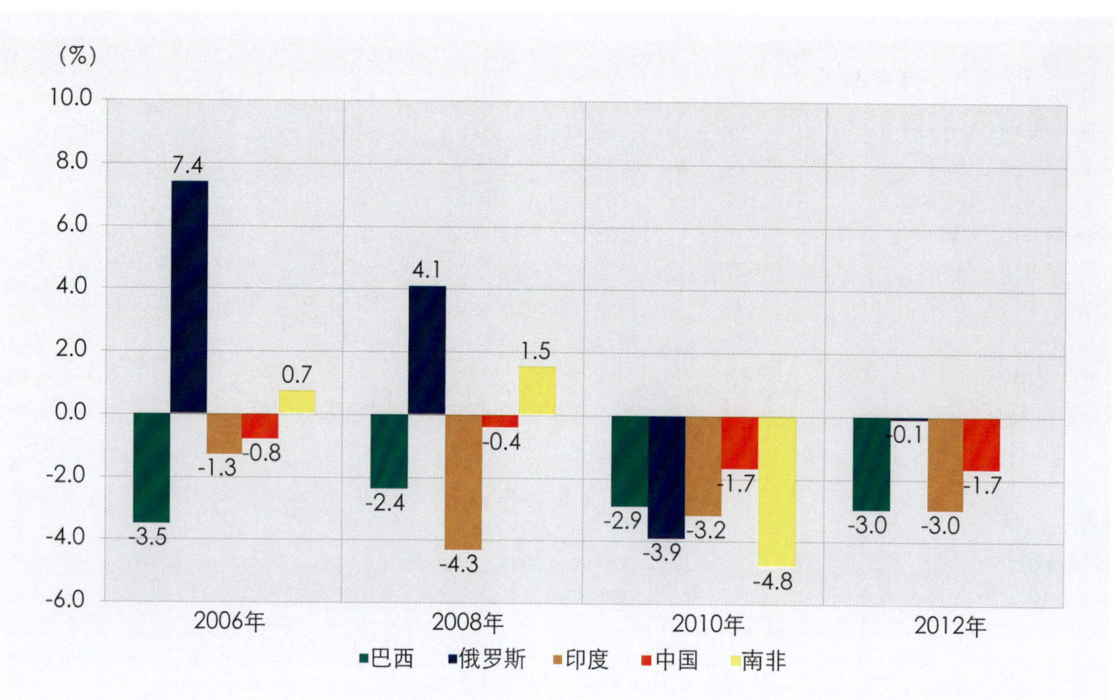

资料来源：2014 年《金砖国家联合统计手册》第 13 章概况表。

图 13.1 （b） 所得税占财政收入比重（2006-2009 年）

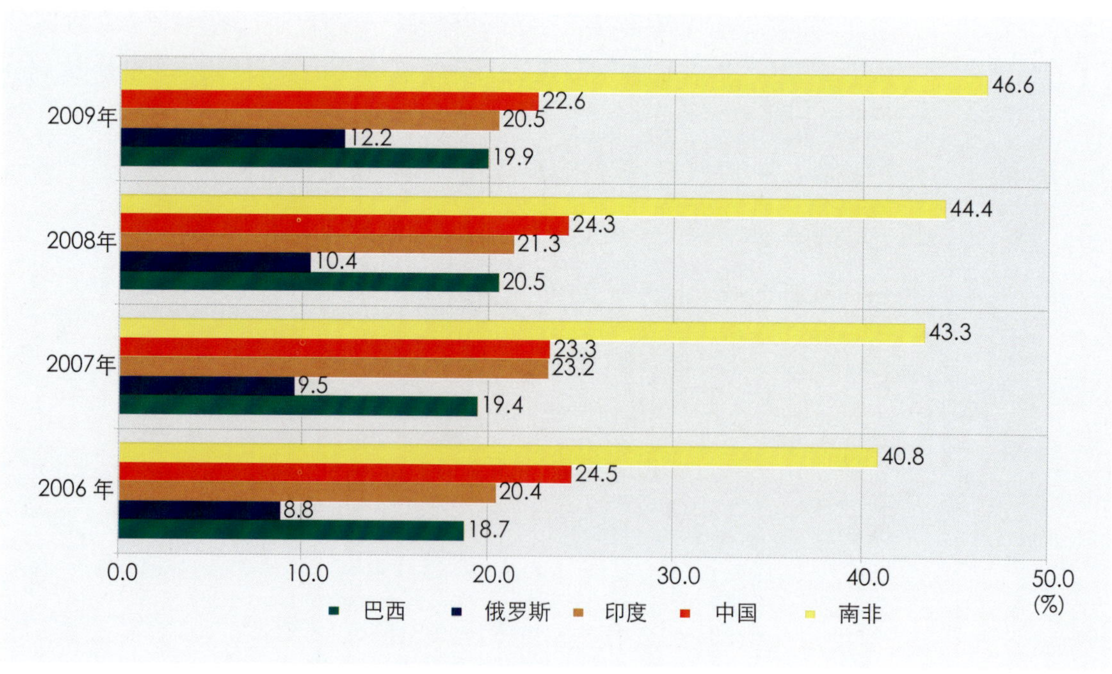

资料来源：2014 年《金砖国家联合统计手册》第 13 章概况表。

主要统计指标解释

巴西

广义政府财政盈余／赤字占 GDP 的比重 广义政府包括联邦政府，州政府和地方政府，但不包括巴西中央银行和公共企业。数据为名义值。

所得税占财政收入的比重 总税收收入等于总财政负担。

M_2 发行量（年末）－表 13.2.1 和 14.1 用年平均汇率计算。

支出 数据仅包括联邦政府。

其他支出 是最大的项目，因为它包括如转移到州政府和地方政府支出交易和债务管理。

俄罗斯

预算收入 用于预算的各项货币基金，但不包括按照俄罗斯联邦预算法用于弥补预算赤字的基金。

预算支出 从预算基金中用于支付的各项货币基金，但不包括按照俄罗斯联邦预算法用于弥补预算赤字的基金。

存款利率 是在信贷机构（包括俄罗斯 OAO 储蓄银行）的 1 年期个人储蓄存款平均利率。

贷款利率 是信贷机构（包括俄罗斯 OAO 储蓄银行）对企业发放 1 年期贷款的平均利率。

年利率 为各月利率的平均值。

印度

广义政府 包括中央政府和州政府。

所得税 1961 年收入税法案规定征收包括个人所得税、印度教未分开的家庭、公司或者合作团体（其他税收登记号的公司）和信托公司（确认为与人相关的个人团体）或者法人。在印度，个人总收入中的特殊收入是根据他的居住身份决定的。主要有三种居住身份：（1）居民和普通居；（2）常住的非普通居民；（3）非居民。可以通过几个步骤确定居民的个人身份。所有居民的个人所得税包括印度外所得收入。非居民所得税仅仅包括收入。

M_1= 在公众中流通的货币 + 公众的支票存款和活期存款。

M_2=M_1+ 邮政储蓄银行存款

M_3=M_1+ 银行定期存款

M_4=M_3+ 总邮政存款

中国

财政收入 指国家财政参与社会产品分配所取得的收入，是实现国家职能的财力保证。国家财政收入的范围曾数次调整。

财政支出 指国家财政将筹集起来的资金进行分配使用，以满足经济建设和各项事业的需要。

财政赤字／盈余占 GDP 的比重 =（国家财政收入－国家财政支出）/GDP

财政收入构成主要包括:

各项税收 包括国内增值税、国内消费税、进口货物增值税和消费税、出口货物退增值税和消费税、营业税、企业所得税、个人所得税、资源税、城市维护建设税、房产税、印花税、城镇土地使用税、土地增值税、车船税、船舶吨税、车辆购置税、关税、耕地占用税、契税、烟叶税等。

非税收入 包括专项收入、行政事业性收费、罚没收入和其他收入。

财政支出构成 主要包括：一般公共服务支出、外交支出、国防支出、公共安全支出、教育支出、科学技术支出、文化教育与传媒支出、社会保障和就业支出、医疗卫生支出、环境保护支出、城乡社区事务支出、农林水事务支出、交通运输支出、工业商业金融等事务支出等。

南非

M_0= 货币机构在中央银行的存款以及在中央银行以外流通的纸币和硬币。

M_1= 流通中的纸币和硬币以及支票和转账存款加上国内私人部门在货币机构的其他活期存款。

M_2=M_1 加上国内私人机构持有的其他短期和中期存款。

M_3=M_2 加上国内私人机构持有的长期存款。

对外经济关系

14

表 14.1　对外经济概况(2000-2013年)

指　　标	2000	2006	2007	2008	2009	2010	2011	2012	2013
货物和服务进出口总额(亿美元)									
巴西	1370	2778	3424	4486	3554	4777	5966	5865	6076
俄罗斯	1757	5427	6741	8897	5903	7628	9835	10349	7799[1]
印度[2]	1259	4302	5566	6470	6232	8261	10158	10176	
中国	5302	19145	23765	28148	24464	32641	39978	42648	46146
南非	702	1631	1877	2046	1583	1996	2381	1726	
货物和服务进口总额(亿美元)									
巴西	724	1205	1578	2202	1747	2442	3024	3041	3263
俄罗斯	611	2095	2837	3662	2473	3210	4101	4445	3447[1]
印度[2]	651	2300	3031	3557	3484	4503	5675	5715	
中国	2507	8528	10342	12330	11131	15206	19079	20165	21896
南非									
货物和服务出口总额(亿美元)									
巴西	646	1573	1846	2284	1807	2335	2942	2824	2813
俄罗斯	1146	3332	3904	5234	3430	4418	5734	5903	4351[1]
印度[2]	608	2002	2535	2913	2748	3758	4483	4461	
中国	2796	10617	13423	15818	13333	17436	20898	22483	24250
南非									
经常账户盈余/赤字占GDP的比重(%)									
巴西	-3.8	1.3	0.1	-1.7	-1.5	-2.2	-2.1	-2.4	-3.7
俄罗斯	18.0	9.3	5.5	6.3	4.1	4.4	5.1	3.7	2.9[4]
印度[2][5]	-0.6	-1.0	-1.3	-2.3	-2.8	-2.8	-4.2	-4.7	
中国	1.7	8.5	10.1	9.3	4.9	4.0	1.9	2.6	2.0
南非	-0.1	-3.5	-5.3	-7.2	-7.1	-4.1	-3.4	-5.9	
货物和服务出口与货物和服务进口比率(%)									
巴西	89.2	130.6	117.0	103.7	103.5	95.6	97.3	92.9	86.2
俄罗斯	187.6	159.1	137.6	142.9	138.7	137.7	139.8	132.8	126.2[1]
印度[2]	93.4	87.0	83.6	81.9	78.8	83.4	79.0	78.1	
中国	111.5	124.5	129.8	128.3	119.8	114.7	109.5	111.5	110.7
南非	111.9	92.5	92.0	92.1	96.9	99.4	97.9	90.3	
货物出口与货物进口比率(%)									
巴西	98.7	150.9	133.2	114.3	119.8	111.1	113.2	108.7	101.1
俄罗斯	234.1	182.3	155.3	161.5	161.6	159.8	161.8	157.3	153.6[1]
印度[2]	88.2	68.1	64.8	61.0	62.0	67.9	62.5	61.2	
中国	116.1	129.0	134.9	133.6	126.1	119.2	114.7	118.5	119.4
南非	117.2	93.9	93.7	95.2	100.4	104.7	102.2	91.5	
FDI流入额(亿美元)									
巴西	328	188	346	451	259	485	667	653	640
俄罗斯[6]	44	137	278	270	159	138	184	187	261
印度[2][7]	40	228	348	419	377	348	466	369	288
中国	407	630	748	924	900	1057	1160	1117	1176
南非[9]	9	-5	57	90	54	12	60	48	

表 14.1 对外经济概况(2000-2013年)

(续表)

指　　标	2000	2006	2007	2008	2009	2010	2011	2012	2013
FDI流出额(亿美元)									
巴西	22.8	282.0	70.7	204.6	100.8	-116.0	10.3	28.2	35.0
俄罗斯[(6)]	3.8	32.1	91.8	218.2	174.5	102.7	190.4	174.3	762.7
印度[(2)(7)]	7.6	150.5	188.4	193.7	151.4	172.0	111.0	71.3	
中国[(10)]		176.3	265.1	559.1	565.3	688.1	746.5	878.0	
南非[(11)]	-2.7	-65.9	-29.6	31.4	-11.6	-4.5	2.6	-23.6	
年平均汇率									
巴西(1美元兑换雷亚尔)	1.8	2.2	2.0	1.8	2.0	1.8	1.7	2.0	2.2
俄罗斯(1美元兑换卢布)	28.1	27.2	25.6	24.8	31.7	30.4	29.4	31.1	31.8
印度(1美元兑换卢比)[(2)]	45.7	45.2	40.2	46.0	47.4	45.6	48.1	54.0	
中国(1美元兑换人民币)	8.3	8.0	7.6	6.9	6.8	6.8	6.5	6.3	6.2
南非(1美元兑换兰特)	6.9	6.8	7.1	8.3	8.4	7.3			
年末汇率									
巴西(1美元兑换雷亚尔)	2.0	2.1	1.8	2.3	1.7	1.7			
俄罗斯(1美元兑换卢布)	28.2	26.3	24.6	29.4	30.2	30.5	32.2	30.4	
印度(1美元兑换卢比)[(2)]	46.6	43.6	40.0	51.0	45.1	44.7	51.2	54.4	
中国(1美元兑换人民币)	8.3	7.8	7.3	6.8	6.8	6.6	6.3	6.3	6.1
南非(1美元兑换兰特)	6.9	6.8	7.1	8.3	8.4	7.3	7.3	8.2	
外汇储备									
巴西[(12)]	330	858	1803	1938	2385	2886	3520	3731	3588
俄罗斯	243	2953	4664	4107	4058	4329	4412	4731	
印度[(2)]	423	1992	3097	2520	2791	3048	2944	2920	
中国	1656	10663	15282	19460	23992	28473	31811	33116	38213
南非	75	256	330	341	397	438	489	507	
外债余额占GDP的比重(%)									
巴西	33.6	15.9	14.1	12.1	12.2	12.0	12.0	13.9	13.9
俄罗斯[(13)]		34.3	30.6	34.2	34.2	36.4	32.2	31.2	31.3
印度[(2)(14)]	22.0	16.8	17.5	18.0	20.3	18.2	18.2	20.5	21.8
中国	12.2	12.5	11.1	8.6	8.6	9.3	9.5	9.0	9.4
南非	27.8	22.7	26.4	26.6	27.5	28.8	28.1	34.2	
国际投资头寸									
巴西		-3645	-5361	-2818	-5971	-8904	-7644	-8256	-7582
俄罗斯[(13)]		-316	-388	-1506	2548	1034	163	1380	
印度[(2)(15)]	-768	-600	-624	-512	-666	-1591	-2036	-2448	
中国		6402	11881	14938	14905	16880	16884	18665	19716
南非	-68	-410	-686	-97	-375	-677	-250		

资料来源:

巴西

1. 巴西中央银行。
2. 巴西工业发展及外贸部。

俄罗斯

1. 俄罗斯联邦统计局。
2. 俄罗斯中央银行。
3. 国际货币基金组织。

印度

1. 印度商工部商业司的“进出口数据库”以及工业政策和促进司的《外商直接投资统计》(各期)。

2. 印度储备银行，《印度经济统计手册》。

3. 印度财政部，《印度外债报告》(各期)。

中国

1. 国家外汇管理局。

2. 中华人民共和国商务部。

南非

南非储备银行。

脚注：

巴西

(12) 指现金。

俄罗斯

(1)2013 年数据指 1 至 9 月的数据。

(4) 初步数据。

(6) 根据一些组织(不包括货币当局、商业银行)提供的统计报告，数据包括兑换成美元的卢布收益。

(13) 年初数据。

印度

(2) 为财政年度数据，即当年 4 月 1 日至下年 3 月 31 日。

(5) 此处的 GDP 数据是按现价计算的市场价格测算的。

(7)2009 财年后的数据为初步数据，2013 财年数据截至 2014 年 1 月。外商直接投资流入额指流入和投资总额。

(14)2012 财年数据为修订过的数据。

(15)2009 财年后的数据为修订过的数据。

中国

(10)2003-2006 年 FDI 流出额为非金融类直接投资数据，2007 年以后为全行业对外直接投资数据。

南非

(9) 为负债增加和资产减少的净值。

(11) 为负债减少和资产增加的净值。

表 14.2.1 货物进出口贸易——巴西(2000-2013年)

单位：亿美元

指标	2000	2005	2006	2007	2008
从主要贸易伙伴的进口[1]	559	736	914	1206	1730
美国	129	127	147	187	256
中国	12	54	80	126	200
阿根廷	68	62	81	104	133
德国	44	61	65	87	120
日本	30	34	38	46	68
韩国	14	23	31	34	54
尼日利亚	7	26	39	53	67
意大利	22	23	26	33	46
法国	19	27	28	35	47
墨西哥	8	8	13	20	31
对主要贸易伙伴的出口[1]	551	1185	1378	1606	1979
中国	19	44	58	71	111
美国	2	42	69	89	137
阿根廷	22	53	57	67	109
荷兰	8	24	39	20	37
德国	12	29	32	34	55
日本	16	25	29	34	41
英国	16	29	24	30	44
委内瑞拉	15	20	24	29	38
印度	4	22	20	28	36
比利时	4	15	22	20	18
主要进口商品[1]	559	736	914	1206	1730
原油	32	77	91	120	164
柴油	13	10	17	30	51
汽车发动机，1500<气缸排量(立方厘米)≦3000，最多6名乘客	8	5	13	20	31
石脑油	7	14	17	19	22
其他电视机和无线电接收器零部件等	3	3	5	7	14
其他氯化钾	6	10	10	15	38
生煤，不结块	1	2	3	2	4
气态天然气	1	8	13	15	27
阴极精炼铜/铜原料块	3	6	12	16	19
小麦(不包括硬质小麦和小麦种)与黑麦	9	6	10	14	19
主要出口商品	551	1185	1379	1606	1979
非结块铁矿石及其精矿	19	44	58	71	111
原油	2	42	69	89	137
其他大豆，不论是否剥开	22	53	57	67	109
蔗糖原糖	8	24	39	20	37
结块铁矿石及其精矿	12	29	32	34	55
咖啡(未烘焙和未脱去咖啡因的咖啡豆)	16	25	29	34	41
豆油压榨过程中的其他固体榨渣	16	29	24	30	44
化学木浆	15	20	24	29	38
家禽的肉块和可食用下水，冷冻	4	22	20	28	36
其他甘蔗、甜菜、蔗糖化合物	4	15	22	20	18

表 14.2.1　货物进出口贸易[1]——巴西(2000-2013年)

单位：亿美元(续表)

指　　标	2009	2010	2011	2012	2013
从主要贸易伙伴的进口	1277	1816	2262		
美国	200	270	340		
中国	159	256	328		
阿根廷	113	144	169		
德国	99	126	152		
日本	54	70	79		
韩国	48	84	101		
尼日利亚	48	59	84		
意大利	37	48	62		
法国	36	48	55		
墨西哥	28	39	51		
对主要贸易伙伴的出口	1530	2019	2560		
中国	106	214	443		
美国	94	163	258		
阿根廷	114	110	227		
荷兰	60	93	136		
德国	27	76	90		
日本	38	52	95		
英国	46	47	52		
委内瑞拉	31	44	46		
印度	29	35	32		
比利时	24	35	40		
主要进口商品	1277	1816	2262		
原油	92	101	141		
柴油	17	51	74		
汽车发动机，1500<气缸排量(立方厘米)≦3000，最多6名乘客	33	49	70		
石脑油	15	32	48		
其他电视机和无线电接收器零部件等	9	27	31		
其他氯化钾	21	22	35		
生煤，不结块	14	22	34		
气态天然气	16	21	27		
阴极精炼铜/铜原料块	10	19	20		
小麦(不包括硬质小麦和小麦种)与黑麦	12	15	18		
主要出口商品	1530	2019	2560		
非结块铁矿石及其精矿	106	214	319		
原油	94	163	216		
其他大豆，不论是否剥开	114	110	163		
蔗糖原糖	60	93	115		
结块铁矿石及其精矿	27	76	100		
咖啡(未烘焙和未脱去咖啡因的咖啡豆)	38	52	80		
豆油压榨过程中的其他固体榨渣	46	47	55		
化学木浆	31	44	50		
家禽的肉块和可食用下水，冷冻	29	35	45		
其他甘蔗、甜菜、蔗糖化合物	24	35	34		

资料来源：

巴西工业发展及外贸部。

脚注：

(1) 进出口数据按离岸价格计算。

表14.2.2 货物进出口贸易——俄罗斯(2000-2013年)

单位：亿美元

指标	2000	2006	2007	2008	2009	2010	2011	2012	2013
从主要贸易伙伴的进口									
德国	39.0	184.6	265.3	341.2	212.3	267.0	376.8	383.1	379.2
荷兰	7.4	26.9	38.6	48.2	35.9	44.4	59.3	59.8	58.5
中国	9.5	129.1	244.2	347.8	228.0	389.6	482.0	516.3	532.1
意大利	12.1	57.3	85.4	110.0	78.9	100.4	134.0	134.3	145.5
土耳其	3.5	27.5	41.8	61.5	32.2	48.7	63.6	68.6	72.6
美国	26.9	64.1	94.7	137.9	91.7	111.0	145.8	153.7	165.4
法国	11.9	58.6	77.7	100.2	84.3	100.4	132.8	138.0	130.1
印度	5.6	9.7	13.1	17.1	15.3	21.4	27.9	30.4	30.9
巴西	3.9	29.9	41.1	43.7	34.8	40.7	43.9	33.6	34.9
南非	0.4	1.6	2.7	4.4	3.2	4.7	4.7	6.9	7.8
对主要贸易伙伴的出口									
德国	92.3	245.0	263.5	331.6	187.1	256.6	341.6	350.0	370.3
荷兰	43.5	358.8	428.8	569.7	364.1	539.7	627.0	768.9	701.3
中国	52.5	157.6	159.0	211.4	166.9	203.3	350.3	357.7	356.3
意大利	72.5	250.9	275.3	420.0	251.0	274.8	326.6	323.0	393.1
土耳其	31.0	142.9	185.3	276.6	163.8	203.2	253.5	274.2	255.0
美国	46.4	86.4	83.4	133.6	91.3	923.2	164.3	128.7	112.0
法国	19.0	76.8	86.8	122.0	87.3	124.2	148.6	105.4	92.0
印度	10.8	29.3	40.1	52.3	59.4	63.9	60.8	75.6	68.9
巴西	2.6	7.3	11.3	20.4	10.8	18.0	21.3	23.1	19.9
南非	0.3	0.2	0.1	0.4	2.0	0.5	1.2	2.8	2.9
主要进口商品(1)									
新鲜和冷冻肉类(包括禽肉)	9.7	42.3	47.0	66.1	58.2	56.7	60.3	62.9	58.9
药品	11.5	53.3	55.5	75.1	71.4	93.5	109.6	107.8	118.0
乘用车	4.5	127.2	213.3	302.6	85.1	113.8	200.4	202.2	170.0
主要出口商品(1)									
原油	252.8	1022.8	1215.0	1611.5	1005.9	1347.6	1817.6	1809.3	1736.7
原油产品	109.4	443.8	522.3	798.7	481.4	700.9	960.3	1036.2	1091.7
天然气	166.4	438.1	448.4	691.1	419.7	475.8	641.4	617.7	672.3

资料来源：

俄罗斯联邦海关总署。

脚注：

(1) 数据来自俄罗斯联邦海关总署以及与白俄罗斯共和国的对外贸易数据，但由于自 2010 年 7 月 1 日开始，俄罗斯与哈萨克斯坦共和国之间产品边境清关取消，所以从 2010 年 7 月起，数据不包括两国双边贸易。

表 14.2.2.1　货物进出口贸易——俄罗斯(2013年)

单位：万美元

商　品	巴　西	印　度	中　国	南　非	所有国家[1]
进口					
全部	349310	309110	5321150	78210	31780600
1.新鲜和冷冻肉(不含家禽)	195190				589020
2.药品	110	80780	3450		1180420
3.铁管	7	340	39800	2	157080
4.内燃机	3940	960	69130	8	382990
5.泵和压缩机	670	2720	71600	290	467010
6.计算机设备及其零件	9	290	317770		503570
7.机械和具有独特功能的机械装置	150	1130	27910	200	268980
8.电话和电报通讯装置	110	26820	469000	4	770580
9.乘用车			23960	170	1699740
10.机动车部件和配件	1770	8400	132380	1080	1148830
出口					
全部	198490	688560	3563050	28990	52639200
1.小麦和杂麦				12440	348270
2.硬煤	1690	5260	224330		1182120
3.原油			1856480		17366830
4.石油产品	14930	6210	413670	5430	10916790
5.天然气					6723230
6.混合肥料矿物	45250	970	23140	3250	357080
7.由碳钢制成的半成品					647460
8.钢铁扁轧制品	11560	8740	380	30	517070
9.粗镍					362640
10.粗铝	210	370	7990	420	619330

资料来源：

俄罗斯联邦海关总署。

脚注：

(1) 包括与白俄罗斯及哈萨克斯坦的贸易。

表 14.2.3.1　货物进出口贸易(主要贸易伙伴)——印度(2012/13年)

单位：亿美元

国家和地区	进口额	国家和地区	出口额
中国	522	中国	135
德国	143	德国	72
印度尼西亚	149	中国香港	123
伊拉克	192	日本	61
科威特	166	荷兰	106
卡塔尔	157	沙特阿拉伯	98
沙特阿拉伯	340	新加坡	136
瑞士	322	阿拉伯联合酋长国	363
阿拉伯联合酋长国	391	英国	86
美国	252	美国	362

资料来源：

印度商工部，“进出口数据库”。

表 14.2.3.2 货物进出口贸易(金砖国家)——印度(2000-2012年)

单位：亿美元

指标	2000	2005	2006	2007	2008	2009	2010	2011	2012
进口									
巴西		8.93	9.92	9.50	11.86	34.38	35.49	42.71	48.26
俄罗斯	5.18	20.22	24.09	24.78	43.28	35.67	36.00	47.64	42.32
中国	15.02	108.69	174.75	271.46	324.97	308.24	434.80	553.14	522.48
南非	10.22	24.72	24.70	36.05	55.14	56.75	71.41	109.72	88.88
出口									
巴西		10.91	14.49	25.26	26.51	24.14	40.24	57.70	60.49
俄罗斯	8.89	7.33	9.04	9.41	10.96	9.81	16.89	17.78	22.96
中国	8.31	67.59	83.22	108.71	93.54	116.18	154.83	180.77	135.35
南非	3.11	15.27	22.42	26.61	19.80	20.59	39.12	47.31	51.07

资料来源：

印度商工部，“进出口数据库”。

表 14.2.3.3 货物进出口贸易(主要贸易伙伴)——印度(2000-2012年)

单位：亿美元

指标	2000/01	2005/06	2006/07
主要出口商品			
服装及其配饰，针织或钩织	17.9	31.9	36.2
服装及其配饰，非针织或钩织	37.9	54.4	52.9
电气机械和设备及其零件；录音机、 扬声器，电视图像录像机及其零件	12.9	27.7	41.1
矿砂，矿渣及矿灰	4.6	44.5	49.0
塑料和塑料产品	7.0	21.6	27.4
食品厂的残渣和废料、加工动物饲料	4.6	11.2	12.5
大型和小型船只以及其他漂浮构造	0.5	9.4	10.4
不含铁路和索道用车的车辆及其零件和配件	9.3	32.9	37.7
医药产品	9.5	24.4	31.8
其他产品	341.4	772.9	965.2
主要进口商品			
核反应堆锅炉，机械及机械用具及其零件	42.4	139.2	186.3
钢铁	9.6	54.5	61.4
钢铁产品	3.1	13.1	25.4
有机化学产品	16.0	51.4	60.4
肥料	4.4	16.8	26.7
塑料及其制品	6.6	25.6	29.6
矿物燃料，矿物油及其蒸馏产品，烟煤，矿物蜡	175.5	503.1	617.8
电气机械和设备及其零件；录音机、扬声器，电视图像录像机、录音机及其零件	26.8	119.0	145.8
天然或养殖珍珠、宝石或准宝石、贵金属、镀金产品、仿首饰、硬币	97.1	206.9	226.2

表 14.2.3.3 货物进出口贸易(主要贸易伙伴)——印度(2000-2012年)

单位：亿美元(续表1)

指标	2007/08	2008/09	2009/10
主要出口商品			
服装及其配饰，针织或钩织	42.7	50.5	45.9
服装及其配饰，非针织或钩织	54.2	59.0	61.3
电气机械和设备及其零件；录音机、　扬声器，电视图像录像机及其零件	53.6	95.4	72.3
矿砂，矿渣及矿灰	70.0	54.6	66.5
塑料和塑料产品	27.9	25.4	27.5
食品厂的残渣和废料、加工动物饲料	20.8	23.2	17.4
大型和小型船只以及其他漂浮构造	17.5	37.2	25.5
不含铁路和索道用车的车辆及其零件和配件	44.8	60.0	61.7
医药产品	41.6	50.8	51.9
其他产品	1258.2	1396.8	1357.4
主要进口商品			
核反应堆锅炉，机械及机械用具及其零件	253.4	266.4	239.9
钢铁	90.9	102.7	88.1
钢铁产品	33.0	36.7	27.9
有机化学产品	81.2	86.1	94.1
肥料	46.1	120.1	59.9
塑料及其制品	41.2	44.8	55.2
矿物燃料，矿物油及其蒸馏产品，烟煤，矿物蜡	863.8	1039.3	963.2
电气机械和设备及其零件；录音机、扬声器，电视图像录像机、录音机及其零件	200.9	252.1	220.7
天然或养殖珍珠、宝石或准宝石、贵金属、镀金产品、仿首饰、硬币	262.9	439.3	463.2

表 14.2.3.3　货物进出口贸易(主要贸易伙伴)——印度(2000-2012年)

单位：亿美元(续表2)

指　标	2010/11	2011/12	2012/13
主要出口商品			
服装及其配饰，针织或钩织	47.7	57.8	55.5
服装及其配饰，非针织或钩织	64.5	79.6	74.1
电气机械和设备及其零件；录音机、扬声器，电视图像录像机及其零件	108.4	115.3	108.6
矿砂，矿渣及矿灰	58.2	54.3	23.8
塑料和塑料产品	39.5	53.0	51.5
食品厂的残渣和废料、加工动物饲料	24.6	25.3	32.4
大型和小型船只以及其他漂浮构造	52.7	81.0	38.4
不含铁路和索道用车的车辆及其零件和配件	113.0	109.3	121.9
医药产品	65.4	84.8	100.6
其他产品	1937.4	2399.3	2397.1
主要进口商品			
核反应堆锅炉，机械及机械用具及其零件	290.1	375.5	352.4
钢铁	110.1	136.5	136.2
钢铁产品	36.2	45.3	41.0
有机化学产品	126.4	144.4	157.0
肥料	61.8	92.2	74.1
塑料及其制品	75.7	84.5	96.1
矿物燃料，矿物油及其蒸馏产品，烟煤，矿物蜡	1159.3	1727.5	1813.5
电气机械和设备及其零件；录音机、扬声器，电视图像录像机、录音机及其零件	272.1	328.7	298.2
天然或养殖珍珠、宝石或准宝石、贵金属、镀金产品、仿首饰、硬币	770.5	910.8	839.0

资料来源：

印度商工部“进出口数据库”。

表 14.2.4.1　货物进出口贸易——中国(2000-2013年)

单位：亿美元

指　　标	2000	2005	2006	2007	2008
从主要贸易伙伴的进口					
中国香港	94	122	108	128	129
印度	14	98	103	146	203
日本	415	1004	1157	1339	1506
韩国	232	768	897	1038	1121
中国台湾	255	747	871	1010	1033
南非	10	34	41	66	92
德国	104	307	379	454	558
俄罗斯	58	159	176	197	238
巴西	16	100	129	183	299
美国	224	486	592	694	814
澳大利亚	50	162	193	258	374
东盟	222	750	895	1084	1170
欧盟	308	736	903	1109	1326
对主要贸易伙伴的出口					
中国香港	445	1245	1553	1844	1907
印度	16	89	146	240	316
日本	417	840	916	1020	1161
韩国	113	351	445	561	739
中国台湾	50	166	207	235	259
南非	10	38	58	74	86
德国	93	325	403	487	592
俄罗斯	22	132	158	285	331
巴西	12	48	74	114	188
美国	521	1629	2034	2327	2524
澳大利亚	34	111	136	180	222
东盟	173	554	713	941	1143
欧盟	382	1437	1820	2452	2931
主要出口商品					
机电产品	1053	4267	5494	7012	8229
高新技术产品	370	212	2814	3478	4156
钢材	22	131	262	441	634
自动数据处理设备及其部件	110	763	930	1237	1350
自动数据处理设备的零件	56	284	326	323	314
电话机(1)	17	21	28	388	415
船舶	15	46	80	119	191
家具及其零件	36	135	171	221	269
非针织或钩边织物制服装	175	324	397	436	468
针织或钩编服装	125	279	412	569	546
主要进口商品					
机电产品	1029	3504	4277	4990	5387
高新技术产品	525	1977	2473	2870	3419
大豆	23	78	75	115	218
铁矿砂及其精矿	19	184	209	338	605
原油	149	477	664	798	1293
成品油	37	104	155	164	300
钢材	85	246	198	206	234
汽车和汽车底盘	12	51	75	110	152
自动数据处理设备及其部件	45	180	199	224	254
自动数据处理设备的零件	54	157	182	168	150

表 14.2.4.1　货物进出口贸易——中国(2000-2013年)

单位：亿美元(续表)

指　　标	2009	2010	2011	2012	2013
从主要贸易伙伴的进口					
中国香港	87	123	155	179	162
印度	137	208	234	188	170
日本	1309	1767	1946	1778	1623
韩国	1025	1383	1627	1687	1831
中国台湾	857	1157	1249	1322	1566
南非	87	149	321	447	483
德国	557	743	927	919	942
俄罗斯	212	259	404	442	396
巴西	283	381	524	523	541
美国	775	1021	1221	1329	1526
澳大利亚	395	611	827	846	988
东盟	1067	1547	1930	1959	1995
欧盟	1277	1684	2112	2121	2201
对主要贸易伙伴的出口					
中国香港	1662	2183	2680	3234	3848
印度	297	409	505	477	484
日本	979	1210	1483	1516	1503
韩国	537	688	829	877	912
中国台湾	205	297	351	368	406
南非	74	108	134	153	168
德国	499	680	764	692	673
俄罗斯	175	296	389	441	496
巴西	141	245	318	334	362
美国	2208	2833	3245	3518	3684
澳大利亚	206	272	339	377	376
东盟	1063	1382	1701	2043	2441
欧盟	2362	3112	3560	3340	3390
主要出口商品					
机电产品	7131	9334	10856	11793	12655
高新技术产品	3769	4924	5488	6012	6603
钢材	223	368	513	515	532
自动数据处理设备及其部件	1224	1640	1763	1853	1822
自动数据处理设备的零件	257	307	299	296	286
电话机(1)	415	489	648	830	972
船舶	271	392	418	361	263
家具及其零件	253	330	379	488	518
非针织或钩边织物制服装	427	492	574	550	610
针织或钩编服装	481	597	715	780	869
主要进口商品					
机电产品	4914	6603	7533	7826	8401
高新技术产品	3098	4127	4630	5071	5582
大豆	188	251	298	350	380
铁矿砂及其精矿	501	794	1124	957	1057
原油	893	1352	1967	2208	2197
成品油	170	223	327	331	319
钢材	195	201	216	178	170
汽车和汽车底盘	154	307	432	476	489
自动数据处理设备及其部件	238	293	317	369	308
自动数据处理设备的零件	131	187	167	172	169

资料来源：

中华人民共和国海关总署。

脚注：

(1) 从 2007 年起电话机包括手持或车载无线电话机。

表 14.2.4.2 中国对其他金砖国家出口前10位的商品(2013年)

巴西			印度		
商品	金额[1]（亿美元）	比上年增长(%)[2]	商品	金额[1]（亿美元）	比上年增长(%)[2]
1.机电产品	215.0	6.4	1.机电产品	258.6	-1.4
2.高新技术产品	86.0	6.4	2.高新技术产品	121.8	9.7
3.纺织纱线、织物及制品	23.7	7.6	3.自动数据处理设备及其部件	32.5	13.6
4.服装及衣着附件	17.5	15.0	4.纺织纱线、织物及制品	29.3	9.6
5.液晶显示板	14.1	-4.7	5.肥料	19.1	-35.7
6.钢材	12.9	26.0	6.钢材	16.9	-25.4
7.自动数据处理设备及其部件	8.9	-5.6	7.电话机	14.5	38.4
8.农产品	8.6	25.2	8.医药品	12.7	4.3
9.箱包及类似容器	6.6	5.7	9.服装及衣着附件	8.4	61.8
10.电视、收音机及无线电讯设备的零附件	6.5	3.6	10.二极管及类似半导体器件	7.3	109.9

表 14.2.4.2 中国对其他金砖国家出口前10位的商品(2013年)

（续表）

俄罗斯			南非		
商品	金额[1]（亿美元）	比上年增长(%)	商品	金额[1]（亿美元）	比上年增长(%)
1.机电产品	226.2	2.4	1.机电产品	77.8	17.6
2.服装及衣着附件	92.7	45.4	2.高新技术产品	25.0	39.4
3.高新技术产品	64.1	-4.7	3.服装及衣着附件	19.3	1.0
4.纺织纱线、织物及制品	31.5	13.8	4.纺织纱线、织物及制品	9.9	1.1
5.鞋类	31.3	20.4	5.鞋类	8.5	-17.7
6.农产品	21.0	8.2	6.家具及其零件	8.2	11.3
7.自动数据处理设备及其部件	20.4	-22.6	7.自动数据处理设备及其部件	6.6	4.3
8.电话机	13.0	49.2	8.钢材	4.9	30.4
9.钢材	11.0	12.6	9.二极管及类似半导体器件	4.9	1045.4
10.汽车零件	11.0	5.0	10.太阳能电池	4.6	1101.0

资料来源：

中华人民共和国海关总署。

脚注：

(1) 初步数据。

表 14.2.4.3 中国从其他金砖国家进口前10位的商品(2013年)

单位：亿美元

巴西			印度		
商品	金额[1]（亿美元）	比上年增长（%）	商品	金额[1]（亿美元）	比上年增长（%）
1.农产品	225.1	20.4	1.农产品	32.9	-19.8
2.铁矿砂及其精矿	214.2	-5.6	2.棉花	22.4	-26.1
3.粮食	191.2	34.0	3.纺织纱线、织物及制品	21.3	92.2
4.原油	38.0	-18.6	4.未锻造的铜及铜材	18.7	-13.7
5.纸浆	17.6	8.5	5.钻石	17.1	36.6
6.食糖	14.3	26.6	6.铁矿砂及其精矿	14.7	-60.0
7.机电产品	7.5	-50.6	7.机电产品	13.2	9.0
8.牛皮革与马皮革	7.0	19.4	8.初级形状的塑料	5.4	-8.9
9.食用植物油	5.1	-56.1	9.高新技术产品	4.5	-1.6
10.棉花	3.3	-60.0	10.二甲苯	2.8	-17.2

表 14.2.4.3 中国从其他金砖国家进口前10位的商品(2013年)

单位：亿美元(续表)

俄罗斯			南非		
商品	金额[1]（亿美元）	比上年增长（%）	商品	金额[1]（亿美元）	比上年增长（%）
1.原油	197.4	-3.6	1.铁矿砂及其精矿	60.2	8.6
2.成品油	41.0	-33.5	2.钻石	24.1	75.2
3.煤及褐煤	27.8	15.8	3.铬矿砂及其精矿	11.5	30.7
4.农产品	15.7	0.9	4.煤及褐煤	11.0	-30.1
5.铁矿砂及其精矿	14.1	-20.4	5.锰矿砂及其精矿	9.2	61.4
6.原木	14.1	-9.9	6.农产品	5.0	17.1
7.锯材	13.6	6.1	7.机电产品	4.2	62.7
8.冻鱼	13.0	1.6	8.废金属	2.2	15.6
9.肥料	12.1	-27.9	9.羊毛	1.9	9.7
10.纸浆	5.9	-17.4	10.汽车(包括整套散件)	1.8	87.2

资料来源：

中华人民共和国海关总署。

脚注：

(1) 初步数据。

表 14.2.5　货物进出口贸易——南非(2010年)

单位：万美元

指　　标	巴西	俄罗斯	印度	中国	所有国家
进口	**134965**	**10522**	**283501**	**1147812**	**7998891**
天然或养殖珍珠、宝石或准宝石					
贵金属、镀金金属及其产品、仿首饰、硬币	18671		2164	5623	68300
矿产品	3825	50	6663	10108	127320
基本金属及其制品	1691	1102	642	91	83394
车辆、航行器、船舶及其相关设备	11267	5	7194	11458	203668
机械和机械设备，电气设备及其零件，录音机和					
扬声器，电视图像、录音机和扬声器的零配件	6816	972	85136	15388	1600079
化学及相关行业产品	6717	3001	40465	66556	766583
蔬菜产品	3401	549	9850	50741	325212
食品加工品、饮料、酒、醋、烟草及烟草替代品	2665	7	2498	15123	31106
木浆或其他纤维状材料；纸或纸板废料；纸和纸板及其制品	1747	46	122	5356	30129
塑料及其制品、橡胶及其制品	2415	28	2585	11999	129341
活牲畜，动物产品	629	31	15237	136924	251294
杂项制品	763	5	1902	62629	81712
纺织原料及纺织制品	1765	4	2341	29024	100290
光学、摄影、电影摄影、测量、检查、精密、内科或外科					
仪器及器具、钟表、乐器及其零件和附件	23	663	5318	6094	81486
木材及木制品、木炭、软木及软木制品、稻草、茅草或					
其他编结品材料、编篮及柳条制品 其他未分类的商品	6137	2923	19334	82650	374929
其他未分类的商品	20941	862	36535	504079	2031434
石料、石膏、水泥、石棉、云母或类似材料、陶瓷制品、玻璃及玻璃制品	13814	187	38308	36863	820240
生皮、皮革、毛皮及其制品；鞍具及挽具，旅行用品、					
手袋及类似容器；动物肠线(蚕比肠除外)	667	89	1921	21285	218844
动物或植物油脂及其分解产品；调制食用油脂；动物或植物蜡					130345
鞋、帽、伞、太阳伞、手杖、带座手杖、鞭子、马鞭及其零件、					
经处理的羽毛及其制品、人造花、人发制品	498	1	2531	71741	2382
艺术品、珍藏品及古董	1		40	184	518274
特殊分类规定：原始设备零件	2		123	59	18188
未分类的商品	30511		2594	3835	4343

表 14.2.5　货物进出口贸易——南非(2010年)

单位：万美元（续表）

指　　标	巴西	俄罗斯	印度	中国	所有国家
出口	**71462**	**28313**	**297027**	**810428**	**8060447**
天然或养殖珍珠、宝石或半宝石、贵金属、复合金属、仿首饰、硬币	136	12	7007	24827	2082220
矿产品	281	5176	201525	578029	1728947
基本金属及基本金属制品		1803	35323	136416	1258716
车辆、航空器、船舶及有关运输设备、机械及机械设备、电器、录音机及放声机	1093	188	1025	1593	689742
电视图像及这类制品的零件及附件	14757	3970	7899	9357	651751
化学品或有关工业产品	14127	210	28774	19186	425306
植物产品	5486	14517	572	981	289858
食物成品、饮料、酒、醋、烟草及烟草替代品、木浆或其他纤维素材料；纸和纸板废料	15	2041	482	5897	268455
纸和纸板及其制品	6	33	5575	9967	148560
塑料及其制品、橡胶及其制品	392	55	2772	8656	129772
活动物和动物产品	154	38	6	1901	71331
其他制成品	80	4	64	44	66986
纺织原料和纺织产品	519	194	3379	9179	61185
光学、摄影、电影、测量、校核、精密、内科或外科方面的工具和仪器，钟表、乐器及其零配件	31	18	627	442	40394
木材及木材制品、木炭、软木及软木制品，稻草、细茎针草和其他草编产品，柳编产品，编织物	21110	2	14	42	37527
其他未分类的商品	12143		17		34017
石料、石膏、水泥、石棉、云母或类似材料产品、陶瓷制品、玻璃及玻璃制品	830	6	1835	298	28228
生皮、兽皮、皮革、皮毛及其制品；鞍具及挽具、旅行用品、手袋及类似物品；动物肠线(不包括蚕胶丝)	243	29	102	3115	20898
动物或植物油脂及其分解产品；食用油脂成品；动植物蜡			0	450	17562
鞋、帽、伞、太阳伞、手杖、带座手杖、鞭子、短马鞭及其零件、经处理的羽毛及其制品、人造花、人发制品	21	1	2	23	4751
艺术品、收藏品及古董	17	19	27	27	3994
特别分类：原始设备零件	23				248

资料来源：

南非税务局。

表14.3.1 外国直接投资(FDI)——巴西(2000-2013年)

单位：亿美元

FDI流入额[(1)]	2000	2006	2007	2008	2009	2010	2011	2012	2013
荷兰	22.3	35.1	81.3	46.4	65.1	67.0	175.8	122.1	105.1
美国	54.0	45.2	60.7	70.5	49.0	61.4	89.1	123.1	90.2
西班牙	95.9	15.6	22.0	38.5	34.2	15.2	85.9	25.2	22.5
德国	3.7	8.7	18.0	10.9	24.7	5.4	11.3	8.3	10.1
加拿大	1.9	12.9	8.2	14.4	13.7	7.5	17.9	19.5	12.1
葡萄牙	25.1	3.5	5.2	10.5	3.8	12.0	4.9	5.5	6.0
法国	19.1	7.6	12.3	28.8	21.4	34.8	30.9	21.6	14.9
瑞士	3.1	16.6	9.1	8.0	3.8	64.4	11.9	43.3	23.3
日本	3.8	6.6	5.0	41.0	16.7	25.0	75.4	14.7	25.2
阿根廷	1.1	1.3	0.7	1.3	0.8	1.0	1.0	2.6	0.8
墨西哥	2.2	7.8	4.1	2.2	1.7	1.4	3.0	3.9	5.3
智利	0.3	0.3	7.2	2.6	10.3	9.4	8.3	20.1	29.6
印度		0.2	0.3	0.2	0.2	0.2	0.1	0.2	0.3
中国		0.1	0.2	0.4	0.8	4.0	1.8	1.8	1.1
南非		0.1	0.0	0.1	0.0	0.0	0.3	0.1	0.2
委内瑞拉		0.1	0.2	0.1	0.1	0.0	0.1	0.3	0.1
厄瓜多尔		0.0	0.1	0.0	0.0	0.0	0.0	0.1	0.0
哥伦比亚		2.3	1.7	0.5	1.5	1.9	0.5	1.6	0.7
俄罗斯		0.0	0.0	0.0	0.0	0.1	0.0	0.0	0.0
卢森堡		7.5	28.6	59.4	5.4	88.2	18.7	59.7	50.7
英国		4.3	10.5	6.9	10.3	10.3	27.5	19.8	12.0
意大利		2.5	3.1	3.8	2.3	3.0	4.6	9.9	9.0
巴哈马群岛		0.7	6.0	11.0	0.5	1.1	1.0	1.4	5.6
韩国		1.1	2.7	6.3	1.3	10.4	10.8	8.8	5.4
比利时		2.8	0.9	0.8	0.9	0.7	4.2	6.6	4.7
开曼群岛		19.7	16.0	15.6	10.9	4.1	6.1	6.2	1.8
百慕大		5.1	15.0	10.4	3.8	8.5	8.0	1.5	1.7
英属维尔京群岛		2.9	3.7	10.5	4.0	10.6	11.4	8.6	2.7
挪威		3.7	2.8	2.1	6.7	15.4	10.7	9.4	4.0
澳大利亚		1.2	4.9	11.5	7.1	5.6	10.8	5.2	3.3
奥地利		0.2	1.2	0.9	0.5	34.2	15.1	1.1	0.9
巴哈马群岛		0.7	6.0	11.0	0.5	1.1	1.0	1.4	5.6
乌拉圭		2.4	2.1	4.2	2.0	2.8	3.0	5.7	1.3
中国香港		1.0	0.1	0.3	0.3	0.8	20.8	5.1	1.4
瑞典		0.2	0.6	0.5	2.1	3.9	4.7	4.8	4.1
丹麦		1.0	1.2	1.7	0.5	3.0	1.5	4.8	3.4
巴拿马		1.4	1.4	1.0	1.3	1.3	2.5	2.3	3.1
新加坡		0.8	0.2	0.9	0.9	0.4	2.5	10.0	2.7
其他国家和地区		4.8	0.0	9.2	7.3	9.5	12.5	19.5	22.4

资料来源：

巴西中央银行。

脚注：

(1) 包括股市资本总流入，不包括其他资本。

表 14.3.2　外国直接投资(FDI)——俄罗斯[1](2000-2013年)

单位：亿美元

指　标	2000	2006	2007	2008	2009	2010	2011	2012	2013
FDI流入额(按资金来源地划分)	44.29	136.78	277.97	270.27	159.06	138.10	184.15	186.66	261.18
塞浦路斯	6.78	37.88	62.80	65.42	37.04	34.51	47.06	58.44	97.63
德国	3.41	6.34	11.23	35.60	23.13	25.82	17.32	17.68	39.74
荷兰	6.10	39.00	136.69	54.96	14.41	15.16	33.08	15.51	31.02
法国	0.97	3.43	6.63	8.79	7.58	9.60	7.76	12.42	7.58
英国	2.62	5.63	5.15	12.10	5.42	5.84	3.11	7.55	6.43
韩国	0.07	0.78	0.47	2.26	4.94	5.20	2.81	3.12	1.69
印度	0.00	3.52	2.26	3.12	3.96	5.12	6.12	4.88	4.88
芬兰	0.87	1.62	5.06	7.63	6.76	3.89	6.08	5.05	7.20
奥地利	0.22	2.86	3.60	11.44	4.40	3.71	8.53	9.52	8.86
维尔京群岛(英属)	0.65	9.79	6.58	20.02	7.03	3.07	14.42	9.71	4.10
巴西		0.004						0.01	0.00
中国	0.03	1.06	2.29	1.10	3.01	1.21	5.91	2.12	2.54
南非	0.00	0.05	0.002	0.00	0.01	0.001		0.01	0.02
FDI流出额(按资金流出目的地划分)	3.82	32.08	91.79	218.18	174.54	102.71	190.40	174.26	762.65
荷兰		1.57	67.28	66.42	100.23	64.92	93.63	67.85	72.81
塞浦路斯		12.03	4.82	86.64	35.14	12.62	22.84	44.09	51.54
白俄罗斯	0.77	0.01	6.34	6.65	6.58	6.75	25.10	0.70	0.04
瑞士		0.25	0.03	10.14	5.92	4.96	4.19	1.86	0.20
美国		1.92	5.50	36.78	8.56	2.35	4.79	1.91	0.87
乌克兰	0.10	0.09	0.15	0.09	0.26	2.13	0.21	0.38	0.48
德国		1.37	0.70	2.77	0.79	1.86	1.47	0.25	0.38
维尔京群岛(英属)		0.38	0.07	0.69	0.30	1.52	1.75	3.55	539.18
意大利				0.63	0.03	1.12			28.00
土耳其	0.001	0.01	1.04	0.77	0.48	0.81	5.02		9.36
印度								0.01	0.00
中国	0.01	0.04	0.02	0.12			0.07	0.43	0.36
南非								0.002	
巴西									

资料来源：

俄罗斯联邦统计局。

脚注：

(1) 根据一些组织（不包括货币当局、商业银行）提供的统计报告，数据包括兑换成美元的卢布收益。

表14.3.4　外国直接投资(FDI)——中国(2000-2013年)

指　标	2000	2006	2007	2008	2009	2010	2011	2012	2013
FDI流入额(按资金来源地划分)									
中国香港	155.00	202.33	277.03	410.36	460.75	605.67	705.00	655.61	733.97
维尔京群岛	38.33	112.48	165.52	159.54	112.99	104.47	97.25	78.31	61.59
新加坡	21.72	22.60	31.85	44.35	36.05	54.28	60.97	63.05	72.29
韩国	14.90	38.95	36.78	31.35	27.00	26.92	25.51	30.38	30.54
开曼群岛	6.24	20.95	25.71	31.45	25.82	24.99	22.42	19.75	16.68
美国	43.84	28.65	26.16	29.44	25.55	30.17	23.69	25.98	28.20
萨摩亚	2.83	15.38	21.70	25.50	20.20	17.73	20.76	17.44	18.58
中国台湾	22.96	21.36	17.74	18.99	18.81	24.76	21.83	28.47	20.88
德国	10.41	19.79	7.34	9.00	12.17	8.88	11.29	14.51	20.78
毛里求斯	2.65	10.33	13.33	14.94	11.04	9.29	11.39	9.59	9.10
印度	0.10	0.52	0.34	0.88	0.55	0.49	0.42	0.44	0.27
巴西	0.04	0.56	0.32	0.39	0.52	0.57	0.43	0.58	0.23
南非	0.09	0.95	0.69	0.26	0.41	0.66	0.13	0.16	0.13
俄罗斯	0.16	0.67	0.52	0.60	0.32	0.35	0.31	0.30	0.22
FDI流出额(按资金流出目的地划分)(1)									
中国香港		69.31	137.32	386.40	356.01	385.05	356.55	512.38	
开曼群岛		78.33	26.02	15.24	53.66	34.96	49.36	8.27	
澳大利亚		0.88	5.32	18.92	24.36	17.02	31.65	21.73	
卢森堡			0.04	0.42	22.70	32.07	12.65	11.33	
维尔京群岛		5.38	18.76	21.04	16.12	61.20	62.08	22.39	
新加坡		1.32	3.98	15.51	14.14	11.19	32.69	15.19	
美国		1.98	1.96	4.62	9.09	13.08	18.11	40.48	
加拿大		0.35	10.33	0.07	6.13	11.42	5.54	7.95	
中国澳门		-0.43	0.47	6.43	4.56	0.96	2.03	0.17	
缅甸		0.13	0.92	2.33	3.77	8.76	2.18	7.49	
俄罗斯		4.52	4.78	3.95	3.48	5.68	7.16	7.85	
巴西		0.10	0.51	0.22	1.16	4.87	1.26	1.94	
南非		0.41	4.54	48.08	0.42	4.11	-0.14	-8.15	
印度		0.06	0.22	1.02	-0.25	0.48	1.80	2.77	

资料来源：

中华人民共和国商务部。

脚注：

(1) 2003-2006 年 FDI 流出额为非金融类直接投资数据，2007 年及以后年份数据为全口径 FDI 流出额。

表 14.4.1　国际收支平衡表——巴西(2013年)

单位：亿美元

项　目	差　额	贷　方	借　方
经常项目[1]	-810.7	3042.3	3853.0
货物差额(离岸价格)	25.5	2495.4	2469.9
服务和收入收益(净额)	-869.9	492.0	1362.0
服务	-472.2	391.3	863.5
收入	-397.8	100.7	498.5
经常项目单方面转移	33.7	54.8	21.1
资本和金融项目[2]	741.5	4812.7	4071.2
资本项目[1]	11.9	16.3	4.4
金融项目	729.5	4796.4	4066.8
直接投资	675.4	1140.6	465.2
证券投资	256.9	2487.6	2230.7
金融衍生工具	1.1	5.0	3.9
其他投资	-203.9	1163.2	1367.1
误差和遗漏[1]	10.0		
总差额[1]	-59.3		

资料来源：

巴西中央银行。

脚注：

(1) 包括资本的无回报转移以及品牌和专利无偿授权。

表 14.4.2　国际收支平衡表——俄罗斯(2012年)

单位：亿美元

项　目[(1)]	差额
经常项目	720.16
货物和服务	1458.10
主要收益	-676.61
雇员报酬	-118.31
投资	-568.38
租金	10.08
次要收益	-61.33
资本项目	-52.18
金融项目	-565.01
直接投资	17.65
证券投资	170.31
金融衍生工具	-13.56
其他投资	-439.25
储备资产	-300.17
净误差与遗漏	-102.97

资料来源：

俄罗斯中央银行。

脚注：

(1) 可将与各个金砖国家之间的项目交易分别列出。

表 14.4.3 国际收支平衡表——印度(2010-2012年)

单位：亿美元

项目	2010/11			2011/12			2012/13		
	贷方	借方	净额	贷方	借方	净额	贷方	借方	净额
一、经常项目									
1.有形商品	2561.6	3834.8	-1273.2	3097.7	4995.3	-1897.6	3065.8	5022.4	-1956.6
2.无形商品	1904.9	1112.2	792.7	2192.3	1076.3	1116.0	2240.4	1165.5	1074.9
经常项目总额(1+2)	4466.5	4947.0	-480.5	5290.0	6071.6	-781.6	5306.3	6187.9	-881.6
二、资本项目									
1.外商投资	2925.6	2504.4	421.3	2346.2	1953.9	392.3	2150.3	1683.2	467.1
2.贷款	1087.8	796.5	291.4	1409.9	1216.8	193.1	1550.9	1239.6	311.2
3.银行资本	923.2	873.6	49.6	899.0	736.8	162.3	837.3	671.6	165.7
4.卢比负债额		0.7	-0.7		0.8	-0.8		0.6	-0.6
5.其他资本	100.0	224.1	-124.2	133.0	202.2	-69.3	178.6	229.1	-50.5
资本项目总额(1至5)	5036.6	4399.2	637.4	4788.1	4110.5	677.6	4717.0	3824.0	893.0
三、误差与遗漏		26.4	-26.4		24.3	-24.3	26.9		26.9
总差额(一+二+三)	9492.1	9361.6	130.5	10078.1	10206.4	-128.3	10050.2	10011.9	38.3

资料来源：

印度储备银行，《印度经济统计手册》。

表 14.4.4　国际收支平衡表——中国(2013年)

单位：亿美元

项　目	差　额	贷　方	借　方
经常项目	1828.1	26636.6	24808.5
货物和服务	2353.8	24249.9	21896.1
货物	3598.9	22189.8	18590.9
服务	-1245.1	2060.2	3305.3
收益	-438.4	1855.1	2293.4
职工报酬	160.8	177.9	17.1
投资收益	-599.1	1677.2	2276.3
经常转移	-87.3	531.6	619.0
各级政府	-31.1	11.2	42.4
其他部门	-56.2	520.4	576.6
资本和金融项目	3262.0	17271.0	14009.0
资本项目	30.5	44.5	14.0
金融项目	3231.5	17226.5	13995.0
直接投资	1849.7	3478.5	1628.8
证券投资	605.5	1041.5	436.0
其他投资	776.3	12706.5	11930.2
储备资产	-4313.8	13.2	4327.0
货币黄金			
特别提款权	2.0	2.1	0.0
在基金组织的储备头寸	11.1	11.1	
外汇	-4327.0		4327.0
净误差与遗漏	-776.3		776.3

资料来源：

国家外汇管理局。

表 14.4.5　国际收支平衡表——南非(2011年)

单位：亿美元

项　目	差　额	贷　方	借　方
经常项目	-136.21		
货物差额(离岸价)[(1)]	22.60	1029.24	1006.65
服务和收入收益(净额)	-139.23		
服务收益	-47.44	148.66	196.10
收入收益	-91.79	52.55	144.34
经常性转移	-19.58	15.56	35.14
资本与金融项目[(3)(4)(5)]	136.18		
资本项目[(2)]	0.33	0.53	0.20
金融项目	135.85		
直接投资	62.68	60.11	-2.57
证券投资	-22.55	63.24	85.79
金融衍生工具			
其他投资	40.76	59.29	18.54
误差与遗漏[(3)(6)]	100.05		
总差额[(3)]	-45.09		

资料来源：

南非储备银行。

脚注：

(1) 按国际收支平衡目的对公共海关数据进行了调整。

(2) 黄金商品。1981 年之前，黄金出口净额为对国外销售的黄金净额加上南非储备银行和其他银行机构黄金持有量的变动额。

(3) 外国人对在南非企业的投资额，在附属企业或总公司拥有至少有 10% 的投票权。

(4) 南非居民在境外企业的投资，在企业的投票权至少在 10% 以上。

(5) 经常项目、资本转移和金融项目交易。

(6) 与外汇储备相关的负债包括南非储备银行的所有对外负债以及中央政府从国际组织获得的短期贷款。

图 14.1（a） 货物和服务进出口（2008-2012 年）

（亿美元）
45000
40000
35000
30000
25000
20000
15000
10000
5000
0

2008年: 4,486 8,897 6,470 28,148 2,046
2010年: 4,777 7,628 8,261 32,641 1,996
2012年: 5,865 10,349 10,176 42,648 1,726

巴西 俄罗斯 印度 中国 南非

资料来源：2014 年《金砖国家联合统计手册》第 14 章概况表。

图 14.1（b） 货物和服务的出口与货物和服务进口比率（ 2008-2012 年）

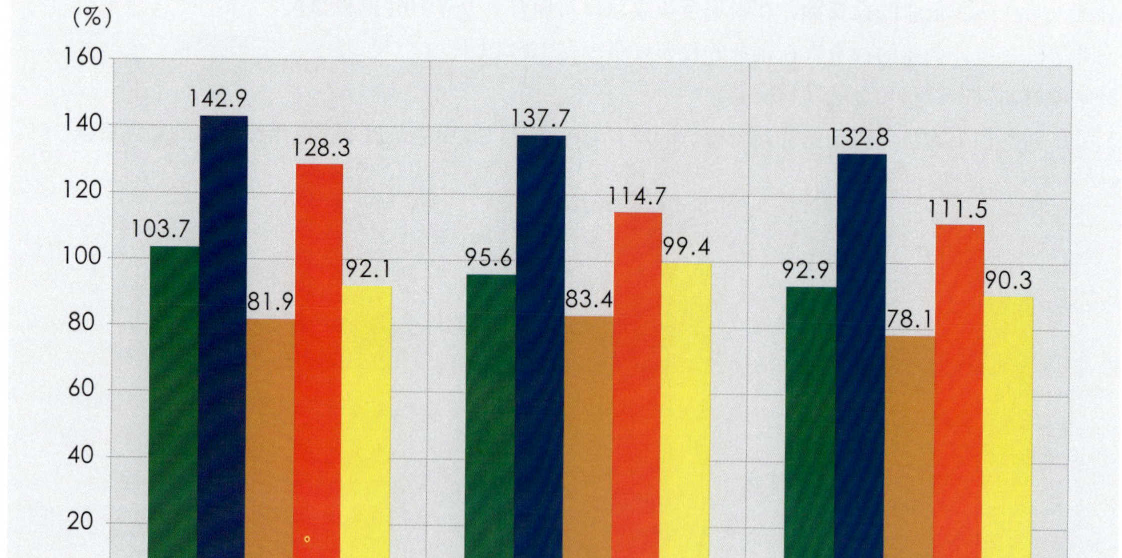

资料来源：2014 年《金砖国家联合统计手册》第 14 章概况表。

图 14.1 （c） 外债余额占 GDP 的比重（ 2009-2012 年）

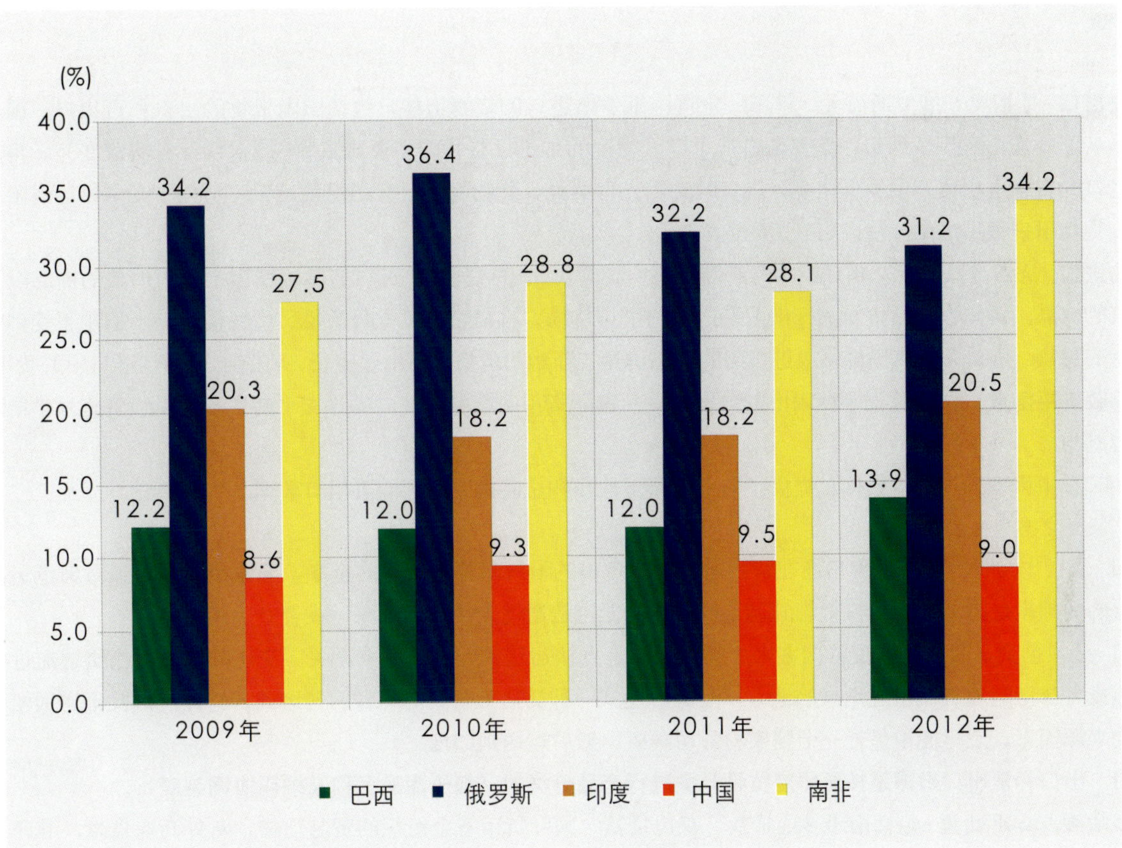

资料来源：2014 年《金砖国家联合统计手册》第 14 章概况表。

主要统计指标解释

国家解释

俄罗斯

货物出口 是指离开俄罗斯海关、但不一定再由俄罗斯进口的货物出境，包括国内货物的出口和再出口。国内货物包括从国外进口到俄罗斯但在俄罗斯进行了很大程度的加工（货物的主要质量和 技术特征有所改变）。再出口是指进口的货物再次离开俄罗斯边境，进口时无需支付关税、货物税，可获得退税，但不适用于受到禁运或限制的货物。货物出口采用离岸价格或出口国的边境价格。

货物进口 是指进入俄罗斯联邦境内的商品，不一定会再次出口国外。进口商品包括用于国内消费的商品以及再次进口的商品。再出口包括再次离开俄罗斯边境的进口货物，进口时无需支付关税、货物税，但不适用于受到禁运或限制的货物。进口采用离岸价格或进口国的边境价格（即到岸价格，包括保险费、将货物运输到进口国的费用等）。

国际收支平衡表 国际收支平衡表中的数据是按照国际货币基金组织《国际收支平衡表和国际投资头寸手册》第六版编制的。

表 14.2.2 中俄罗斯进出口数据只提供了与主要贸易伙伴和金砖国家之间的进出口数据。

印度

出口 是指作为贷方计入由出口商在货物运送单中申报的最终目的地国家的金额，无论货物是否通过海港运出。最终目的地国家是指从印度出口货物的运送目的地，无论是通过未经转运的海运或者空运运出。

进口 是根据交送货物到印度的国家来分类，而跟是直接运送到印度的国家无关。交送的国家是指货运通过陆地和海运或者仅海运或者航空运送来的地方，没有中途从一种交通工具到另一种的转运或者转让。因此运送国家不是指货物来源国家，它可能被另外一个国家的公司购买，然后运送到印度。

进口、出口和复出口数据是按照印度贸易分类进行产品分类的（基于商品名称及编码协调制度）。

外债余额占 GDP 比重 包括由于多边贷款、双边贷款、国际货币基金组织的贸易信贷、对外商业借款；非印度常住居民存款、以卢比债务及短期存款。

国际收支平衡表中的经常项目中，交易划分为有形的货物交易（出口和进口）和无形交易。无形交易可以进一步划分为三类，一是服务往来，包括旅游、运输、保险、难以划入别的类别的政府服务以及其他服务（例如通信、建筑、金融、软件、通讯社、特许使用权、管理和商业服务），二是收益，三是无任何补偿的转移（包括赠予、礼物和国外汇款等）。资本项目中，资本流入额可按金融工具（负债或股权）和资本期限（长期资本或短期资本）进行分类。资本项目主要包括外国投资、贷款和银行资本。外国投资包括外国直接投资、贷款和银行资本。外国投资和优惠外国直接投资（包括外国机构投资者投资、美国银行证券存单、全球预托证券）属于非债务负债，而外国援助贷款（外国商业借款和贸易信贷）和银行资本（包括印度侨民存款）属于负债。

中国

对外贸易统计及范围 中国的对外贸易统计由海关总署承担。统计依据是中国各地海关对进出口货物执行实际监管的进出口报关单。对外贸易统计包括中国对外贸易实际进出口货物；通过中国关境的转口贸易货物；加工贸易进出口货物；租赁期一年及以上的租赁贸易货物；外商投资企业进出口货物；国家间和国际组织无偿援助的物资以及华侨、港澳台同胞和外籍华人的捐赠品。不包括：未通过中国关境的转口贸易货物；租赁期一年以下的进出境货物；暂时进出口尚需复运出进口的货物；进出境运输工具添加的燃料和食品以及经过中国领土的直接过境货物。

进出口统计价格 进口货物统计到岸价格（CIF），出口货物统计离岸价格（FOB）。

到岸价格包括货价、加上货物运抵中国关境输入地点起卸前的包装费、运费、保险费和其他劳务费等费用。离岸价格不包括货物离开中国关境后运费、保险费和其他费用。

统计价格分别以人民币和美元计值。如果成交价格为其它货币，则根据国家外汇管理部门公布的折算率分别折算成人民币和美元。

进出口国家（地区） 进口货物统计原产国，出口货物统计最终目的地国。

原产国 指进口货物生产、开采或加工制造的国家（地区）。对经过两个以上国家（地区）加工制造的进口货物，则以最后一个对货物进行经济上可以视实质性加工的国家（地区）作为该货物的原产国。原产国确实不详时，按“国别不详”统计。

最终目的地国 指出口货物已知的消费、使用或进一步加工制造国家（地区），包括直接使用或进行加工的国家（地区）。最终目的地国不能确定时，按货物出口时尽可能预知的最后运往国（地区）统计。

FDI 流入 指外国企业和经济组织或个人（包括华侨、港澳台胞以及我国在境外注册的企业）按我国有关政策、法规，用现汇、实物、技术等在我国境内开办外商独资企业、与我国境内的企业或经济组织共同举办中外合资经营企业、合作经营企业或合作开发资源的投资（包括外商投资收益的再投资），以及经政府有关部门批准的项目投资总额内企业从境外借入的资金。

FDI 流出 指我国国内投资者以现金、实物、无形资产等方式在国外及港澳台地区设立、购买国（境）外企业，并以控制该企业的经营管理权为核心的经济活动。

国际收支平衡表 是特定时期居民与非居民之间的经济交易汇总表。

国际投资头寸 是指一经济体居民对非居民的债权或作为储备资产持有的金块等金融资产，以及一经济体居民对非居民负债的价值。

旅　游

15

表15.1　旅游(按洲划分的入境旅游人数)(2006-2013年)

单位：人次

国家和地区	2006	2007	2008	2009	2010	2011	2012	2013
非洲								
巴西	83721	75435	75824	78110	83688	86511	92349	
俄罗斯(1)	6825	6355	10467	9553	9822	11092	13728	17640
印度	142813	157485	141750	164474	204525	232390	261428	
中国	293790	379141	378401	401159	463550	488774	524882	552671
南非				5089414	5741177	6136835	6656457	
美洲								
巴西	2717273	2779164	2883839	2862171	3196300	3401592	3582256	
俄罗斯(1)	274202	237521	277670	266125	242421	271063	290606	325711
印度	912051	1049595	1070802	1097813	1236390	1300690	1359670	
中国	2405829	2721034	2581447	2491190	2995397	3201033	3179520	3123834
南非				333245	457981	432890	513359	
亚洲								
巴西	182614	188671	220418	159791	184255	227031	244655	
俄罗斯(1)	518534	406353	405295	376627	500794	631057	843685	940352
印度	1620320	1809601	1955543	1889232	2133750	2416140	2539030	
中国	13588165	16061173	14551078	13781113	16178640	16623150	16622193	16060094
南非				222968	282568	250472		
欧洲								
巴西	1894724	1836649	1739761	1578185	1575525	1575641	1598044	
俄罗斯(1)	829710	713817	702302	660570	651628	669073	716007	731452
印度	1608580	1838847	1900635	1817517	1977990	2113290	2165750	
中国	5279636	6216774	6123289	4591144	5697871	5937810	5948178	5688146
南非				763901	839874	1273212		
大洋洲								
巴西	31819	43520	47000	48295	46302	44657	52815	
俄罗斯(1)	23035	29629	29826	25268	24591	28417	37530	41186
印度	137436	167063	178308	182451	210280	233170	244510	
中国	638553	728453	688826	672432	789331	859310	914899	863395
南非				101479	128149	122784	142949	
其他								
巴西	107100	102395	83257	75665	75309	97922	106724	
俄罗斯(1)	780712	819922	869500	762458	704613	725275	668913	608441
印度	25967	58913	35565	16212	12757	13550	7360	
中国	4265	3093	2296	2162	2096	1894	1919	2154
南非				500858	623803	123161		

资料来源：

巴西

巴西旅游部。

俄罗斯

俄罗斯边境管理局。

印度

印度旅游部，《印度旅游统计》(各期)。

中国

1. 中华人民共和国国家统计局，《中国统计年鉴》，2000-2013 年。

2. 中华人民共和国国家旅游局，《中国旅游年鉴》，2000-2013 年。

脚注：

大洋洲包括澳大利亚、新西兰、新几内亚岛以及太平洋周边岛屿。

俄罗斯

(1) 指入境旅游人次。

印度

以下两类旅客不包括在外国入境旅游人数之列:

一是在印度和尼泊尔边界处通过陆路进入印度的尼泊尔人;

二是通过陆路从不丹进入印度的外国人。

表15.2.1　外国人境旅游人数(排名前15位的国家)——巴西(2001-2012年)

单位：人次

国家和地区	2001	2004	2005	2006	2007
总计	**4772575**	**4793703**	**5358170**	**5017251**	**5025834**
阿根廷	1374461	922484	992299	933061	921679
美国	596844	705993	793559	721633	695749
意大利	320050	294989	308598	277182	257740
乌拉圭	304682	309732	341647	255349	226111
德国	153921	155026	169953	176357	260439
智利	285724	204762	249030	198958	212022
法国	216038	276563	303878	287898	268685
巴拉圭	184759	224160	263829	275913	254367
葡萄牙	126928	155421	172979	211741	216891
西班牙	165898	336988	357640	299211	280438
英格兰	143626	150336	169514	169627	176970
玻利维亚	107664	60239	68670	55169	61990
哥伦比亚	50335	42163	47230	50103	45838
秘鲁	48405	56647	60251	64002	96336
荷兰	44057	102480	109708	86122	83566
其他	649183	795720	949385	954925	967013

国家和地区	2008	2009	2010	2011	2012
总计	**5050099**	**4802217**	**5161379**	**5433354**	**5676843**
阿根廷	1017675	1211159	1399592	1593775	1671604
美国	625506	603674	641377	594947	586463
意大利	254264	215595	226630	241739	258437
乌拉圭	199403	189412	228545	261204	253864
德国	240087	170491	200724	217200	250586
智利	217709	180373	194340	192730	246401
法国	265724	253545	245491	229484	230114
巴拉圭	214440	205860	199719	207890	218626
葡萄牙	202624	174526	179340	190392	180406
西班牙	222558	183697	189065	183728	168649
英格兰	181179	172643	167355	149564	155548
玻利维亚	84072	83454	99359	85429	112639
哥伦比亚	96846	78010	85567	91345	100324
秘鲁	93693	78975	81020	86795	91996
荷兰	81936	75518	76411	72162	73133
其他	1052383	925285	946844	1034970	1078053

资料来源：

1. 巴西联邦警察局。
2. 巴西旅游部。

表15.2.2　外国入境旅游人数[1](排名前15位的国家)——俄罗斯(2001-2013年)

单位：人次

国家和地区	2001	2004	2005	2006	2007	2008
总计[2]	**2295206**	**2860802**	**2384626**	**2433018**	**2213597**	**2295074**
德国	204644	351099	313547	328583	345708	332822
中国	156792	283839	204192	157361	129749	127155
美国	77472	181721	156737	224970	172356	185888
英国	66036	115622	118996	124169	130608	142016
土耳其	9720	41888	43978	47106	49479	54593
意大利	61099	125397	125310	116000	129950	143493
法国	50585	141113	109305	102513	112762	103223
芬兰	193707	242816	175557	148153	153139	142017
以色列	9655	26924	30397	27133	31250	32725
西班牙	14661	51395	60180	53943	79497	105655
日本	33391	56780	50842	59581	45083	44435
韩国	20442	44397	43304	42951	48825	47343
荷兰	13268	33101	32695	29014	33659	35376
巴西	1868	5168	7302	4848	20526	16087
拉脱维亚	37531	50501	119938	49396	64280	66754
印度	1327	4753	7487	4984	12868	6806
南非	1412	2129	2108	3295	2971	6694

国家和地区	2009	2010	2011	2012	2013
总计[2]	**2100601**	**2133869**	**2335977**	**2570469**	**2664782**
德国	333892	347214	346627	375285	380253
中国	115870	158061	234127	343357	372314
美国	183293	162383	169763	179763	197334
英国	150910	126454	128533	135949	157799
土耳其	43756	56376	80754	100918	122728
意大利	113495	122973	125062	118729	117927
法国	94176	94282	94863	99581	96947
芬兰	149884	139216	133630	120306	93762
以色列	46451	58694	75468	85955	92478
西班牙	95070	86732	100773	70291	70193
日本	39269	42176	37985	44667	55092
韩国	35200	42573	46991	48425	52114
荷兰	31851	34907	37874	32533	30893
巴西	10640	15131	23050	27180	30049
拉脱维亚	33884	33796	33522	32125	28149
印度	8641	9563	12590	26598	17824
南非	3826	3970	4038	4406	5540

资料来源：

俄罗斯边境管理局。

脚注：

(1) 前 15 位 (2013 年排名) 国家以及金砖国家参加排名。

(2) 来自所有国家的外国入境人次。

表15.2.3　外国入境旅游人数(排名前15位的国家)——印度(2001-2012年)

单位：人次

国家和地区	2001	2005	2006	2007	2008	2009	2010	2011	2012
总计	**2537282**	**3918610**	**4447167**	**5081504**	**5282603**	**5167699**	**5775692**	**6309222**	**6577745**
美国	329147	611165	696739	799062	804933	827140	931292	980688	1039947
英国	405472	651803	734240	796191	776530	769251	759494	798249	788170
孟加拉国	431312	456371	484401	480240	541884	468899	431962	463543	487397
斯里兰卡	112813	136400	154813	204084	218805	239995	266515	305853	296983
加拿大	88600	157643	176567	208214	222364	224069	242372	259017	256021
法国	102434	152258	175345	204827	207802	196462	225232	231423	240674
德国	80011	120243	156808	184195	204344	191616	227720	240235	254783
日本	80634	103082	119292	145538	145352	124756	168019	193525	220015
澳大利亚	52691	96258	109867	135925	146209	149074	169647	192592	202105
马来西亚	57869	96276	107286	112741	115794	135343	179077	208196	195853
新加坡	42824	68666	82574	92908	97851	95328	107487	119022	131452
中国	13901	44897	62330	88103	98093	100209	119530	142218	168952
俄罗斯	15154	56446	62203	75543	91095	94945	122048	144312	177526
意大利	41351	67642	79978	93540	85766	77873	94100	100889	98743
韩国	27150	49895	70407	84583	82335		95587	108680	109469
其他	655919	1049565	1174317	1375810	1443446	1472739	1729710	1802538	1883023

资料来源：

印度旅游部，《印度旅游统计》(各期)。

脚注：

以下两类旅客不包括在外国入境旅游人数之列:

一是在印度和尼泊尔边界处通过陆路进入印度的尼泊尔人;

二是通过陆路从不丹进入印度的外国人。

表15.2.4　入境旅游人数(排名前15位的国家或地区)——中国(2000-2013年)[(1)]

单位：万人次

国家和地区	2000	2004	2005	2006	2007	2008	2009	2010	2011	2012	2013
总计[(2)]	**1016**	**1693**	**2026**	**2221**	**2611**	**2433**	**2194**	**2613**	**2711**	**2719**	**2629**
韩国	134	284	355	392	478	396	320	408	419	407	397
日本	220	333	339	375	398	345	332	373	366	352	288
俄罗斯	108	179	222	241	300	312	174	237	254	243	219
美国	90	131	156	171	190	179	171	201	212	212	209
越南		17	20	33	65	74	83	92	101	114	137
马来西亚	44	74	90	91	106	104	106	125	125	124	121
蒙古	40	55	64	63	68	71	58	79	99	101	105
菲律宾	36	55	65	70	83	80	75	83	89	96	100
新加坡	40	64	76	83	92	88	89	100	106	103	97
澳大利亚	23	38	48	54	61	57	56	66	73	77	72
加拿大	24	35	43	50	58	53	55	69	75	71	68
印度	12	31	36	41	46	44	45	55	61	61	68
泰国	24	46	59	59	61	55	54	64	61	65	65
德国	24	37	45	50	56	53	52	61	64	66	65
英国	28	42	50	55	61	55	53	58	60	62	63
巴西		1	4	5	7	7	6	9	10	10	10
南非		4	5	6	6	5	5	6	7	7	7

资料来源：

中华人民共和国国家旅游局，《中国旅游统计年鉴》，2000-2013 年。

脚注：

(1) 2013 年排名前 15 位的国家和地区以及金砖国家。

(2) 数据包括所有来中国的外国游客。

表15.2.5　外国人境旅游人数(排名前15位的国家)——南非(2009-2012年)

单位：人次

国家和地区	2009	2010	2011	2012
总　计	**7011865**	**8073552**	**8339354**	**9188368**
津巴布韦	1227631	1513714	1553008	1847973
莱索托	1048550	1275838	1526597	1618222
莫桑比克	983739	1051502	1076753	1104404
斯威士兰	628113	632490	700119	768728
博茨瓦纳	484258	507042	477937	452159
英国	446369	453030	420483	438023
美国	230324	282377	287614	326644
德国	196643	215800	235774	266333
纳米比亚	177863	190903	197835	200841
赞比亚	147089	157692	160302	169555
马拉维	139605	126120	135577	142063
金砖国家				
印度	55203	71587	90367	106774
中国	34561	65920	84862	132327
巴西	32256	53756	54183	78376
俄罗斯	8893	11551	10487	13350
其他	1170768	1464230	1328456	1522596

资料来源：

南非国家统计局。

表15.3.1　外国入境旅游人数——巴西(2001-2012年)

国家和地区	2001	2004	2005	2006	2007
总计	**4772575**	**4793703**	**5358170**	**5017251**	**5025834**
北美	693238	838595	941777	855098	818536
中南美洲	2438455	1864847	2056283	1862175	1960628
西欧(1)	1392803	1761260	1970540	1873507	1812480
东欧(2)			35899	21217	24169
非洲(3)	36352	64678	75676	83721	75435
东南亚(4)					
东亚(5)	82620	98464	110398	136153	126620
西亚(6)	26178	32159	35138	46461	62051
南亚(7)					
大洋洲(8)	23486	22972	26023	31819	43520
其他	79443	110728	106436	107100	102395

国家和地区	2008	2009	2010	2011	2012
总计	**5050099**	**4802217**	**5161379**	**5433354**	**5676843**
北美	765380	734998	773181	729756	716583
中南美洲	2118459	2127173	2423119	2671836	2865673
西欧(1)	1693095	1542272	1535301	1525040	1541874
东欧(2)	46666	35913	40224	50601	56170
非洲(3)	75824	78110	83688	86511	92349
东南亚(4)					
东亚(5)	163149	119025	128450	163855	189036
西亚(6)	37813	29405	36976	41646	33523
南亚(7)	19456	11361	18829	21530	22096
大洋洲(8)	47000	48295	46302	44657	52815
其他	83257	75665	75309	97922	106724

资料来源：

巴西旅游部。

资料来源：

(1) 包括奥地利、比利时、丹麦、芬兰、法国、德国、希腊、爱尔兰、意大利、荷兰、挪威、葡萄牙、西班牙、瑞典、瑞士和英国等。

(2) 包括匈牙利、波兰和独联体国家等。

(3) 包括埃及、埃塞俄比亚、肯尼亚、尼日利亚、南非、苏丹、坦桑尼亚和赞比亚等。

(4) 包括印度尼西亚、马来西亚、缅甸、菲律宾、新加坡和泰国等。

(5) 包括中国大陆、中国香港、日本和韩国等。

(6) 包括巴林、以色列、约旦、科威特、阿曼、卡塔尔、沙特阿拉伯、叙利亚、土耳其、阿联酋和阿拉伯也门共和国等。

(7) 包括阿富汗、伊朗、马尔代夫、尼泊尔、巴基斯坦、孟加拉国、斯里兰卡和不丹等。

(8) 包括澳大利亚、新西兰、新几内亚岛和太平洋周边岛屿。

表15.3.2　外国人境旅游人数(按洲划分)——俄罗斯[1](2001-2013年)

单位：人次

国家和地区	2001	2004	2005	2006	2007	2008
总计	**2295206**	**2860802**	**2384626**	**2433018**	**2213597**	**2295074**
北美	83715	199556	171220	248576	199171	230144
中南美洲	8213	20513	25483	25626	38350	47526
西欧	293699	602147	527630	532038	573135	539592
东欧	1024411	520206	231689	297672	140682	162710
非洲	2634	5303	5969	6825	6355	10467
东南亚	5082	13466	11709	19607	22796	20945
东亚	236316	402632	316456	279260	238374	235506
西亚	42150	130519	119531	188125	94449	101974
南亚	65976	38915	36220	31542	50734	46870
大洋洲[1]	7298	17878	18210	23035	29629	29826
其他	525712	909667	920509	780712	819922	869514

国家和地区	2009	2010	2011	2012	2013
总计	**2100601**	**2133869**	**2335977**	**2570469**	**2664782**
北美	226937	193925	204703	216023	238335
中南美洲	39188	48496	66360	74583	87376
西欧	535927	546793	552784	584387	585705
东欧	124643	104835	116289	131620	145747
非洲	9553	9822	11092	13728	17640
东南亚	17644	25076	26351	39305	36014
东亚	207072	264739	349966	485481	568719
西亚	105909	136856	180477	216712	244227
南亚	46002	74123	74263	102187	91392
大洋洲[1]	25268	24591	28417	37530	41186
其他	762458	704613	725275	668913	608441

资料来源：

俄罗斯边境管理局。

脚注：

地理区域的名称以及包含的国家和地区采用“联合国统计用标准国家和地区代码”。

(1) 包括澳大利亚、新西兰、新几内亚岛和太平洋周边岛屿。

表15.3.3 外国人境旅游人数——印度(2001-2012年)

单位：人次

国家和地区	2001	2004	2005	2006	2007
总计	**2537282**	**3456698**	**3918610**	**4447167**	**5081504**
北美	417747	662004	768808	873306	1007276
中南美洲	21925	28165	35586	38745	42319
西欧	819973	1128297	1282119	1487271	1686083
东欧	38863	82426	101445	121309	152764
非洲	90962	115493	134801	142813	157485
西亚	96424	122808	133821	146693	171661
南亚	672133	790698	841969	908916	982428
东南亚	139975	209110	241408	281726	303475
东亚	130464	201627	223567	282985	352037
大洋洲(1)	66104	100944	119778	137436	167063
其他	42712	15126	35308	25967	58913

国家和地区	2008	2009	2010	2011	2012
总计	**5282603**	**5167699**	**5775692**	**6309222**	**6577745**
北美	1027297	1051209	1173664	1239705	1295968
中南美洲	43505	46604	62728	60988	63699
西欧	1709525	1634042	1750342	1838695	1853066
东欧	191110	183475	227650	274598	312686
非洲	141750	164474	204525	232386	261428
西亚	215542	204843	235317	278773	290996
南亚	1051846	1001401	1047444	1139659	1171499
东南亚	332925	360191	439043	521755	540914
东亚	355230	322797	411947	475951	535622
大洋洲(1)	178308	182451	210275	233165	244511
其他	35565	16212	12757	13547	7356

资料来源：

印度旅游部，《印度旅游统计》（各期）。

脚注：

以下两类旅客不包括在外国入境旅游人数之列:

一是在印度和尼泊尔边界处通过陆路进入印度的尼泊尔人；

二是通过陆路从不丹进入印度的外国人。

(1) 包括澳大利亚、新西兰、新几内亚岛和太平洋周边岛屿。

表15.3.4　入境旅游人数——中国(2000-2013年)

单位：万人次

大洲和地区	2000	2007	2008	2009	2010	2011	2012	2013
总计	**1016.0**	**2611.0**	**2432.5**	**2193.8**	**2612.7**	**2711.2**	**2719.2**	**2629.0**
亚洲	610.2	1606.1	1455.1	1377.9	1617.9	1662.3	1662.2	1606.0
朝鲜	7.6	11.4	10.2	10.6	11.6	15.2	18.1	20.7
印度	12.1	46.3	43.7	44.9	54.9	60.7	61.0	67.7
印度尼西亚	22.1	47.7	42.6	46.9	57.3	60.9	62.2	60.5
日本	220.2	397.8	344.6	331.8	373.1	365.8	351.8	287.8
马来西亚	44.1	106.2	104.1	105.9	124.5	124.5	123.6	120.7
蒙古	39.9	68.2	70.5	57.7	79.4	99.4	101.1	105.0
菲律宾	36.4	83.3	79.5	74.9	82.8	89.4	96.2	99.7
新加坡	39.9	92.2	87.6	89.0	100.4	106.3	102.8	96.7
韩国	134.5	477.7	396.0	319.8	407.6	418.5	407.0	396.9
泰国	24.1	61.2	55.4	54.2	63.6	60.8	64.8	65.2
非洲	6.6	37.9	37.8	40.1	46.4	48.9	52.5	55.3
南非		5.8	5.4	5.1	6.5	6.7	7.2	6.9
欧洲	248.9	621.7	612.3	459.1	569.8	593.8	594.8	568.8
英国	28.4	60.5	55.2	52.9	57.5	59.6	61.8	62.5
德国	23.9	55.7	52.9	51.9	60.9	63.7	66.0	64.9
法国	18.5	46.3	43.0	42.5	51.3	49.3	52.5	53.4
意大利	7.8	21.5	19.4	19.1	22.9	23.5	25.2	25.1
荷兰	7.6	19.4	18.1	16.7	18.9	19.8	19.6	18.9
葡萄牙	2.3	4.8	4.4	4.4	4.8	4.7	4.9	4.9
瑞典	5.4	14.5	13.8	12.6	15.5	17.0	17.2	15.9
瑞士	3.1	6.5	6.3	6.3	7.4	7.5	8.3	8.1
俄罗斯	108.0	300.4	312.3	174.3	237.0	253.6	242.6	218.6
拉丁美洲	8.3	16.0	26.0	23.1	30.1	33.7	35.3	35.4
巴西		6.7	7.5	6.4	8.5	9.8	9.9	9.6

资料来源：

中华人民共和国国家统计局，《中国统计年鉴》，2001-2013 年。

表15.3.5　外国人境旅游人数——南非(2009-2012年)

单位：人次

地　区	2009	2010	2011	2012
总计	**7011865**	**8073552**	**8339354**	**9188368**
北美洲	275715	337652	345384	393446
中南美洲	57530	120329	87506	119913
西欧	735072	793970	1230796	
东欧	28829	45904	42416	
非洲	5089414	5741177	6136835	6656457
东南亚	27346	32148	43542	
东亚	86893	120149	138376	
西亚	37828	37285	44547	
南亚	70901	92986	24007	
大洋洲(1)	101479	128149	122784	142949
其他	500858	623803	123161	

资料来源：

南非国家统计局。

脚注：

(1) 包括澳大利亚、新西兰、新几内亚岛和太平洋周边岛屿。

主要统计指标解释

通用解释

1963年于罗马召开的“联合国国际旅行和旅游大会”上，就如下旅游概念达成了共识:

国际游客 指任何持有外国护照访问这个国家的人，其访问目的既不是在此国家从事获得酬劳的活动也不是长久居留。此定义包含两种游客: 旅游者和当日游客。

外国旅游者 是指持有外国护照的人访问某国，在某国至少停留24小时，访问目的可归类为下列情况之一:

(1) 休闲度假（娱乐、假期、保健、学习，宗教和体育）;

(2) 公务、探亲、官方活动、会议。

巴西

外国入境游客 非本国居民越过边境到达巴西的游客（也称过夜游客），停留时间少于1年，停留的目的包括个人原因（度假休闲娱乐、走亲访友、教育培训、健康医疗、宗教朝圣、购物以及其他）以及工作和专业原因。

但以下情况不能算作入境游客: 受雇于外国机构、边境工作人员、季节性工人、其他短期或长期工作人员、流浪人员和难民、尚未进入经济或法律区域内的过境游客、公共运输方式上的工作人员、入境修建外国住所的人员、长期逗留的学生和病人及其家属、外交官、领事馆工作人员、军人及其受抚养的亲属以及待命调遣的武装部队。

俄罗斯

外国入境游客 是指出于医疗、娱乐、观光、运动、商务、宗教以及其他(不包括在俄罗斯工作却从别国领取报酬的人员)目的来到俄罗斯、并在俄罗斯逗留的时间为24小时至6个月或至少过夜的外国游客。

印度

外国旅游者 是指持有外国护照的人访问印度，在印度至少停留24小时，访问目的可归类为下列情况之一:

(1) 休闲度假（娱乐、假期、保健、学习，宗教和体育运动）;

(2) 公务、探亲、官方活动、会议。

中国

入境游客 指报告期内来中国（大陆）观光、度假、探亲访友、就医疗养、购物、参加会议或从事经济、文化、体育、宗教活动的外国入境人数。

附录－Ⅰ
巴西统计体系简介

一、巴西国家地理与统计局（IBGE）的组织结构

巴西国家地理与统计局（IBGE）依据1973年5月11日第5878号法令和2003年6月13日第3740号政令履行职责。它隶属计划部，承担巴西统计体系的协调作用并作为巴西官方统计数据的主要生产者。

巴西官方统计数据主要由巴西国家地理与统计局、中央银行、各部和统计局下属的各州统计机构生产。巴西国家地理与统计局是负责统计信息（包括人口、经济和社会）、地理信息、制图信息、大地测量信息和与自然资源和环境相关信息的生产、分析和发布的官方统计机构。

除了在统计体系中的职能外，巴西国家地理与统计局还是地理科学信息的主要生产者，并负责国家制图系统的协调工作。地理科学信息生产的主要项目之一是国家空间数据基础设施（INDE）的建设。国家空间数据基础设施的目的是把来自这类数据的研究机构、生产者和资助者的空间数据编入目录，进行整合或协调，使这些数据能够便捷地用于定位、查阅和其他各种目的以及为互联网用户所使用。

巴西国家地理与统计局负责巴西空间数据基地（SIG）的建设、提供和运行，负责巴西地理空间数据理事会（DBDG）的管理，还负责为国家空间数据基础设施的运行和维护获取必要资源提出提案。

巴西国家地理与统计局所开展的项目对政府和社会都是不可或缺的。全国范围的公共政策举措都是依据巴西国家地理与统计局立足巴西实际情况所生产的信息来确立的。

为了生产统计和地理科学信息，巴西国家地理与统计局的单位遍布全国，包括设在里约热内卢的总部以及各州市的单位，具体构成如下：

学术高级指导机构：技术委员会、理事会、董事会；

直接和即时为总统提供支持的渠道：内阁、总检察长；

部门设置的机构：内部审计、执行委员会；

具体内设机构：调查司、地理科学司、信息技术司、档案和信息传播中心、国家统计科学院 27个设在各州的单位（26个州和1个联邦特区）以及581个负责收集和传播数据的机构。

统计和地理科学信息的生产由调查司和地理科学司负责。

这些部门都得到信息技术司的支持，以确保计算机的硬件和软件以及数据通信等基础设施的运行。档案和信息传播中心负责局里开展的所有调查结果的发布计划及网上免费发布，包括微观数据的发布。

执行委员会负责巴西国家地理与统计局工作的规划、预算和整体协调。调查司负责社会、经济和人口统计数据的生产，负责国民经济核算体系和社会指标综合数据的生产，还负责国家统计体系的协调，定期召开与统计信息用户和其他生产者的会议。

地理科学司负责地理信息、大地测量信息、制图信息以及与环境资源和自然资源有关的其他信息的生产，还协调大地测量计划和基本制图计划的方方面面。

巴西国家地理与统计局管理国家统计学院，该学院开设以下课程：统计学理学学士课程、环境分析和土地管理学士后学位课程、人口研究和社会研究硕士课程和巴西国家地理与统计局技术人员培训项目等。

巴西国家地理与统计局设在总部的各单位负责调查的设计、结果的分析和国家层面团队工作的协调。

巴西国家地理与统计局遍布全国的分支单位负责原始统计数据的收集、审核和向总部的传送。各分支单位还开展与大地测量和制图有关的工作。

二、统计生产工作计划

为了设定未来几年的目标，巴西国家地理与统计局不断更新其战略计划。因此，战略计划就是该局实施治理的主要依据。

工作计划及其时间表在并入战略计划之前必须经过技术和基础设施等各领域的讨论，并提交由巴西国家地理与统计局局长和司长组成的规划委员会评估和批准。巴西国家地理与统计局的战略计划辅助了同期联邦政府多年计划(PPA)的起草。联邦政府多年计划涵盖了政府的各个方面，明确了各部委的主要目标责任。

局内在年度内所要达到的目标在年前就要设定。局内的目标包括年内计划发布的全部内容。目标由执行委员会批准后在内部和互联网上公布，它们是局内在履行其使命时对所作业绩进行目标评估的项目之一。

巴西国家地理与统计局的工作计划要提交给各个咨询委员会。这些咨询委员会都是由在某个领域德高望重的专家组成，讨论方法问题并帮助确定优先重点。

各专业委员会包含下列领域：人口普查、农业普查、全国消费者价格指数、死亡率统计、农业统计规划控制和评价、巴西地区经济核算等。

当某些信息需求没有列入预先设定的工作计划，现有资源又无法满足时，可以通过与相关为额外调查提供资金的政府机构签订协议来实现。例如，应卫生部、教育部和社会发展部的要求而开展的额外调查。

巴西国家地理与统计局还与财政部和中央银行等部门进行合作，编制国民经济帐户。

劳工部每年都会向巴西国家地理与统计局提供《年度社会信息表》（RAIS），包含整套行政记录，用于更新中央企业名录库（CEMPRE）。该名录库用于为年度经济调查抽选企业样本，并自 20 世纪 90 年代起，取代了经济普查。

为了设定长期的工作方向，巴西国家地理与统计局与社会、经济和区域信息的生产者及用户定期举行会议。这些会议的目的是，向信息生产者和用户进行动员和咨询，对《统计和地理信息总体规划》（PGIEG）进行修订和补充。这些生产者和用户包括政府机构、调查机构、非政府组织、科学协会以及对信息的生产、传播、使用感兴趣的技术人员和研究人员等。

这一举措有助于做出对公共服务领域信息生产现状的诊断，找出缺口，并确定改进条件及对新信息的需求。对社会经济信息和人口统计信息日益增加的需求，以及新出现的问题都要求频繁开展研究。

使统计机构适应新现实的办法之一就是结合信息生产源和数据库，采用系统化的构思模式。住户调查一体化体系（SIPD）将整合现有的住户调查，包括全国住户抽样调查（PNAD）、月度就业调查（PME）、住户预算调查（POF）和城市非正规经济调查（ECINF），并满足新需求。

作为一个新项目，吸纳了多方面的建议，规划住户调查一体化还必须与信息用户和生产者进行深度交流。就此，巴西国家地理与统计局主办的研讨会和大会多次探讨了住户调查一体化体系的发展步骤。

这一过程的透明度使用户确信这一新项目在整个建设过程中始终得到联合监控和评估。

三、社会统计委员会

社会统计委员会是根据 2007 年 12 月 6 日第 424 号部际政令而设立的，成为了讨论和评估国家社会统计体系需求的论坛。

社会统计委员会由下列各部和机构组成：社会发展部和“反饥饿”粮食计划署、教育部、计划预算和管理部、社会福利部、卫生部、劳动和就业部、应用经济研究所（IPEA）、Anísio Teixeira 国家学习与教育研究所（INEP）和巴西国家地理与统计局（IBGE）。

社会统计委员会由管理委员会（负责制定委员会工作指南）和执行小组（负责实施工作指南）组成。

社会统计委员会的工作自 2009 年以来一直遵循下列指导方针：制订社会统计目录（特别是官方统计）并定期更新，确保和完善了信息的可比和提供；对于官方统计信息的处理、存储和提供，鼓励采用新的理念、分类和方法；填补信息缺口并扩大对数据源的整合力度；梳理信息需求并协调信息的生产和使用；调整各政府机构对现有数据库的准入，并提供便利，确保其透明度、可视性和保密性；采取措施确保委员会所制订工作的可视性；并通过官方统计的基本原则等。

执行小组已经开展了广泛的工作，如对若干机构数据库的鉴定、为巴西国家地理与统计局元数据库项目制定标准化步骤等。

管理委员会的主要目标之一是，对来自调查和行政记录的各类社会信息数据库进行整合，推动国家统计体系的有效协调和治理。

四、各市地理与统计委员会

巴西国家地理与统计局投入了很大精力，强化透明度原则，让社会知晓和跟踪其活动进展状况。

巴西国家地理与统计局已经扩大了原来的市普查委员会的工作范围，过去只在普查开展时才建立并行使职责。

各市地理与统计委员会（CMGEs）在 2010 年人口普查时设立，目的是在巴西国家地理与统计局研究、调查和普通地图制定与发布中扩大当地社会的参与度。

各市地理与统计委员会的成员包括巴西国家地理与统计局的代表和市级行政、立法和司法部门的代表以及当地其他市政机构的代表等。

五、技术合作

下列全国范围的技术合作应予重点突出：卫生部、城市部、农村发展部、农业和渔业部、共和国总统府妇女政策专设秘书处、社会发展部、“反饥饿”粮食计划署、共和国总统府人权专设秘书处、文化部和国家司法委员会（CNJ）等。

关于国际技术合作协议，下列工作值此一提：南方共同市场（MERCOSUR）（阿根廷、巴西、巴拉圭和乌拉圭）统计专门会议 - 面向南方共同市场一体化且通过统计数据的生产传播工作的开发、提高、协调、整合，强化国家和各地区机构的统计合作项目。

在 2010—2013 年期间，巴西国家地理与统计局一直与许多国家在人口与农业普查、社会、人口和经济统计等领域开展着技术和方法方面的国际合作。

六、与国际社会的互动

近几年，巴西国家地理与统计局积极扩大国际统计社会的参与度，比如联合国统计司（UNSD）、美洲国家统计大会（SCA）、欧洲统计大会（CES）、经济合作与发展组织（OECD）、世界旅游组织（WTO）、国际劳工组织（ILO）、葡萄牙语国家共同体（CPLP）和金砖国家等。

七、新闻界和一般用户培训班及新闻发布会

近几年，巴西国家地理与统计局不断拓展其与新闻界的沟通和关系，作为宣传工作并树立公众形象和公信力的另一种途径。

在记者招待会开始前，材料都准备就绪，提供给现场记者。同时，调查结果的指标和解读都发布在巴西国家地理与统计局的网站上。除了结构性调查以外，巴西国家地理与统计局每月还发布约 10 份经常性调查结果。因此，巴西国家地理与统计局每年要召开大约 100 场新闻发布会。

所谓的经常性调查的发布受到 2007 年 11 月 5 日颁布的且由计划部签署的第 355 号政令的管束。根据该项政令，调查结果必须在上午 7 点交给政府官员，即公众获取之前两小时，正式发布在上午 9 点。

至于信息准入，巴西国家地理与统计局在其网站上公布先于公众享有信息优先权的国家政府官员名单，确保整个过程的透明度。

具有专业素养的新闻记者对于提高巴西国家地理与统计局调查报道质量十分关键。近几年，社会信息协调处（CCS）已经组织了若干针对新闻记者的培训班，并举办了处理较为复杂信息的培训班（如国民经济核算和普查）及快速获取统计信息的数字化工具使用培训班。

八、互联网准入和其他准入

为更好地服务公众，巴西国家地理与统计局提供了多种对其生产信息的准入方式：出版物（书籍和期刊）并配有光盘（CD-ROMs），免费电话咨询，位于里约热内卢的档案和信息传播中心的中央图书馆，与巴西国家地理与统计局设在各州首府单位下属的档案和信息传播中心的直接联络。

巴西国家地理与统计局提供的电子产品和服务构成了主要传播媒介，通过这些传播媒介，有关人口、经济、制图、大地测量、自然资源和环境等具体数据文档信息可以在网站（http://www.ibge.gov.br）上免费获取。

除了电子出版物以外，巴西国家地理与统计局网页有两个重要的数据库脱颖而出：汇总的统计表（SIDRA） - 以地区分类的信息数据库，它允许用户选择信息自己制作表格和比较数据；统计多维数据库（BME），它带有微观数据信息，允许用户根据选择的信息和保密限制制作表格。这一数据库需要网上订购。

附录－II
俄罗斯统计体系简介

俄罗斯联邦统计局（Rosstat）作为联邦政府机构，负责生产俄罗斯联邦社会、经济、人口、生态以及其他方方面面的官方统计数据。

俄罗斯联邦的国家统计基于集中型工作原则。国家统计系统的主要任务是向各级政府机构、媒体、科学界、商业组织、公众组织和国际组织及时提供有关俄罗斯、各地区及各经济部门社会经济发展方面的全面、客观的信息。为了达到这一目标，制定了联邦统计工作计划，明确了国家社会经济和人口发展过程统计监测的主要方向。俄罗斯联邦统计局负责协同其他政府机构起草该工作计划，并经俄罗斯联邦政府正式通过。

俄罗斯联邦统计局的主要职能

（一）根据现行制度，为俄罗斯总统、俄罗斯联邦政府、俄罗斯联邦议会、国家其他权力机构、地方自治机构、大众传媒、各组织和公众以及国际组织提交官方统计信息。

（二）根据现行制度，在自身的权限内，设计并审批官方统计方法，开展联邦统计调查，形成官方统计信息，确保具体方法符合国际标准和《联合国官方统计基本原则》。

（三）审批联邦统计调查形式及其实施指南。

（四）在编制联邦统计工作计划及其更新建议时，协调官方统计领域的各项活动。

（五）维护、提供方法支持并开展联邦统计调查，处理收集的数据。

（六）根据现行制度，设计和维护各活动领域全国技术、经济、社会数据分类。

（七）在自身权限内，确保作为统计调查结果而收集到的保密信息的保护。

（八）根据现行制度，为用户提供官方统计和其他信息。

（九）实施国际上采纳且俄罗斯联邦作为国际组织的成员国获取的实际做法。

一、统计体系：组织原则

国家统计体系是一个政府主体和各机构相互交织的网络，涉及统计数据的收集、处理和传播，描述国家社会经济和人口发展情况。

体系是按照行政区划演变而来的，就是确保为各级政府机构、媒体、科学界、商业组织、公众组织和国际组织提供有关俄罗斯、各地区、各行业和各部门社会经济发展全面、客观的统计数据。

系统包括两个组织层面：以俄罗斯联邦统计局总部为代表的联邦机构和以联邦统计局区域办公室为代表的地方机

构。

二、国家统计的联邦层面

国家统计的联邦层面包括：俄罗斯联邦统计局（Rosstat）总部；主计算中心；解决社会经济统计问题的科学研究所；统计信息科学、设计和技术研究所；信息和出版中心“俄罗斯统计”。

三、国家统计的区域层面

俄罗斯联邦划分为83个行政主体（区域）。俄罗斯联邦统计局在每个主体（共和国、州、自治区和边疆区）都设有区域办公室。

俄罗斯联邦统计局区域办公室负责各自区域的统计数据收集和预处理；为各共和国、州和区域政府机构及其他感兴趣的用户提供统计数据。

四、官方统计活动的法律依据

俄罗斯联邦统计局的服务活动受俄罗斯联邦宪法、联邦主体法律、联邦法、俄罗斯联邦总统和政府政令、俄罗斯联邦国际条约的制约。

俄罗斯统计活动的依据是（修订的）2007年有关《俄罗斯联邦官方统计核算和国家统计体系》联邦法。全国人口普查和农业普查等重大统计活动的开展依照相关的联邦法律进行。

为了让被调查者为联邦国家统计局提供必要的信息，以产生国家信息资源，俄罗斯联邦政府发布了《关于原始和行政数据义务提供条例》。

五、新挑战

就社会、经济、人口、生态和其他方方面面提供及时、准确、可靠的统计信息对于一个国家社会经济发展和治理至关重要。

当前，俄罗斯的统计体系正在国内重大社会经济变革和国际金融数据上报标准执行过程中逐步形成。这一转变带来了对官方统计新方法的探究，也需要建立灵活的统计信息系统，以应对社会中出现的各种变化。

统计体系的发展需要依靠进一步的技术现代化、新规划及决策方法的实施以及统计人力资源的改善。

为了应对挑战，俄罗斯联邦已经形成了“俄罗斯国家统计发展”任务计划。

该计划的目标是依据数据收集、生产和传播的国际方法和技术标准，继续对俄罗斯国家统计体系的完善和国家统计的现代化。实现该项目的主要目的必须采取如下步骤：1）开发方法指南，支持现代全球数据生产标准在俄罗斯经济环境下的实际贯彻；2）开发和实施数据收集、存储和传播的现代信息技术；3）开发基于国外经验的统计服务人力资源及电子学习系统。

附录－III
印度统计体系简介

印度建立了联邦结构的政府，而印度统计体系则在国家的全面行政体制中行使职能。联邦政府和各邦政府之间的统计行政职权针对所有主题分为三类：中央类、联邦类和公共类。公共类即中央政府和各邦政府都可以开展的统计活动，其中包括专题统计活动。在联邦政府各部委和邦政府的各部门，根据行政职能，按主题或其主题分类再进一步划分职责。

因此，印度统计体系可以视作分散与集中的统一。遍布全国的大规模统计活动，如人口普查、经济普查、农业普查和牲畜普查，以及全国范围的抽样调查，如年度工业调查和社会经济调查，由中央机构承担。相应地，国民账户的编制、全印度价格和工业生产指数的计算也都由中央机构负责。至于各邦，则由邦统计机构负责收集和生成大量的变量数据。中央政府作为全印度统计数据提供的协调机构，即使在各邦担负统计收集主要职权的领域也不例外。各邦经济和统计委员会（DESs）履行邦一级所有统计活动的协调职责，并为维护不同层面生产和汇总的数据的统一性和一致性保持与统计和计划执行部（MOSPI）的联络。

一、中央统计体系

印度统计和计划执行部（MOSPI）是规划、促进国家统计体系一体化发展的核心机构，包括制定官方统计领域的行为准则和标准，确定概念和定义，推荐有关数据收集、处理和结果传播的方法。该部由两个部门组成，一是国家统计机构（NSO），通常称“统计部门”；二是计划执行机构，通常称“计划执行（PI）部门”。国家统计机构由包括计算中心在内的中央统计局（CSO）和国家抽样调查队（NSSO）组成。计划执行部门下设三个司，即二十要点项目司、基础设施监控司及议员地区开发司。除了统计和计划执行部生产的大量出版物外，中央统计局和计划执行部门两个机构也生产了大量的统计信息，为政策规划者、研究人员和其他用户使用。统计和计划执行部还设有一个独立机构，即印度统计学院（ISI），是一家国际上知名的统计研究和教学机构。

除国家统计机构之外，印度政府大多数平行的部委，涉及农业、水利、卫生、农村发展等各个专业，也为各自的部门设立统计机构，开展统计活动，并一般由高级统计官员牵头，方便与国家统计机构的妥善协调。大多数此类部委都会发布各自的统计数据或统计出版物。

（一）中央统计局

中央统计局（CSO）由局长牵头，总部设在新德里。它由五个核心司构成：国民经济核算司（NAD）、经济统计司（ESD）、社会统计司（SSD）、培训司及协调和出版司（CAP）。此外，中央统计局在德里附近还设有一所一流的培训机构，称为国家统计行政学院（NASA），自其2009年2月成立以来，一直实施着全国和国际统计培训计划。

中央统计局负责协调全国统计活动，确定和维护统计标准。其工作主要包括编制国民收入核算，开展经济普查及其后续调查，处理年度工业调查数据并编制调查报告，编制工业生产指数和消费者价格指数，开展性别统计，以及实施官方统计培训。除了传播种类繁多的统计数据外，中央统计局还为各全国和国际机构定期发布多种出版物，包括《统计年鉴》、《月度统计摘要》、《从数字看印度》、《能源统计》、《基础设施统计》、《环境统计》等。其他活动还包括：编制涉及统计工作的五年计划和年度计划，召开中央和各邦统计机构大会，修订国家行业分类标准，编制并实施战略计划以获取重要参数数据，提高现有数据集的质量和可靠性，提供新兴领域的全新数据集以满足不断增加的数据需求，以及缩短数据发布的时间间隔。

中央统计局下设计算中心，负责统计和计划执行部的数据处理、为统计人员提供软件培训、维护部网站（www.mospi.gov.in）和国家官方统计数据库。

（二）国家抽样调查队

国家抽样调查队（NSSO）在全国统计委员会的全面指导下行使职能，在国家抽样调查数据收集、处理和发布事务上具有必要的独立性和自主权。国家抽样调查队由队长兼首席执行官（DG & CEO）牵头，他也是指导委员会的成员兼主席。

国家抽样调查队除了开展对面积查点和作物估算的抽样调查以及编制为城市抽样所用的城市样本框外，还开展大规模的抽样调查，包括社会经济调查、工业年度调查、全国城乡价格数据收集等。国家抽样调查队的主要工作涉及调查设计、现场操作、国家抽样调查队的数据处理以及报告发布。

二、邦一级统计体系

在各邦或联邦属地，经济和统计委员会（DESs）作为各邦或联邦属地所有统计活动的核心协调机构。

大部分邦或联邦属地政府都已经正式宣布经济和统计委员会作为邦内所有统计活动的核心机构，但少数几个邦或联邦属地还未正式公布。对于后者，经济和统计委员会继续充当邦内统计事务的协调机构。在大多数邦或联邦属地都设有地区统计办公室（DSOs），作为经济和统计委员会的实地办事处，为该地区收集和汇总统计数据。经济和统计委员会在各邦或联邦属地行使的职能与在中央一级的国家统计机构行使的职能基本相似，即公布主要统计数据、协调中央与邦统计机构的活动、传播统计数据等。

三、数据收集的法律保障

在印度，除了《1953年数据收集法案》中对收集工业数据提供了法律支持外，大部分数据收集都是建立在自愿答复的基础之上的。该法案随后作了修订，成为新的《2008年统计数据收集法案》，其覆盖面更广，便于各类社会经济数据的收集。该法案由统计和计划执行部负责执行。另一法案，即《1948年普查法》则由内政部下设的总登记署负责执行，用于收集全部人口和其他人口统计特征数据。除上述两部重要法案外，其他部委也制定了众多其他的法案、法规和条例，用于收集法定的行政报表，有助于生成与本部门相关的数据。

四、新挑战

印度统计体系在促进循证决策方面发挥了重要作用，对国家规划社会经济发展做出了重大贡献。国家统计体系生产了大量种类繁多的数据，创建了内容广泛的统计数据库，既满足了国内各机构，也满足了国际机构的数据需求，其中也包括大量的个人用户和研究人员。印度统计体系正在进行平稳转变，以满足因经济全球化和自由化而出现的空前增长的数据需求。这种转变涉及中央和邦统计体系在结构和运行方面的重大调整，包括组成国家统计委员会（NSC）以改建国家统计体系，提高统计数据的公信力、及时性和准确性；除了实施广泛的计划，强化邦以下统计能力和基础建设以外，还与世界银行合作提出了全面的印度统计提升项目（ISSP），以加强各邦统计体系的建设。

鉴于统计体系现代化的需求，为了提高统计运行和各项活动的效率，在数据收集、数据管理和数据传播中运用最先进的信息和通信技术方面面临的压力也越来越大。比如，工业和价格数据的电子方法收集已经处于运行之中；包括电子出版物在内的各类数据传播的电子系统已启动，以便于更广泛、更快捷获取这些数据。印度也正在采取措施加速电子政务进程，使广大百姓也能够直接参与数据部门的改革。确实，当前社会环境瞬息万变，印度统计体系正在不断改进，通过尽可能及时有效地提供所需统计数据，满足各利益方对数据日益强烈的渴望。同时采取恰当的措施，通过周密的培训计划并通过促进中央和各邦统计机构的协调，提高统计技术和能力。

附录 - IV
中国统计体系简介

中国国家统计体系自建立以来，经过60年的变革历程，在改革和调整中不断发展和完善，以适应变化着的新形势的要求。《中华人民共和国统计法》规定，国家建立集中统一的统计系统，实行“统一领导、分级负责”的统计管理体制。

中国政府统计系统主要由政府综合统计系统和部门统计系统两个部分组成。政府综合统计系统由自上而下设置的统计机构及其配备的相应统计人员组成。中央政府设立国家统计局，县以上地方各级政府设立独立的地方统计局。在乡一级政府则主要由专职或兼职的统计员来负责统计工作的具体协调管理。中国政府统计系统实行“统一领导，分级负责”的管理模式。

一、政府综合统计系统

（一）国家统计局

中国国家统计局作为国务院的直属机构，负责组织领导和协调全国的统计和国民经济核算工作。在整个国家统计体系中，国家统计局既是全国统计数据的主要提供者，又是政府部门统计和地方统计的协调者。依照《中华人民共和国统计法》规定，国家统计局的主要职能是：组织领导和协调全国统计工作，制定统计政策、规划、全国基本统计制度和国家统计标准，审批部门统计标准；会同有关部门拟订重大国情国力普查计划和方案，组织实施全国人口、经济、农业等重大国情国力普查，进行国民经济主要行业的统计调查并收集、汇总、整理和提供有关调查的统计数据，综合整理和提供全国基本统计数据；统一核定、管理、公布全国基本统计资料，定期发布全国国民经济和社会发展情况的统计信息，依法管理部门和地方统计调查项目。

中国国家统计局按专业划分和功能划分相结合的方式，设置18个司级行政单位、2个参公管理事业单位、10个在京直属事业单位和中国统计出版社。

国家统计局根据工作需要在各省（区、市）设立了调查总队，在各市（地、州、盟）和三分之一的县（市、区、旗）设立了调查队。这些调查队作为国家统计局直属派出调查机构，由国家统计局实行垂直管理，主要承担国家统计局布置的国家宏观调控和国民经济核算所需重要统计数据的调查任务，工作方式以抽样调查为主。

（二）地方统计局

县级以上地方各级政府设置独立的统计机构，乡镇政府设立统计站或配备统计员，负责完成承担的国家统计调查任务，组织领导和协调本行政区域内的地方统计工作。地方各级政府统计机构受同级政府和上级统计机构的双重领导，在统计业务上以上级统计机构的领导为主。

二、部门统计系统

中央政府各部门和地方政府的各部门，根据统计任务的需要设立统计机构或在有关机构中设置统计人员，构成部门统计系统。其主要职责是：组织、协调本部门的统计工作，完成国家统计调查和地方统计调查任务；制定和实施本部门的统计调查计划，开展部门统计调查并搜集、整理、提供为本部门和社会所需要的统计资料；对本部门、本行业的发展情况进行统计分析，实行统计监督。

国家综合统计系统作为统计工作的主系统，具有对部门统计系统统计业务上的指导权和协调权。

三、统计法律法规

不管是统计机构，还是企业事业统计组织，必须遵守国家统一制定的统计法律、法规，按照国家统计局统一制定的统计指标体系、统计制度方法进行统计调查。

中国统计法律体系由统计法律（《中华人民共和国统计法》）、行政法规（包括普查条例、海关统计条例等）、规章及规范性文件（部门统计调查项目管理暂行办法、统计调查审批管理办法等）、地方统计法规等5个部分组成。《中华人民共和国统计法》规定，国家统计调查项目由国家统计局制定，或者由国家统计局和国务院有关部门共同制定，报国务院备案；重大的国家统计调查项目报国务院审批。部门统计调查项目由国务院有关部门制定，报同级统计局备案或审批。地方统计调查项目由县级以上地方政府统计机构和有关部门分别制定或共同制定，报上级统计局备案或审批。制定统计调查项目时，应当制定该项目的统计调查制度，一并报经审批或备案。统计调查制度应当对调查目的、调查内容、调查方法、调查对象、调查组织方式、调查表式、统计资料的报送和公布等做出规定。统计调查应当按照审定的统计调查制度组织实施，变更统计调查制度的内容，须报经原审批机关批准或者原备案机关备案。

四、统计调查

中国国家统计局主要通过周期性的普查和常规统计调查收集统计数据，此外还通过专项调查、典型调查以及行政纪录等方法搜集、整理统计资料。目前，国家统计局组织开展的重大国情国力普查主要有人口普查、农业普查和经济普查；组织开展的经常性统计调查共48项，包括国民经济核算、农业、工业、能源、投资、建筑业、贸易外经、服务业、城乡住户、价格、社会科技、劳动工资等统计调查，调查内容基本涵盖了经济、社会、人口、环境与资源各个方面。

部门统计内容涉及交通、旅游、财政、金融、海关进出口、利用外资、文化、教育、卫生、科技、户籍人口、社会发展等多个方面。

五、统计数据发布与产品提供

中国国家统计局按照更多、更快、更好地向全社会提供中国官方统计数据和产品的目标，以多种渠道、多种形式发布统计调查数据并提供统计加工增值产品，目前已初步建立起新闻发布会发布、互联网发布、公共数据库发布、官方微信“统计微讯”发布、统计移动客户端发布，以及以年鉴为主体的纸介质发布等多种形式相互结合、互为补充的定期发布制度，使统计数据发布和产品提供的时效性更强、内容更丰富、受众更广泛。此外，全国31个省级和许多市、县级统计机构也建立了相应的定期发布制度，使中国统计的数据发布和产品提供形成了多层次、广覆盖的工作格局。

六、中国统计改革发展的方向和最新进展

中国经济正在向社会主义市场经济转变，目前已进入结构转型、提质增效升级的重要发展时期。中国经济社会的

迅速发展和深刻变化，对中国统计体系提出了更新更高的要求。面对这些新需求，中国国家统计系统正在奋力提高统计能力，提高统计数据质量，提高政府统计公信力，加快建设现代化服务型统计。从 2012 年起，中国国家统计局大力变革统计生产方式，已初步建成了真实完整、更新及时的基本单位名录库；建立了统一规范的企业一套表制度；开发了较为方便适用的数据采集处理软件；建立了较为安全高效、全国统一的企业联网直报系统。以上统计“四大工程”的成功实施，初步实现了统计工作从方案设计、任务布置到数据采集、处理、传输、存储、加工的全流程电子化、网络化和高效化，实现了调查方案的统一设计、统一布置和统计数据的直接采集、同步共享、全面监控。在科技发展日新月异、经济转型升级不断加快的背景下，中国国家统计系统正在以开放的心态和创新的勇气，全面推进统计改革发展，努力推动统计数据更加真实准确完整。继续拓展巩固统计“四大工程”，深入挖掘大数据宝藏，逐步发挥大数据对常规统计数据的“参考”、“补充”和“替代”作用。研究制定新的统计分类和统计标准，优化调查方案设计，更加全面准确反映国民经济各行业的总量、规模、结构和质量，及时反映经济转型升级、提质增效的效果和进程。继续拓展统计服务渠道，提升服务品质。通过不懈努力，把中国统计建设成为面向统计用户、面向统计基层、面向统计调查对象的优质高效友好的现代化服务型统计。

附录 – V
南非统计体系简介

南非统计体系有将近 100 年的历史，但真正满足所有南非人需求的时间相对较短。1994 年民主政治制度的建立为南非统计的转型提供了两种可供选择的数据生产组织模式。第一种模式是将大部分统计数据的生产集中在一个单一机构，即国家统计机构（NSO），当时称为中央统计局（CSS）。中央统计局随后又改为南非国家统计局（Stats SA），包括总部和省级分支机构，过了很长一段时间后，省级以下又增设了地区办公室。从集中型模式中分离出来了少量统计，主要涉及金融方面的统计，例如国际收支平衡统计。而这些统计数据则由相关机构进行生产，包括南非储备银行（SARB）和财政部（NT）。实际上，认为集中型有利于运转的看法当时无论是在南非国家统计局还是在国家的其他部门都普遍存在。第二种模式是统计数据分散式生产，即国家的其他部门根据自己的专业领域生产统计数据。自然，国家统计生产的各部门构成了一个需要协调的统计生产体系。最终采用的模式是通过不断完善后的结果。当时统计生产面临着四个方面的压力，某些领域相互交叉。一是思想观念的转变，即从种族隔离政治制度下只顾（白人）“自身利益”转变为服务于新南非全体人民和整个国家的理念。这一新理念带来了中央统计局人口统计的转变，班图斯坦统计局整入中央统计局，以及中央统计局分省机构的建立，方便了总部数据的采集。二是新政府所面临的在政策和计划发展方面的数据缺口压力。当时，消除贫困和不平等，特别是政府服务到位，以及发展机遇的提供，乃当务之急，致使 1996 年人口和住房普查迫在眉睫。三是统计指标体系的合理化，使生产出来的统计数据满足全体公民的期望。除原有的经济统计之外，把社会统计生产纳入了体系之内。四是国家统计机构生产的统计数据质量提高的压力。

直到现在，上述压力还不同程度地困扰着我们，压力最大的时候就是中央统计局（后来更名为南非国家统计局）首任局长任期内（1995 年 –1999 年）的那段时间，统计生产模式完成了向集中型的转变。然而，随着时间的推移，南非国家统计局在满足用户多方面统计需求方面极为有限的能力逐渐显现了出来。与此同时，其他部门在填补南非国家统计局生产的统计数据和用户需求之间的缺口方面存在的潜能为人们广泛认同。现行《统计法》（1999 年第 6 号）对于消除上述问题功不可没。《统计法》具体规定局长既是南非国家统计局的行政首长，也是国家各部门生产统计的协调人。由于《统计法》明确了国家统计局的战略和工作规划的方向并且确定了国家各部门在统计数据生产方面担当的角色，因此，其对南非这个国家的统计生产具有里程碑式的意义。巧合的是，《统计法》颁布之时，也是国家统计机构由中央统计局易名为南非国家统计局之际。

2000 年，南非国家统计局新局长上任，很快开始启动南非统计生产的新愿景。尽管当时新愿景尚未正式确定，但紧紧围绕着统计生产的协调是毫无疑问的。随后，在南非国家统计局设立了国家统计体系司（NSSD），以梳理协调过程。国家统计体系的设想在 2002 年 1 月成了内阁会议的热议话题。尽管南非国家统计体系纳入了政府的行动规划（POA）之中，但在随后八年左右的时间里，其重要性，尤其是在南非国家统计局内，还显现不出来，主要原因有三点：一是统计后续能力相对不足；第二点也是最主要的一点是南非国家统计局一直面临着如何更加富有成效且高效率工作的压力，尤其是针对提高自己生产的统计产品的质量；三是转变管理模式的挑战。

直到 2009 年，国家统计体系的设想才影响到了南非国家统计局的战略方向。从此以后，南非国家统计局的五年战略规划以及年度工作计划都经历了战略转移，即按照《统计法》第三、四款的要求，重点是统计协调的贯彻实施。正如其新愿景和使命所表述的，南非国家统计局为推动国家统计发展在与其他部门的合作中承担着领导作用。除了南非国家统计局的统计产品之外，这一转变还把统计生产拓宽到了建立一个体系，以支撑其他部门生产高质量的统计数据。转变的目标是要扩大统计生产，增加官方统计的供给并消除统计质量中存在的差距。南非国家统计局的六大战略目标中，有三项直接涉及到统计协调问题。第一个目标是“通过加大深度、广度和地理覆盖范围，扩展信息基础”。这个战略就是把 2010 年 1 月 20 － 22 日内阁会议上认定的 12 项政府优先发展成果转变为南非国家统计局统计生产全局的 10 大统计主题。战略重点领域包括卫生、教育、安全和保障、可持续资源管理、农村发展、食品安全和土地改革。第二个目标是“提高统计的公信力和信任度”。这一目标的重点领域包括开发南非国家统计体系的质量管理体系，设定国家统计体系的标准，评估统计质量，在适当的时候确定为官方认可数据，开发和维护住宅和企业名录库，以使数据收集范畴标准化，增强数据可比性。第三个目标是“在南非国家统计体系内对统计生产发展和协调的领导”。这就是南非国家统计体系所履行的职能转变，把各自为战的统计体系转变为官方统计生产的一体化统计体系。

中文版后记

《金砖国家联合统计手册（2014 年）》是金砖国家联合统计出版物系列的第五卷，全面介绍了五国经济社会发展状况，是国际社会了解五国国情的重要窗口。该手册的英文版是由巴西国家地理与统计局牵头，联合包括中国国家统计局在内的其他金砖国家成员国国家统计机构共同合作编辑的，是五国统计机构精诚合作的结晶。

基于手册英文版，在巴西国家地理与统计局的大力支持下，我们编辑出版了该中文版。在手册英文版和中文版的工作协调和编辑过程中，中国国家统计局局长马建堂和副局长许宪春给予了高度重视，提出了明确要求。国家统计局各有关单位给予了积极配合，综合司、核算司、工业司、能源司、贸经司、人口司、社科文司、农村司、城市司、住户办和服务业司等单位负责了中国数据的提供和审核，设管司提供了《中国统计体系简介》，国际合作司负责了英文审定工作。本书由国际统计信息中心具体负责编辑出版，承担了组织协调和对五国数据的编辑、核对、翻译等工作；中国统计出版社全力配合，承担了手册的排版、美术编辑、装帧和印刷工作。

《金砖国家联合统计手册（2014 年）》中方顾问是马建堂，主编是许宪春，副主编是赵云城、严建辉；编委会委员分别是（按姓氏笔画为序）：王萍萍、冯乃林、刘丽萍、刘富江、张卫华、李黎、杜卫群、孟合合、钟守洋、闫海琪、贾楠、曹志刚、盛来运、黄秉信、程学斌、蔺涛；编辑部成员分别是（按姓氏笔画为序）：王金萍、王智、叶礼奇、刘冰、朱虹、江明清、吕璐、宋少英、张国洪、杨红军、杨家亮、沈赟、武洁、范超、侯锐、宫少军、胡晓微、唐平、栾尽晖、常文莉、解明明、戴宏国、魏媛媛。

《金砖国家联合统计手册（2014 年）》的五国联系人分别是：巴西国家地理与统计局 Roberto Santanna、中国国家统计局解明明、印度中央统计局 Brijendra Singh、俄罗斯联邦统计局 Elena Kuznetzova、南非国家统计局 A.Naidoo。他们为本手册的出版做出了重要贡献。

同时，特别感谢外交部国际经济司，他们为该手册的编辑和发送给予了许多指导和帮助。

需要说明的是，本书中一些指标及其含义和统计方法在各国之间不尽一致，敬请用户注意。该书编辑出版时间短，涉及面广，国家之间联络困难，若有不足之处，敬请指正。

中文版编者

2014.7.5

与本手册相关的金砖国家技术小组

巴西

巴西国家地理与统计局 (IBGE)

调查司司长 Zélia Magalhães Bianchini 女士

国际合作司司长 Roberto Neves Sant’ Anna 先生

调查司助理 Jacqueline Manhães 女士

国际合作司 Wanda Rodrigues Coelho 女士

俄罗斯

俄罗斯联邦统计局 (Rosstat)

副局长 Georgy Oksenoyt 先生

国外统计和国际合作司司长 Igor Kharitonov 先生

国外统计和国际合作司司处长 Galina Lyubova 女士

国外统计和国际合作司司处长 Ilya Matyushev 先生

国外统计和国际合作司处长 Elena Kuznetsova 女士

印度

印度中央统计局 (CSO)

副局长 T.R Mohanty 先生

处长 Brijendra Singh 先生

中国

中国国家统计局 (NBS)

国际统计信息中心副主任 闾海琪先生

国际统计信息中心处长　刘冰先生

国际统计信息中心副处长 王金萍女士

国际统计信息中心统计师 吕璐女士

国际统计信息中心统计师 解明明先生

南非

南非国家统计局 (Stats SA)

执行主管 Arulsivanathan Naidoo 先生

项目主管 Gaongalelwe Seo Phakedi 女士

与本手册相关的巴西国家地理与统计局工作人员

管理团队

Zélia Magalhães Bianchini 女士
Roberto Neves Sant' Anna 先生
Wanda Rodrigues Coelho 女士
Jacqueline Manhães 女士

技术团队

Ailton Jose Lima Martins Furtado 先生
Alexandre Vincenzo Barone 先生
Ana Raquel Gomes da Silva 女士
André Luiz Oliveira Macedo 先生
Cimar Azeredo Pereira 先生
Cláudia Dionísio Esterminio 女士
Claudio Dutra Crespo 先生
David Montero Dias 先生
Eulina Nunes dos Santos 女士
Fernando Roberto Pires de Carvalho e Albuquerque 先生
Flavio Pinto Bolliger 先生
Flávio Renato Keim Magheli 先生
Gustavo Vitti Leite 先生
Ian Monteiro Nunes 先生
Jose Antônio Sena do Nascimento 先生
José Fernando Pereira Goncalves 先生
Marcelo de Moraes Duriez 先生
Octavio Costa de Oliveira 先生
Renata Moreira Paes da Costa 女士
Renato Cosme Alves de Moura 先生
Roberto Luís Olinto Ramos 先生
Rogério Cunha de Andrade 先生
Ruy Lemme Cartier 先生
Sonia Albieri 女士
Vandeli dos Santos Guerra 女士

设计和印刷团队

Katia Vaz Cavalcanti 女士
Leonardo Ferreira Martins 先生
Fernanda Maciel Jardim 女士